朝日文左衛門の「事件」《あさひぶんざえもんの「じけん」》

『鸚鵡籠中記』から

大下 武
OSHITA Takeshi

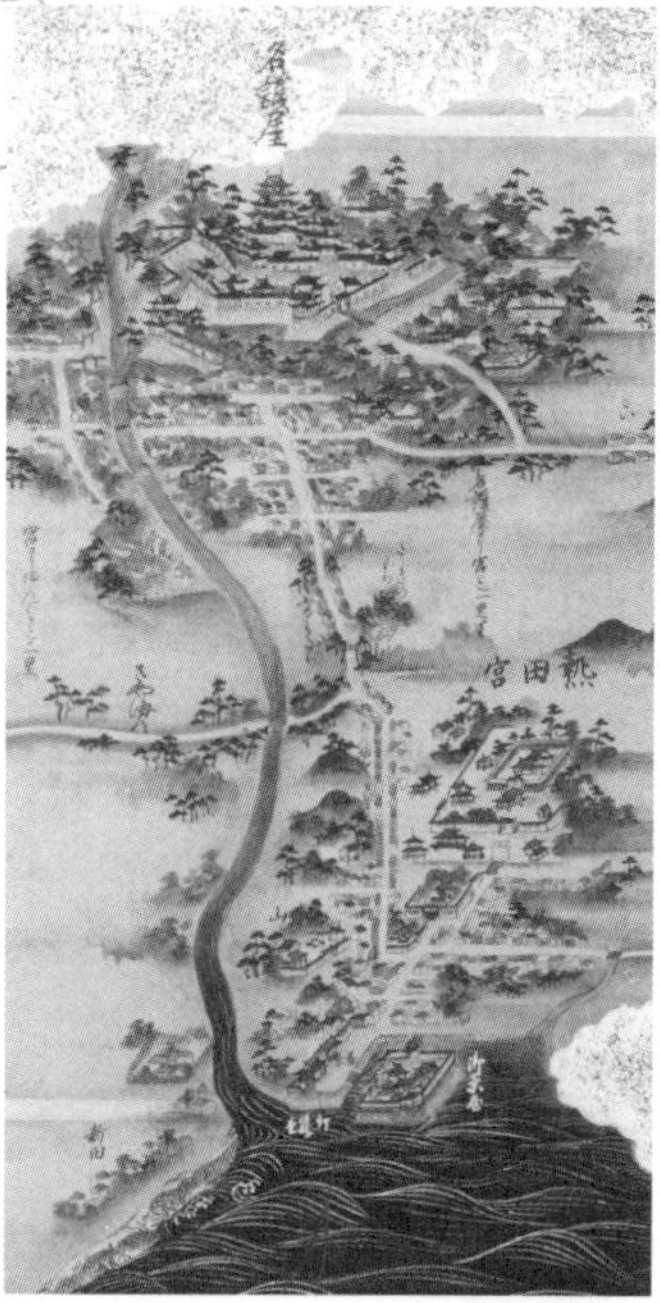

ゆいぽおと

はじめに

朝日文左衛門の日記には、天候、災害、料理、芝居、武芸、文人仲間のことから寺社詣《もうで》、葬儀、生涯四度の出張旅行まで事細かく記されている。出張はいずれも上方で二か月に及んだが、京坂滞在記のうしろに必ず名古屋の出来事を挿入している。留守のあいだ、誰かに書き留めて置いてもらい、あとから同じ日付の箇所に書き加えているのである。そんな日記は見たことがない。

さらに博奕《ばくち》、心中、密通、離婚、火事、喧嘩など、市井《しせい》の出来事を好奇心の赴くままに書き連ねているが、一方で長崎の喧嘩や江戸の赤穂浪士討入、元禄、宝永の大地震や富士山の噴火、絵島・生島事件など全国的に知られた大事件を、まるで見てきたように書いている。読んでいて飽きない。

最初のころは古い文体が邪魔だったが、慣れてしまえば苦にならなくなる。暇にまかせてずっと読んでいられるが、年の所為《せい》か読んだ端《はし》から忘れていく。そこで所々気になった個所をメモしておき、ある程度まとまると「ゆいぽおと」が本にしてくれるようになった。出版事情が厳しいなか有難い話で、いつしか七冊目の、朝日文左衛門備忘録になった。

表題を「事件」としたが、最初の「藩士の逐電事件」などとくに面白いというわけでもない。しかし小説と違い元禄の名古屋で実際に起きたことで、その事件をめぐる藩の対応や藩士の反応も、すべて本当の話である。虚構の話は、書き手の才能がなければリアリティーが生まれないが、実話であれば、たとえ少々理屈に合わない筋書であっても、原因は「書き手」

ではなく「時代性」に求められる。「ああ、そういう時代だったんだ」というわけで、いまの行動規範、倫理観と比較して、少しは勉強にもなる。

名古屋城に泥棒が入った事件は藩にとって痛恨事であり、御城代《ごじょうだい》や城代組同心にとっては直接の大失態である。同心仲間から自殺者も出た。文左衛門も組同心だが、御畳奉行《おたたみぶぎょう》の役職に就いていたから責任を問われることもなく、冷静に事件の概要を記している。その記述を読む限り、太平の世に慣れきった警固番たちの弛《たる》みは、想像以上である。しかし誰も「天下の名古屋城」が狙われるとは思っていなかった。

最後の藩主生母「本寿院《ほんじゅいん》」のスキャンダルは、いささかか衝撃的すぎる内容で、週刊誌の暴露記事に似てあまりいい気持ちはしない。尾張の人はとくにそうだろう。ただし江戸時代の「性」は現代よりはるかに開放的であり、彼女を擁護する粋人もいる（市橋鐸「蓬左異色聞人考」）。本寿院の話はすでに多くの本が触れているが、最も開けっ広げに描いているのが大野一英《いちえい》氏の『尾張大奥物語』（上巻・平成二年）で、筆が立つ氏の描写はときにきわどく、そのせいか「あとがき」に約束されている「下巻」の発刊を、未だ見ていない。

ところで、朝日文左衛門が勤務する名古屋城は、関ヶ原の役の一〇年後に普請（掘割・石垣積）がはじまり、大坂夏の陣がはじまる直前に一応の完成をみた。要するに徳川家康による「天下取りの真ったただ中に築かれた城」なのである。

名古屋に城ができるまえ尾張の城は清州にあり、関ヶ原の戦いのあと家康の四男松平忠《ただ》吉《よし》が封《ほう》じられた。忠吉は関ヶ原の役で、舅の井伊直政と敗走する島津義弘軍を追い、傷ついた。この傷が完治せず二年後に亡くなる（死因ははっきりしない）。多くいた子供たちも家康の晩年には、将軍職をゆずられた三男秀忠のほか、九男義直《よしなお》、一〇男頼宣《よりのぶ》、一一男頼房《よりふさ》の三人となった。この三人が尾張、紀伊、水戸に封じられ、いわゆる「徳川御三家」と称される。

忠吉の没後尾張に封じられた義直は、大坂方との戦いに備え、名古屋台地北縁に築かれた名古屋城の城主として、尾張・美濃にまたがる六一万九千五百石を領した。藩主が留守の間、城を守る責任者が「御城代《ごじょうだい》」であり、御城代に直属する警備担当が「御城代組同心」である。

朝日文左衛門は、この百石取り御城代組同心の家に生まれ、本丸・御深井丸《おふけまる》御番を五年間務めたあと御城代管轄下の「御畳奉行」となり（元禄一三年）、亡くなる前年の享保二年（一七一七）暮れまで、只管《ひたすら》日記『鸚鵡籠中記《おうむろうちゅうき》』を書き続けた。その中から選び出したいくつかの「事件」だが、まずは彼の「勤務先の紹介」からはじめるのが順序だろう。

朝日文左衛門の「事件」
――『鸚鵡籠中記』から――
もくじ

第一章　朝日文左衛門が勤務した名古屋城

名古屋城の築城と大坂の陣

関ヶ原の戦いから一〇年を経た慶長一五年（一六一〇）の正月、名古屋で城づくりがはじまった。その年のうちに石垣は完成し、翌年から建物関係の作事《さくじ》がはじまった。一七年末までに天守・諸櫓《やぐら》の建設を終え、一九年（一六一四）夏には最後に残った三の丸の壕も掘り終えた。この年の一一月二日、二〇万の大軍を率い大坂へ向かう将軍秀忠は、途中名古屋に立ち寄り、最後の検分を行って城づくり完了を宣した。開始から丸四年、驚くべきスピードである。

このとき大御所家康と新城主になる九男義直は、すでに大坂で陣を敷いており、一一月の後半から「冬の陣」がはじまった。大坂城の攻撃は真田幸村《ゆきむら》の反撃があったものの、大勢としては徳川優勢の内にすすみ、最後は三百門を超える大砲を天守に打ち込んで主戦派淀君《よどぎみ》の心を打ち砕いた。豊臣方は和議に応じ、年末までに塀・櫓は破却され、濠は本丸と二の丸を残し年内にすべて埋め尽くされた。二の丸も、翌年早々に埋め立てられている。

一五歳で初陣を飾った義直は、翌慶長二〇年（一六一五）正月一六日に大坂から京へ帰陣、ほどなく名古屋へ帰った。『徳川実紀』の記事に「二月三日、江戸へ帰途の秀忠を饗応」とある。秀忠はこのあと江戸へ向かい、先に京を発った家康と中泉《なかいずみ》（磐田市）で対面している。おそらく二度目の大坂出陣が話し合われたのだろう。

和議は一時《いっとき》の平安をもたらし、四月一二日、義直は紀州和歌山藩浅野幸長《よしなが》の娘春姫《はるひめ》（高原院）と、まだヒノキの香りが残る「本丸御殿」で結婚式を行った。式の二日前に名古屋入りした家康は、婚礼を見届けたあとそのまま大坂へ出陣する。名古屋の城づくりは、徳川の「天下統一のいくさ」と密接にかかわり合っていたことがわかる。

春姫の実家「浅野家」

尾張徳川家と姻戚関係を結ぶことになった浅野家は、長政（一五四七～一六一一）の代から名が知られるようになる。彼とは一字ちがいの戦国大名に、近江の浅井《あざい》長政（一五四五～七三）がいて、こちらは織田信長の妹「市《いち》」を室に迎えながら、のちに朝倉義景との信義から信長に反旗を翻し、滅ぼされた。

浅野長政はもともと安井姓だったが、叔父の浅野長勝（信長の弓衆）の娘彌彌《やや》（長生院）の婿養子となり、浅野家を継いだ。長勝の養女（杉原定利の娘）の「寧寧《ねね》」（北政所、高台院）を妻とした秀吉とは「相婿《あいむこ》」の関係にあり、信長の命で早くから秀吉の与力となった。秀吉の出世にともなって地位もあがり、豊臣家の家宰的役割を担《にな》いながら晩年は五奉行の筆頭となり、秀頼を守る立場にあった。しかし石田三成とは不仲でむしろ家康に近く、関ヶ原の役（慶長五年・一六〇〇）では子の幸長《よしなが》（一五七六～一六一三）とともに、東軍に味方した。

長政・幸長父子は、小田原攻めをはじめ二度の朝鮮侵攻に参加、武勇に優れた歴戦の将として知られ、加藤、福島、黒田らとともに武断派に属し、石田三成と鋭く対立した。関ヶ原の役では先手衆《さきて》として岐阜城攻撃に戦果を挙げ、戦後も京都の治安、大坂城の接収に功があり、紀伊国三七万六千五百余石を与えられた。

浅野幸長《よしなが》の娘春姫と家康九男義直が婚約した年は、諸説（慶長八〜一五年）あってはっきりしない。幸長は婿となる義直の名古屋城普請に西国大名二〇名の一人として参加したが、仕事を終えた直後の慶長一八年、和歌山で病死した（享年三八）。嗣子がなかったが、家康の指示で弟の長晟《ながあきら》が家督を継ぎ（二八歳、六年後広島藩四二万六千五百石に転封）、一時破談かと噂された結婚は、慶長二〇年（一六一五）四月に無事執り行われることになった。

四月一二日（新暦の五月九日）、春姫一行は桑名から熱田へ船で渡り、熱田の社人林家で準備を整えたうえ、華やかな行列を組んで、名古屋街道（本町筋）を、完成して間もない城へ向かった。城下の碁盤割もできたばかりで、行列を迎える清州越しの商家の家々も、みな新しかった。『尾藩世記《びはんせいき》』は次のように記す。

〇名春子《はるこ》（時年十四）、是日、熱田より直《じか》に本丸に入らる。行装侍女等九十余人（駕するもの五十人、騎四十三人と云）前駈中間百人（各腰間に青銅壱貫文を深紅の紐に貫き帯し、一行に列す）長持三百棹《さお》、家令大津庄兵衛、陪従。

侍女の駕籠五〇はよいとして、騎馬の四三人には違和感があるが、西村時彦は『尾張敬公』の中で「さすがに戦国ののちとて、婚礼に騎馬女中の供行列こそ勇ましけれ」と記している。勇ましいには違いないが、盛装した奥女中たちがまさか女性騎手のように馬に跨るわけにもいかず、一〇キロ近い道のりを横座《よこずわり》で揺られ、さぞ辛かったろう。

「中間《ちゅうげん》百人の一貫文云々」はいわゆる「銭緡《ぜにさし》」のことで、当時銅銭は四角い穴に紐を通し、百文・三百文・一貫文（千文）単位に束ねた。紐は一般に麻が使われたが、ここでは目立つよう「深紅の布紐に一貫文ずつ」通して連ね、肩にかけた。百人で百貫文の持参金になる。

銅銭は江戸時代の寛永一三年（一六三六）に寛永通宝が鋳造されるが、それ以前なので当時最も良質とされた永楽通宝を集めたのであろう。寛永通宝は「四貫文＝金一両」の換算だが、寛永通宝が出る以前は、「永楽通宝一貫文＝金一両」（慶長一三年令）とされていた。つまり百両分の銅銭を持参したことになる。 ※滝沢武雄『日本の貨幣の歴史』吉川弘文館・一九九六年

さらに衣服等の長持三百棹《さお》を担ぐ中間や小者に家令以下の諸士が加わり、列の長さは優に一〇町（一キロ余）を超えた。家令とされる大津庄兵衛直次《なおつぐ》は浅野長政、幸長に仕え、朝鮮侵攻・岐阜城攻撃に戦功があり、選ばれて春姫に随行した。尾張では七百石を給され、義直から別に五百石を賜ったという。寛永九年（一六三二）に亡くなると、子の庄兵衛直江《なおのぶ》が五百石を継いで春姫に属した。寛永一四年に主人春姫が没した際、義直から郷里（転封後の安芸広島）へ帰藩するか尋ねられ、結局尾張に残ることを決意した。五百石の禄で寄合入りし、正式に尾張藩士となったのである。

このとき庄兵衛の配下で来名した家士に熊井右馬介《うまのすけ》重次がいて、名古屋の東区赤塚《あかつか》辺に住んだ。重次の次子源五右衛門高房《たかふさ》は、赤穂藩浅野家（広島浅野家の分家）の家臣片岡六左衛門の養子となり、のちに赤穂四七士の一人となるが、それはまた別な話である。婚礼当日に戻ろう。

春姫入城を櫓から眺めた家康

○大御所様　此節西御門御櫓於いて御行列御覧有此。（「源敬様御代御記録」元和元年四月一二日条）

○四月十二日、御婚礼御本丸へ　御入輿、御道通熱田〻《より》本町筋大手へ被為入、御入輿の節、神君西御門櫓（天王の東）上にて御見物云々。（『編年大略』元和元年四月一二日条）

大御所家康公が春姫の列を城の西御門の櫓から眺めたという話は、春姫入輿を語る書に、必ずエピソードとして添えられている。この「西御門の櫓」とはどの建物を指すのか。

西御門でまず浮かぶのは、いまの名古屋城正門にあたる「榎多門《えのきだもん》」である。実際、「榎多門（正門）から西之丸へ入った列を、本丸未申櫓《ひつじさる》から眺めた」と記す書もある（藤澤茂弘『春姫さま』）。しかしそれでは『編年大略』のいう「神君、西御門櫓（天王の東）上にて御見物云々」と合わない。当時の天王社はいまの三の丸の東海農政局敷地（一部金シャチ横丁）にあり、その東の門といえば二の丸大手《おおて》（追手《おうて》）にあたる「西鉄門《にしくろがねもん》」である。この西鉄門に近い櫓《やぐら》は、南方の「二の丸」未申《ひつじさる》櫓で、「本丸」の未申櫓ではない。その辺りの事情を『金城温古録《きんじょうおんころく》』が詳しく説明している。

○神君《しんくん》御成道《おなりみち》　元和元年四月十二日、名城には高原院様ご婚入の御儀式あり。其の行列を神君ご見物遊《あそばさ》去るべしとて、二の丸坤《ひつじさる》（西南）隅の御櫓《やぐら》へお成りの御事は旧記に出る所炳焉《あきらか》なり。一説に、此の節の御成道は西鉄御門の段階よりお登り、ご多門内通り、南

へ渡り御遊さるゝと云う。（第三三冊）

著者奥村得義は、家康が「行列を二の丸の西南櫓から眺めた」のは史料によって明らかとした上で、西鉄門《にしくろがねもん》から西南櫓へは、石垣上の「多門櫓《たもんやぐら》」の中を通って行ったと独自の見解を述べ、さらに注記のかたちで次のような私見を付している。（以下要約文）

○いまの二の丸御殿は、その昔、家康公来名の折の宿泊所であった。したがって西鉄門は家康公が常に利用する門で、そのころ向屋敷（いま県体育館辺）は成瀬・竹腰の屋敷だった。太鼓櫓《たいこやぐら》と西南隅櫓《すみやぐら》は竹腰の敷地に含まれており、家康公が隅櫓に行くには竹腰の邸内を通ることになるが、私の考えは聊か異なる。いま本丸から三の丸まで各門を調べると、石垣上の多門櫓へ上る階段は普通の板造りで手摺もないが、西鉄門の階段は金具の勾欄《こうらん》付きで、他に見られない結構な造りである。これこそかつて「御成り道」だった証拠で、二の丸西南櫓へはこの西鉄門から上り、多門内を通って行かれたのである。

この奥村説が正しいとすれば、『尾藩世記』の「春姫は熱田から直《じか》に本丸へ入られた」という一文が気にかかる。じかに本丸へ入るのなら先の解説のように、榎多門から西の丸を通り、本丸大手の南二之門をくぐっても構わないからだ。しかし得義はここでも異なる見解を述べる（『金城温古録』第四六冊）。

○姫君の御輿を、先ず二の丸へお迎《むかえ》入れ遊ばされ、戌《いぬ》の刻ご本丸へ御入輿《にゅうよ》、ご婚礼御儀式整わせ給う。

姫は婚礼の行われる本丸へ直接入ったのではなく、いったん二の丸館《やかた》へ入り、夜の八時頃再び輿《こし》に乗って本丸御殿へ入られたとし、その理由を、次のように記す。（要約）

○神君の宿である二の丸館《やかた》は、今回とくに婚礼のこともあって新しく造り替えられ、十二日の昼、春姫はいったん二の丸の新館に入り休息された。そのあと於亀様《おかめさま》（義直の母、相応院）の御座所でご両親様へ拝顔の儀を終えられ、夜の戌刻《いぬのこく》になって本丸御殿へ輿で向かい、婚礼の式に臨まれた。

婚礼の場に出るまえに、義直公の両親である家康・お亀方に挨拶をするため、二人の居所《きょしょ》「二の丸館」を訪れたという。理にかなったことで、挨拶以外に夜の式に臨むための準備もあったろうし、旅の疲れをとるための休息も必要だった。ただし、これがどのような史料に基づく話なのか、奥村得義はとくに記していない。

もともと二の丸には、義直の傅役《もりやく》として政務を代行した平岩主計頭親吉《かずえのかみちかよし》の邸宅があった。彼が慶長一六年（一六一一）名古屋城建設の途に亡くなったあと、二の丸に家康来名時の宿舎が新造され、今回の春姫結婚に際して、さらに手が加えられたというのである。

式が終わったあと、二の丸はおよそ二年をかけて「藩庁」、「藩主の私邸」、「春姫居住の奥」という三つの機能が整えられ、やがて「お城」と呼ばれるにふさわしい造りになっていく。その経過を見ておきたい。

「お城」とは二の丸御殿のこと

名古屋城の御殿といえば、最近復元された本丸御殿が思い浮かぶが、この本丸御殿は藩主義直の結婚式が執り行われたあと、将軍家上洛時の宿舎に模様替えし、藩政の拠点は新造の二の丸御殿に移った。二の丸御殿は「義直が住む殿舎」を指した言葉だが、これに「母相応院の住まい」が付属し、さらに「正室春姫の御殿」が加わった。いまでは便宜的に、二の丸の建物全体を「二の丸御殿」と呼んでいる。むろん現存はしておらず、図面の上の話である。

一方、将軍上洛時の宿殿となった本丸御殿は、当初秀忠や家光が上洛の途に利用したが、やがて将軍宣下《せんげ》が京の二条城でなく江戸城で行われるようになると、将軍の上洛はなくなり、幕末まで空き家となった。この二つの御殿成立前後の出来事を、年表で整理しておこう。

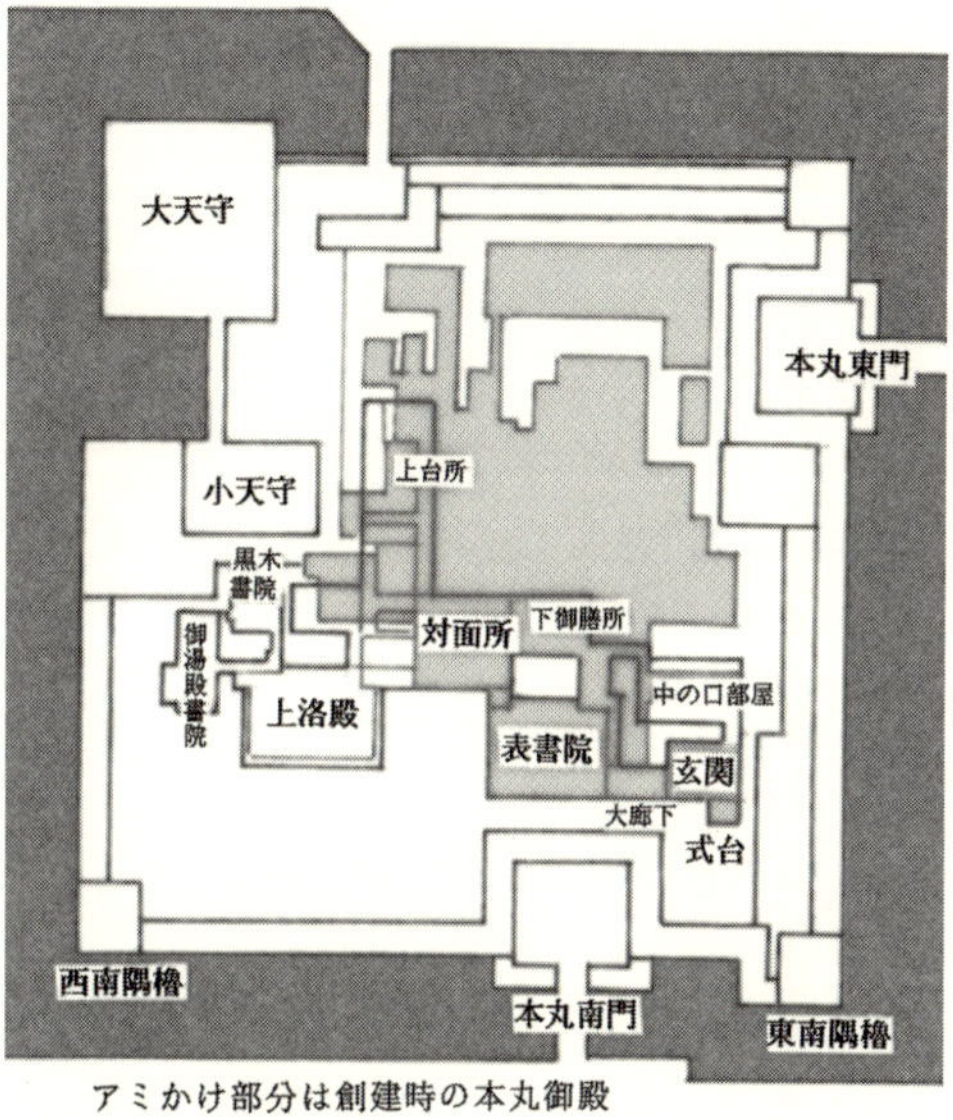

アミかけ部分は創建時の本丸御殿

本丸御殿の新旧図

(『名古屋城』名古屋城検定実行委員会 2019 年を一部改変)

【本丸御殿と二の丸御殿関係年表】

慶長一四年（一六〇九）　正月、家康・義直「清州城」入り。名古屋築城決定し五人の普請奉行決定、縄張り。廿大名を助役とする。

慶長一五年（一六一〇）　閏二月、名古屋城普請《ふしん》の開始。加藤清正ら諸大名、六月、根石工事終え、八月～一二月石垣工事完了。

慶長一六年（一六一一）　本丸天守作事開始。九月、佐久間政美、三の丸計画を駿府へ。平岩親吉、二の丸に没する。

慶長一七年（一六一二）　正月、三の丸工事開始。五月、本丸殿舎作事開始。一二月、天守及び諸櫓の完成。名古屋の検地、町割できる。

慶長一八年（一六一三）　三の丸堀の掘削完了。家康名古屋城泊、大坂へ出陣、一一月、秀忠名古屋城泊し、大坂へ出陣。

慶長一九年（一六一四）　一〇・一七　家康駿府から名古屋城へ。義直一五歳初陣。
一〇・二三　秀忠江戸発。
一一・二一　秀忠名古屋城検分「名古屋城完成」
一二・二二《冬の陣講和》

慶長二〇年（一六一五）　四・一二　本丸御殿で義直、紀州浅野幸長《よしなが》の女春姫と婚儀。三日後、家康、義直大坂へ。五・七《夏の陣》。《豊臣家滅亡》～元和偃武《げんなえんぶ》～

元和二年（一六一六）　四・一七　家康駿府に没す。七月、義直母相応院《そうおういん》と名古屋城本丸居住。
元和三年（一六一七）　一一・二〇「二の丸御殿」完成（『事蹟録』）
元和五年（一六一九）　この年美濃国の五万石加増。公称「尾張藩六一万九千五百石」に。
元和六年（一六二〇）　義直「二の丸殿舎」に移徙《いし》。「お城」と称す。相応院江戸下向、在府。

年表が示すように、本丸御殿が完成して二年後の元和三年に二の丸御殿が完成、三年後の元和六年、義直は本丸御殿から二の丸御殿に移り住み、以後本丸御殿は「将軍上洛時の宿殿」になった。「お城」と呼ばれたのは本丸ではなく藩主の住む「二の丸」で、役方の藩士たちは南正門にあたる黒御門《くろごもん》をくぐって二の丸の表御殿《おもて》（藩庁）へ登城し執務した。表御殿のうしろに控えるのが中奥《なかおく》その右手が奥《おく》御殿で、ここは藩主の生活の場であり、身辺の世話は中奥小姓、小納戸《こなんど》（中奥番）など、すべて男子が行った。

奥《おく》の南東側には男子禁制の大奥《おおおく》御殿が設けられ、正室の春姫と奥女中たちが住んだ。

寛永一〇年四月、正室は江戸上屋敷に移り、御殿建物も江戸上屋敷へ移築された。国元で生活する側室貞松院《ていしょういん》のため、二の丸御殿の東側に「ご内証方《ないしょうがた》（側室）」の居住区画が設けられ、ご簾中《れんちゅう》様（御三家正室の呼称）は江戸の上屋敷へ、御内証方は名古屋城二の丸大奥に住む、という形が幕末までつづいた。

また奥山得義は、「春姫の住んだ大奥御殿」について、次のように解説する。

春姫の御殿は、もともと京都東山にあった足利将軍義教《よしのり》の隠居所で、のち太閤秀吉が桃山に御殿として移築、これを春姫の実家浅野家が拝領して和歌山城内に移し、春姫が輿入れのとき名古屋城の本丸御殿へ運び大奥とした。さらに元和六年、二の丸御殿へ移るときも大奥御殿ごと移し、さらに寛永一〇年江戸へ居住地を移す際、運ばれて尾藩鼠穴《ねずみあな》（現、江戸城内吹上）の屋形の大奥部となり、同一四年春姫が亡くなると、再び名古屋へ運ばれ、万松寺の御霊屋《おたまや》の傍《かたわ》らへ移築されたという。名古屋への移送のとき解体した材は夥しい数にのぼり、その一つずつをていねいに毛氈《もうせん》で包み、移送後は用済みとなった毛氈を売り、万松寺山門建設の費用にあてたという（金城温古録第四十六冊、御城編後帙之一、大奥部）。なお万松寺の御霊屋は、大正三年に歴代藩主の菩提寺である建中寺へ移され、さらに戦後お城の南（片端通り南）の東照宮へ移され、その本殿となった。今も名古屋に残る数少ない江戸初期の建築であり、一見の価値がある。

横道にそれた。名古屋城二の丸の話に戻る。

城に詳しい三浦正幸氏（広島大学）も、名古屋城二の丸御殿を「表《おもて》・中奥《なかおく》・奥《おく》・御内証《ごないしょう》（大奥）」の四つに区分されている（歴史群像・名城シリーズ『名古屋城』、学研・二〇〇〇年）。しかし「中奥」と「奥」はともに藩主の私生活の場であり、区別しにくい。同氏の近著ではこの二つを中奥にまとめ、通例に従って「表・中奥・御内証（大奥）」の三区分とされた（『よみがえる名古屋城』二〇〇六年）。

大名邸を説明する場合はこの「表・中奥・奥（大奥）」の三区分がわかりやすく、表は藩庁、中奥は殿様の生活の場、奥は正室と奥女中（江戸藩邸）、あるいは側室と奥女中（国許）の生活の場とする。江戸城だけは奥を「大奥」を称したとされるが、尾張藩など「大奥」を用いる大名もあり、一概にはいえない。

奥または大奥が男子禁制であることは、みな知っている。その大奥の一部にありながら、男性役人の詰める場所がある。それが「お広敷《ひろしき》」である。奥の御殿には夫人の居間や対面所、藩主の寝所、仏間、化粧の間などがあり、これに奥女中たちの集合住宅「長局《ながのつぼね》」が付く。奥の御殿と長局は「表世界」から厳重

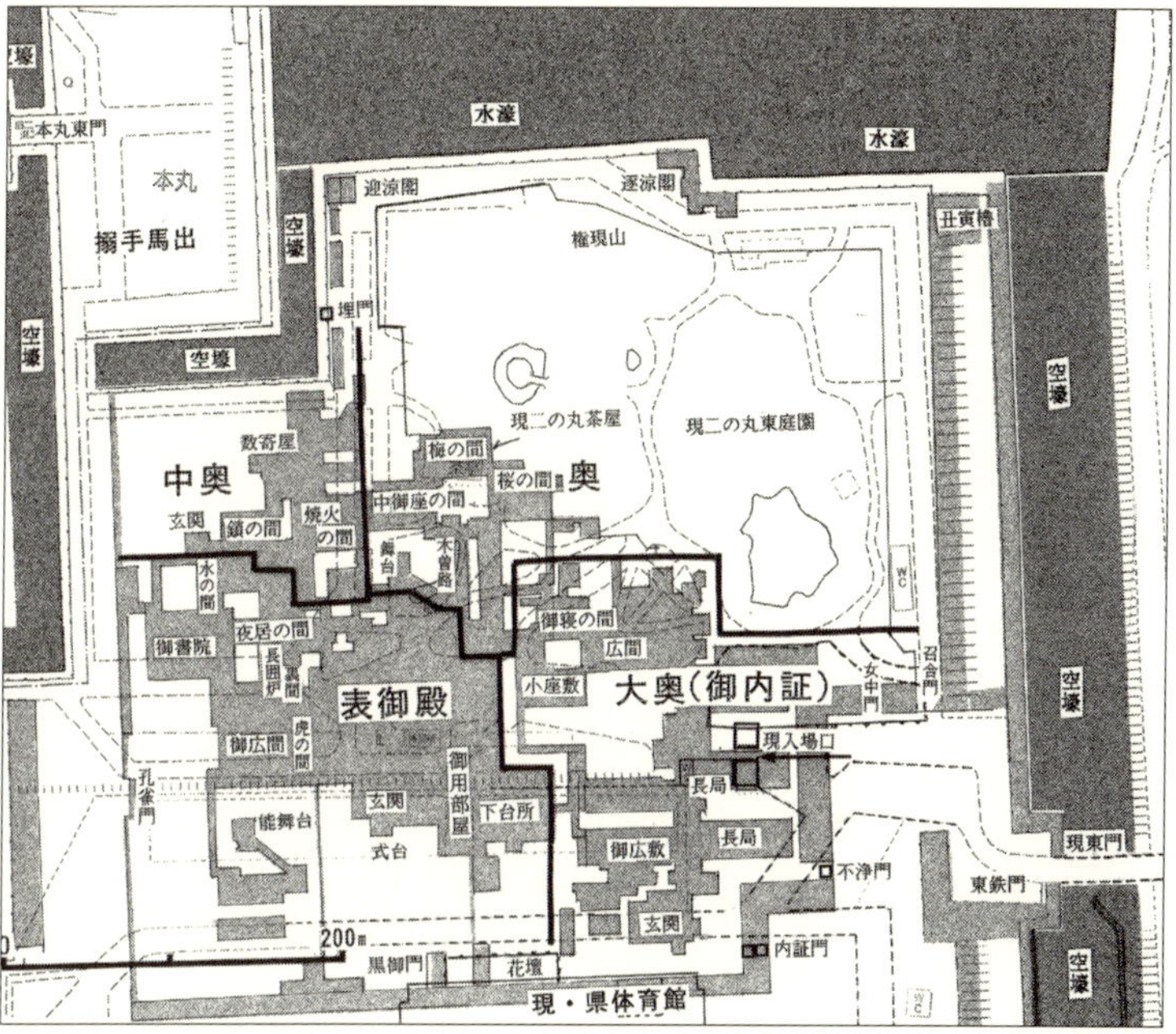

二の丸御殿の区分図

に隔離されるが、その一方、奥向きの事務を扱う必要もあって、奥には男性役人の詰める「お広敷」が設けられた。

お広敷

「奥向きの事務所」にあたる「御広敷《おひろしき》」の由来について、奥村得義は「本来は台所の一部を指す名前であった」として、次のように説明する。（『金城温古録』第四六之冊・大奥部御広舗）

○御広敷は俗にいう台所のこと。「土間」からの上がり端《はな》を「広敷《ひろしき》」といい、「広敷」より奥の「膳立《ぜんだて》の間」を「台所」という。台所は広敷よりも一段上で、後にこの二つを分け、主君のいる表御殿の勝手を「台所」、奥御殿の勝手を「広敷」と唱えたようだ。御広敷は、大奥のお勝手にはじまる名称である。

広敷は土間から台所間へ上がる際の広縁をいい、町家の台所に続く二、三畳の間を広敷と呼んだりもする。地域によっては今も残る呼び名である。この広敷が大奥では役人の詰所に冠され、独立した役割を担うようになったのだが、実はこの広敷には、もう一つ大切な役割があった。

殿様の私邸にあたる「中奥」から「奥御殿」へは、「お鈴《すず》廊下」で繋がる。中奥とお鈴廊下の境界が「お錠口《じょうぐち》」で、普段は大杉戸が閉じられ両側から錠がかけられている。戸を開けるには中奥側、奥側の双方から開錠しなければならない。殿様が渡られるとき中奥側の小姓が紐を引くと、紐はお鈴廊下を伝いお鈴番所の鈴が鳴る。この合図で、お錠口女中は杉戸まで来て開錠する。殿様はそのままお鈴廊下を通って奥へ入るが、それぞれ男女の付人たちは、決してお錠口を踏み越えることはない。唯一の例外は頭を剃った雑用の女性「お伽《とぎ》坊主」で、用務の次第では、中奥まで出入りができた。

逆に、大奥の女性たちが代参や宿下がりで外出するとき、いちいち「お鈴廊下」を通り、男性ばかりの「中奥」や「表」を通過するわけにはいかない。そこでもう一つの出口として、殿様専用とは別の南の「お錠口」から「お広敷」へ出て、お広敷の玄関を利用する。つまりお広敷は、女性たちのための裏出口の役割を果たしたのである。名古屋城二の丸御殿では、お広敷玄関を出れば白洲を隔てて目の前に「御内証御門」があり、其処から搦手口にあたる東鉄《ひがしくろがね》御門は近い。奥村得義が記す「お広敷の名は大奥のお勝手にはじまる」という説は、「裏口（勝手口）」につながるという意味で、十分説得力がある。

話を混乱させるつもりはないが、もうひとつ「お広敷」に似た言葉の「お広座敷《ひろざしき》」がある。「お広敷《ひろしき》」からお錠口を通り奥へ入ったスグに、この「お広座敷」があって、ややこしい。三田村鳶魚《えんぎょ》は「お広座敷」が「お広敷」の名の由来、という異説を紹介する（『江戸武家事典』）。この広座敷は奥女中の辞令伝達や公式の応対に使われるため、お錠口を越えた「女性側」の世界にある。江戸城の場合、御三家や御三卿、また老中などの権力者が奥に用がある場合は、この「お広座敷」まで入ることができたらしい。お城の男女が棲み分ける境界線の、非武装地帯・緩衝地帯のような場所である。

藩政の場、「表御殿」とは

「表」が藩政の場であり政庁・藩庁にあたるとは言っても、いまの市役所や県庁のイメージとはずいぶん異なる。町人たちを対象とする町奉行所や、寺社・寺社領民を対象とする寺社奉行所は別に置かれている。ここでいう藩政とは「藩士を対象とし、藩士の統制を以て藩領を統治」することを目的とする。ちなみに江戸後期における尾張藩士の数は、五〇石以上の知行取が千三百余人、切米（現米）支給は四千六百人ほどいた。

藩政を主宰し藩主を補佐するトップは、成瀬、竹腰の両家年寄《りょうけとしより》で、幕府でいえば大老にあたる。家康が信頼する直臣の中から選んだ両家であり、「付家老《つけがろう》」ともいう。両家年寄の次に石河《いしこ》、志水、渡辺の三氏がいて「万石以上の年寄」という。この三氏のほかに数名の「年寄」が任命され、役高は四千石である。彼ら年寄らの協議と、結果を藩主へ上申することにより、藩政は動いていく。

年寄に準じる「城代（役高三千石）」は、寛永三年（一六二六）に名古屋留守居役の志水忠宗《ただむね》が亡くなり、後継に遠山彦左衛門景次《かげつぐ》が大番頭《がしら》から転じて以降はじまる。臨時の留守居役に代わる「城代」が常置の職となり、重臣の成瀬正成・正虎父子、竹腰正信、渡辺守綱に属していた禄高百石以上の騎士を以て「城代組」を編成し、城代に直属させた。朝日家では文左衛門の曽祖父に当たる「善右衛門」が、渡辺守綱の同心（三〇騎）から寛永三年に御城代組同心に転じ、祖父の重政《しげまさ》、父重村《しげむら》に受け継がれ、文左衛門重章《しげあき》の代にいたっている。

年寄は老中（他国に対しては家老）ともいうが、かれらの耳目となって藩士を監督するのが、大目付であり目付である。藩士以外の諸問題は、それぞれ寺社奉行、勘定奉行、町奉行、郡奉行が対応し、単独で処理できない場合は、老中、側用人、用人、奉行が集まった評定所で審議、決定される。報告はすべて上申され、重要事項は藩主が重臣たちの意見を聞いて裁決する。その上申、裁決の場が、藩庁、つまり「表」と呼ばれる場所と考えればよい。

「表御殿」の各建物

本丸御殿や二の丸御殿の平面図を見ると、廊下や壁・襖で区切られた部屋が複雑に入組んでいて、ざっと見ただけではとても覚えきれない。このうち「表御殿」だけを取り出すと、「玄関」「広間」「書院（対面所）」の三棟から成っていて、この三棟が右手前から左手奥へ「雁行《がんこう》の形」に並んでいる。これが「表御殿」の基本形とされ、本丸御殿の場合も同じである。図を見ながらたどってみよう。

まず二の丸正門の黒御門《くろごもん》をくぐると、正面に唐破風《からはふ》造り銅瓦《どうかわらぶ》葺きの式台が突き出ていて、その奥に入母屋造り妻入《つまいり》の建物、つまり「玄関」と「獅子之間（北壁に岩と牡丹獅子画）」がつづく。獅子之間の西には幅三間、長さ八間余りの「大廊下」があって、西の「御広間（大広間）」建物につないでいる。

御広間は東西一二間半（二三メートル）、南北九間半（一七メートル）という堂々たる建物で、表御殿のメインホールのようなところ、上段之間（一八畳）、鳳凰之間（二一畳）、巣鷹《すだか》之間（二一畳）、虎之間（三九畳）、同朋《どうほう》（表坊主）部屋の五室からなる。その外側の南から西を拭縁《ぬぐいえん》（入側《いりがわ》）が廻り、さらに外側に切目縁《きりめえん》（濡縁《ぬれえん》）がめぐる。各部屋の名は、壁や襖に描かれた絵から付けられたものだ。

この大広間建物が、年始の行事「お流れ頂戴」で使用された例を、文左衛門の日記から拾ってみよう。正月の元日と二日、御目見《おめみえ》以上の藩士が全員出席する祝賀行事で、文左衛門も家督相続後はじめての年始で経験している。
○元禄八年正月朔日《ついたち》　晴天。諸士登城して、年首を賀し奉る。今度鳥目《ちょうもく》にて御礼する輩は、それぞれの役一組々々に、南上座、北上座に順々に魚鱗《うろこ》のごとくに並び居て、礼銭を側に置く。公（藩主綱誠公）巳《み》ノ刻《こく》過ぎに出御、虎の間の唐紙二本を左右へ引く（ご老中、是をする）。御装束、折烏帽子、帯剣、立ちながら参賀の人を須臾見給い、則ち唐紙を立てる。のち、白獅子を書きたる杉戸開きて、奥西の方に三挑子（銚子）あり。北の方に御簾《みす》掛りてあり。公、この内に御座といえども実は御座なきか。さて、一度に三人ずつ出て御土器《かわらけ》を戴き罷り帰る。先の御代とは大いに違《たが》えり。刀の置くところ、面々の頭の名の張り紙、五十人番所にあり。即ち、一組切り々々に別々に置くゆえ、ことのほか静かにして埒《らち》よし。堀治部右衛門承りて今度これを勤む。千石以上はご書院にて独礼なり。

尾張藩士の身分と役職は、万石以上から御徒《おかち》以上まで全部で一二の階級に分けられている（「尾張諸臣十二格」）。朝日家はそのうちの一〇番目「規式《きしき》以上」に属する。規式以上とは「お目見以上」のことで、主君にじかにお目通りできる家格である。下から三番目だからと言って、一概に下級武士と言い切れない。規式以上の「定め」のなかに、「はじめて召出されたとき、そのお礼として鳥目《ちょうもく》一貫文をお城へ指し出すこと」とある。

家督相続後はじめて迎えた正月の大広間、文左衛門たちは書院番所（古名、槍ノ間）前の大廊下を進み、その先の磨き上げた拭縁《ぬぐいえん》を虎之間の前まで進む。この廊下に「鳥目でお礼をする輩」が、組ごとにまとまって座っている。かれら新入りの藩士たちは一貫文の銭緡《ぜにさし》を側に置き、規則正しく並んでいる。裃《かみしも》の背中が幾重にも連なってみえ、まるで「魚のウロコ」のようである。（21・33頁の図参照）

午前一〇時（巳刻）になり、老中が虎之間の廊下側の唐紙（腰張り障子）を左右に開いた。部屋には藩主綱誠《つななり》公が「御装束《ごしょうぞく》、折烏帽子《おりえぼし》、帯剣」の礼装で立たれ、そのまましばらく参賀の人たちを見遣って、間もなく唐紙は閉ざされた。御装束とは「礼服」の意味で、将軍の宣下式では最上位の「束帯《そくたい》・衣冠《いかん》」（公家の正装）だが、年賀に着る「直垂《ひたたれ》・折烏帽子」は、それに次ぐ通常の礼服である。（『尾張の殿様物語』徳川美術館）。

このあと、廊下の巣鷹《すたか》之間と鳳凰之間を仕切っている「白獅子の杉戸」が開け放たれた。奥の方に三個の銚子が置かれてあり、その北側は鳳凰之間で、御簾《みす》を隔てて上段之間が続く。御簾の向こうの御座《ぎょざ》には綱誠公が居られるはずだが、それはあくまで建前のこと……。

いよいよ「お流れ頂戴」が始まる。三人ずつ立って座敷内へ進み、表坊主から土器《かわらけ》を受取り、銚子のお酒を注いでもらう。本来のお流れは、主君が口をつけた盃でお酒をいただくのだが、下っ端の文左衛門たちは前半を省略し、配られた土器に御酒を注いでもらい、飲み終わると土器を懐紙に包み、懐へ納めて退出する。

今回の進行は、文左衛門が聞いていたやり方と異なっていたらしく、五十人（小十人）番所で刀を受け取るのもスムーズに運び、遅滞するところがない。今回の年賀式の差配は、新たに堀治部右衛門《ちぶえもん》が任されたらしく、かなり評判がよかったようだ。

堀治部右衛門（貞儀）は、元禄四年に綱誠公の部屋付になり、綱誠が藩主となった元禄六

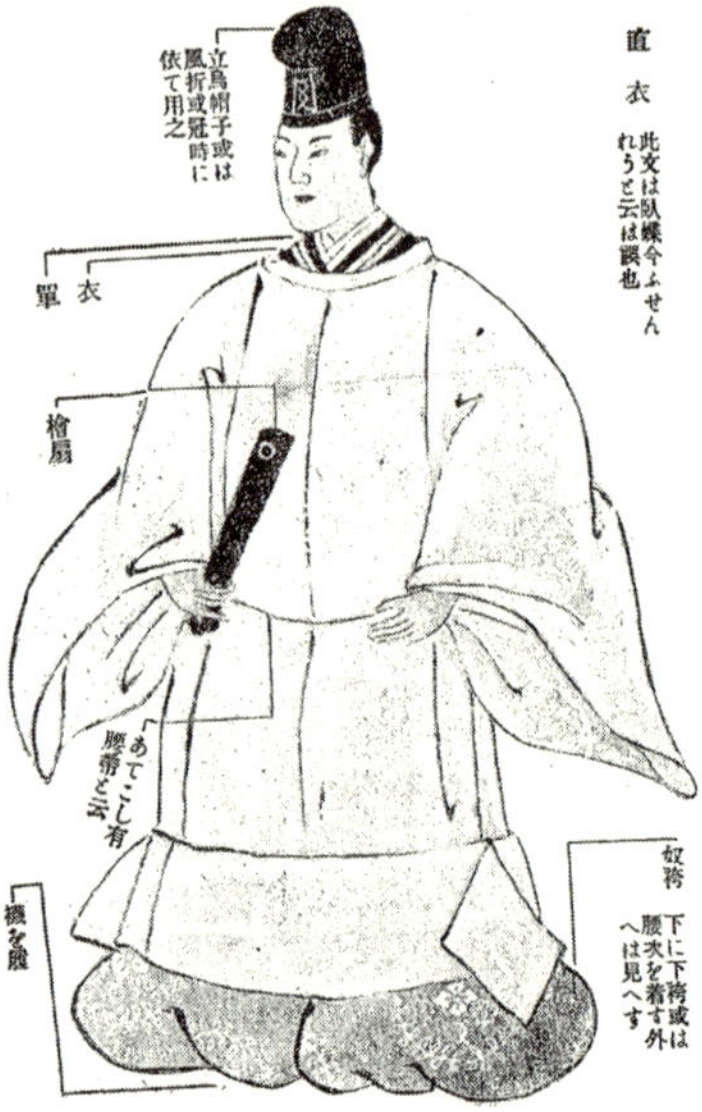

直垂・折烏帽子（『南紀徳川史』）

年に、致仕（引退）した父の家領八百石を継いだ。この元禄八年の年賀では、簡略奉行を兼ねていた。堀氏はなかなかの名門の出で、祖先は菅原道真につながるという。祖父は有名な堀杏庵《きょうあん》で、藤原惺窩《せいか》の高弟であり、林羅山、松永尺五《せきご》らと並び称された儒学の大家である。紀州和歌山藩の浅野幸長《よしなが》に五百石で抱えられたが、幸長を継いだ長晟《ながあきら》は、姪春姫の夫にあたる尾張義直公の再三の要請を断り切れず、元和八年、三八歳の杏庵は尾張藩に仕えることになった。

その子貞高は義直の小姓からはじめ、徒行頭《かちがしら》、五十人頭、お側足軽頭を歴任、八百石を給された。その一方で藩士の家系集成である『士林泝洄《しりんそかい》』の編纂を手がけ、これはのちに松平君山《くんざん》によって大成される。その貞高の子が今回の治部右衛門貞儀である。儀式に詳しい家系であることが、年賀の式を任された理由であろうか、なかなかの教養人であった。

この御広間から「七間廊下」でつながるのが「書院」で、東西一一間半、南北九間半と、御広間とほとんど変わらない規模の建物で、古くは御対面所（上使を饗応する場）と呼ばれていた。西北に上段之間（二一畳）、その南に一之間（下段の間、二一畳）、納戸《なんど》（一七畳半）を挟んで雁《かり》之間（二五畳）と二之間（二五畳）の五部屋があり、西から南へかけて「お縁側」が巡っている。雁之間の北側に「水之間（四五畳）」が突き出ており、ここで饗応時の膳立《ぜんだて》をした。

お畳奉行に出世して一〇年後、文左衛門は再びこの「対面所」で「お流れ頂戴」を体験している。元禄年の年賀拝礼は藩主が綱誠《つななり》だったが、公は元禄一二年に亡くなり、嫡子吉通が跡を継いでいる。文左衛門が吉通公からお流れ頂戴するのは今回がはじめてで、やはり最初に礼銭を差し出したようだ。

〇宝永七年（一七一〇）正月元旦　御年礼寅刻《とらのこく》何《いず》れも登城。御対面にてお礼申し上げ、御盃頂戴。

〇同二日　寅刻お城へ行き、卯半《うのはん》はじめ巳半《みのはん》終わる。公、御狩衣《かりぎぬ》にて御対面所の御上段に御着座。御縁側にては目付へ手づからお礼銭を渡す。大目付順々に之に出、御縁側にて拝伏す。御用人衆披露。御下段東西に御銚子御土器《かわらけ》あり。両臂《りょうひじ》を御畳につけ御盃を戴き、扨々《さてさて》酒をうけて喫し、右へ立つ。東面並び同じく喫し候以後は、御土器を脇差より下へさげ、片手にて持つ。東御縁側に坊主衆出て御土器を請《う》けとる也。はじめ御土器を戴くとき、左の臂を御畳へつき、右の手にて御土器を取って左の掌《てのひら》の中へのせ、扨《さて》右の手をも添え、両手にて謹んでいただく也。

文左衛門は正月の元旦、二日とつづけて寅刻（午前四時）に二の丸御殿へ登城している。二日目の卯半（午前七時）から巳半（午前一一時）まで、「お流れ頂戴」が行われた。元禄のときと異なるのは、場所が御広間建物ではなく奥の書院（対面所）建物に変わった点で、さらに藩主の礼服が、「直垂・折烏帽子」から「狩衣《かりぎぬ》・折烏帽子」になっている。

ご対面所の御上段の間に吉通公が着座され、下段の間（一之間）南の縁側に目付が控えている。前回同様ここでお礼銭一貫文を手渡し、大目付以下が縁側に平伏するなか、御用人が名前を読み上げ、順に当人が廊下から一之間へはいり、土器《かわらけ》を手にして両肘を畳に付け、銚子からお酒が注がれるのを待つ。注がれた御酒を飲み干すと、右手に寄って立つ。東西二列、それぞれが喫し終わると、空になった土器を片手で脇差より下の位置に持ち、縁側の東へ出る。そこで表坊主がこれを受け取る。土器は持ち帰らないらしい。

部屋に座って土器《かわらけ》を戴くときは、まず左の肘《ひじ》を畳へつき、右手で土器を取って左の掌の上に載せ、次に右手を添えたあと御酒を注いでもらう。これが作法だが、なかなか面倒である。ためしにこの動きを真似てみたが、腹が出ているせいか正座したまま左肘を前へ着くのが危なっかしく、どうも万座で恥をかきそうだ。

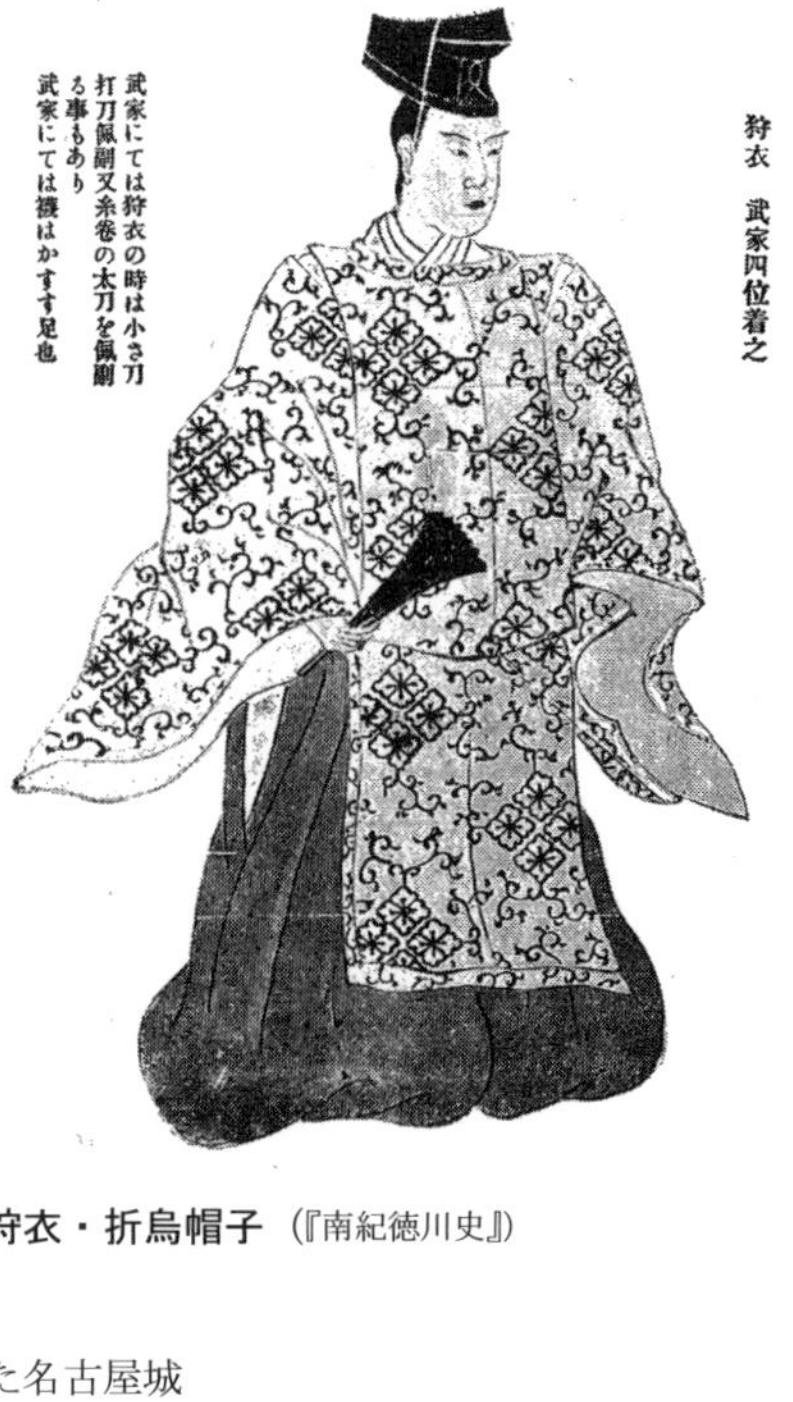
狩衣　武家四位着之
武家にては狩衣の時は小さ刀打刀佩副又糸巻の太刀を佩副る事もあり
武家にては襪はかすす足也
狩衣・折烏帽子（『南紀徳川史』）

ご対面所はその名の通り、本来は上使などの賓客を迎える場であり、おもてなしの御料理を出す場合もある。『鸚鵡籠中記』もそのことを記録している。

○宝永六年（円覚院様御代）七月六日、九条様（円覚院様ご舅君）より御使石井右京来られ、ご対面所にて鰭《ひれ》お吸物、ご相伴遊ばれ、それ以後は膳出る。

円覚院は四代藩主吉通のこと、正室の輔君《すけぎみ》（瑞祥院）は九条関白輔実《すけざね》（一六六九～一七三〇）の娘で、その使者石井某が名古屋を訪れた。この使者を書院（ご対面所）に招き、ご馳走を振舞っている。

この書院と中庭を隔てて南北に長い一棟があり、表御殿の一部だがやや私的な場である。北が夜居之間《やいのま》で、上段（一六畳）、一之間（二四畳）、二之間（二四畳）の三間からなる。明倫堂（巾下学問所）督学《とくがく》（総裁）の毎月定例の講義を、藩主以下重臣たちがここで拝聴したという。また新規御目見や跡目相続のお礼が、ここで行われた記録もある。

夜居之間の南に、南北に長い長囲炉裏之間《ながいろり》（四五畳）があり、むかしは部屋の中に「長囲炉裏」があったことで、この名前がついた。『金城温古録』は、「藩主の在城中は、ここが勘定奉行の役所になった」と記す。また同書は、江戸後期の賄人《まかないにん》組頭で、故実に精通した竹村通央（汀鴎斎）の、次のような話を紹介している。君臣の私的な交わりから、部屋の雰囲気が伝わってくる。
○夜居之間・長囲炉裏之間は、むかしは殿様が夜にこの間で寛《くつろ》がれ、いろいろと話を楽しまれた。昵懇《じっこん》の輩、あるいはそうでない者も、この席に伺候して、自分の経験談などを披露した。ときに殿様はお料理を所望されることもあり、臨時にこの長囲炉裏の火で調理することがあった。

以上、表御殿が実際に使用された例を二、三示したが、御広間や書院は公的な儀式・典礼以外、「藩主と家臣との対面や接客」が行われる場所である。

対面が「藩の政治か」といわれても困るが、江戸時代は藩主と家臣の対面が非常に重視されており、幕臣の場合、御目見《おめみえ》以上か以下かで、旗本と御家人に分けられた。藩士もまた、御目見以上と以下の家格の差は大きく、誕生後の「初御目見《はつおめみえ》」に始まり、家督相続も御目見が必須条件だった。定例のご機嫌伺いも御目見であり、「主従関係」の確認作業が御目見には込められており、対面によって新たに忠誠を誓うことが、政権の安定につながったのである。

本丸御殿も、二の丸表御殿の形に類似する。ただし本丸御殿の方は、

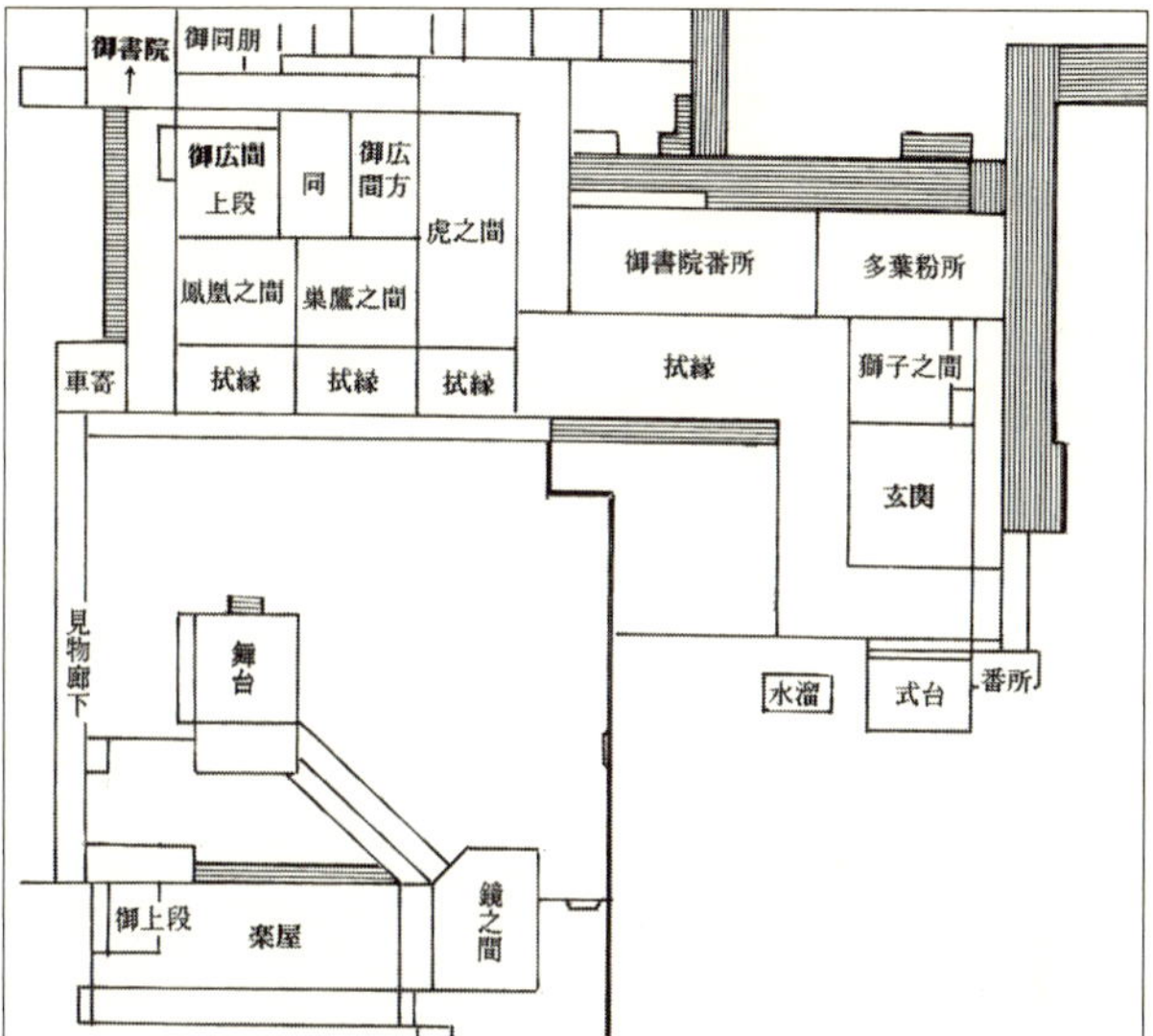

御広間と前庭の表能舞台
(『能面と能装束』徳川美術館　1994 年)

広間と書院の西隣りが改造され、将軍の上洛時に備えた「上洛殿」が建て増しされていた。上洛殿は、主室である「御成書院」とその西に設けられた「湯殿書院」「黒木書院」から成り、名古屋城の中では、もっとも贅を尽くした建築である。

逆に本丸御殿にはない施設が、二の丸の「表御殿」には設けられていた。見過ごしてしまいそうな施設だが、「能舞台」である。

大広間南庭の「能舞台」と「町入能」

表御殿大広間の前庭に、能舞台（三間四方）、楽屋と鏡の間、それをつなぐ勾欄付きの階懸《はしがか》りがある。江戸の芸能に疎いせいか、前庭に設《しつら》えられた舞台には関心がなく、能の好きな殿様もいたぐらいに思っていたが、『鸚鵡籠中記』に町人の参加を許す「町入能《まちいりのう》」（「町人能《ちょうにんのう》」とも）が、何度も出てくることに気づいた。藩の慶事を御城下の住人たちがこぞって祝う「町入能」で、この日ばかりは町人たちが二の丸の南庭を埋め尽くし、半ば無礼講、開け放たれた襖の向こうに、殿様の姿や上段の間を見ることができたらしい。日記の記事を抜粋してみよう。

□元禄七年（一六九五）

○七月一日　お能有り。御直衆見物。辰半時《たつのはんとき》に始まり、未刻《ひつじのこく》過ぎ、お白洲に並居《なみい》る町人ら、日に照り付けられて殆ど絶えんと欲する者多し。

○同二日　薄曇り又は照る。巳半点《みのはんてん》雨少し降る。今日お能あり。予と親と卯三点《うのさんてん》罷り出で見物す。公出《いで》給う内は、間を隔つといえども扇を遠慮す。群頸《ぐんけい》魚の如くに連なり、流汗《りゅうかん》泉のごとくに涌《わ》ぐ。溽暑《じょくしょ》御殿に迫りて、息も絶えるばかり也。兼平の能のとき仕度す。汁・塩鳥・茄子（雉子・鴨等あり）。ただし一盃ヶ食べ得ず。水和干大根・鯣《するめ》。今度のお能にはお菓子なし。先年大納言様の時にはお菓子これ有り。辰二点始まり、午八刻に過ぎ、仕廻に公、唐紙を開きて、御出則ちお目見えす。予、親と共に三左衛門殿へ今日のお礼に行く。

記事の前年元禄六年四月に二代藩主光友公が隠居され、嫡子綱誠公が跡を継いだ。就任後初めてのお国入りとなったのは翌七年五月のこと、「お慶」と結婚したばかりの文左衛門は、新藩主へのお目見を得ようと毎日あとを追いかけていた頃の話である。

七月の町入能は、新藩主の初めての入国を祝う催しで、「入部能」という。七月一日は新暦八月廿一日にあたり、暑いことで知られる名古屋の、午前九時から午後二時過ぎにかけての観劇で、観客席の白洲に屋根はない。「焼けるような炎天下」、町人たちは「殆ど絶えんとする（気を失いそうな）」状態で、それでも能楽を観つづけたのである。

翌日、文左衛門は父重村とこのお能拝見に出かけた。曇り時々晴れで一一時ころ少し雨がパラついた。おかげで昨日ほどの照りはないが、気温は相変わらず高い。今日の能の開始は昨日より早い午前八時で、文左衛門親子は午前六時には、城に着いていた。藩士たちの席はお白洲ではなく、巣鷹《すだか》之間と虎之間の座敷である。お白洲と違って日差しは遮《さえぎ》られるが、居並ぶ藩士たちは「群頸《ぐんけい》魚の如くに連な」っているから、汗が泉のように湧き出る。公がお出ましの間は、距離が離れていても扇子の使用を控えなければならない。

二番目物「兼平《かねひら》」（五番立て催能の二番目に演奏される謡曲）のとき料理の仕度があって、お酒に、鳥肉・茄子入りの汁、干し大根とスルメの水和《みずあ》えが出された。水和えは煎酒《いりざけ》（酒に鰹節と梅干を加え、煮出したもの）に酢を加えて和えた料理をいう（『料理物語』）。以前の光友公の「能」拝見ではこれらに加え菓子が振舞われたが、今回はなかった。午後の一時ころ鳳凰之間の唐紙が開かれ、綱誠公がお出ましになった。帰りに親と一緒にご城代の沢井三左衛門殿の屋敷へ伺い、今回のお礼を申し上げた。

この日の記事には、続きがある。

○刀を積む処、殊に藹次《ろうつぎ》なし。仕廻に一所に混み入り、刀を踏み柄を抜き、ぐわらぐわらとして、中々聊尓《りようじ》に寄付《よりつく》ゝことにてな

町入能の図（『徳川盛世録』東洋文庫）

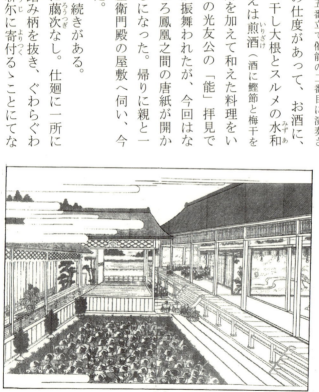

し。刀に多くは兼て〻木の札を付け置く。市川惣太夫（小普請）老人と云う、殊に御酒を呑み過ごし、退屈にてや早く帰るとて犬山城番藤井庄兵衛が弟、同名平八が刀を指し、罷り帰る。次に平八我が刀なく、山崎甚右衛門が刀を指し帰る。甚右衛門独り跡に残りて普く刀を尋ぬるといえども之れ無し。五十人目付に此の段を達す。則ちお目付〻ご老中へ聞こゆ。先ず此の残りし刀を指して帰るべし、以て後に僉議致すべしと。依って甚右衛門、惣太夫が刀を指し罷り帰る。

刀を預ける場所にベテランの受付はおらず、大混雑のなか他人の刀を踏んで柄《つか》が抜けたり、乱雑に山のように積まれた刀へは容易に近づけない有様。刀は取り違えないように、名前を記した木札を付けてある。

観客のひとりに市川惣兵衛という小普請入りの老人がいて、酒を飲みすぎて退屈したのか、お能の途中で退席した。そのとき間違えて犬山城番藤井庄兵衛の弟、平八の刀を持ち去った。通称名が同じだったのかも知れない。そのあと藤井平八は自分の刀が見つからず、山崎甚右衛門の刀を指して帰って行った。最後になった山崎は何処を探しても自分の刀が無い。そこで五十人目付に届けた。目付からご老中に報告が行き、とりあえず残った刀を指して帰り後々の僉議《せんぎ》を待つよう指示があった、という話。

「いくさ」がなくなって百年が経つとはいえ、「刀は武士の魂」である。そのことに改めて気づかされる話が、元禄八年九月の『日記』に載る。

〇於江戸、新見康右衛門立退《たちの》く（新見彦右衛門の子、大殿様御書院番）。是《これ》、去る月廿七日に発足し、明廿八日、新井にて出船を待つ。其の間茶屋に休す。出船の節、一度にばらばらと立ち乗りて、康右衛門刀を忘れて偶然《ママ》（愕然カ）たり。道中目付、後より此の茶屋へ来《きた》り、無事を問う。茶屋云う。刀一腰あり、是れ先の尾陽の衆の忘れる所か。其の証を知らず。道中目付はっと思い、然らば川向うまで汝が人に此刀を持たせて遣わすべし。此方のならば僉議し受取るべし。茶屋この如くす。果して康右衛門の刀なり。ゆえに今日立退く。

尾張藩士新見彦右衛門の子康右衛門は大殿様（引退した）光友公の御書院番を務めていたが、或るとき公用で江戸に下ることになった。東海道を新居《あらい》の関まで来て、浜名湖を渡る船を待つあいだ茶店で休んでいた。船頭の「船が出るぞォ」の声に慌てて立ち上がり、急いで船に乗り込んだあと腰に手をやり顔色が変わった。刀を茶店の縁台に忘れてきたのだ。運が悪かったのはその直後に道中目付の見回りがあり、何時ものように店の主人に「変わりはないか」と声をかけた。主人は「とくには御座いません、ただ刀の忘れ物が一件ほど、つい先ほどお発ちの尾州のお武家さんの物かと思います」と告げた。目付ははっとして、「面倒をかけるが、家の者にその刀を持たせ、向こう岸まで届けてもらえないか、当方にかかわりの者なら、のちほど調べたうえ、正式に受けとるようにするが……」と頼んだ。主人は承知し言われたように計らい、結果、新見康右衛門の刀と判明した。康右衛門はまもなく国を退去した。

そんな話を書き留めた文左衛門だが、余り偉そうなことは言えない。廿歳《はたち》のとき、御城下碁盤割北東の伊勢町の辻で「猿若を見て空《うつろ》になり（大道芸の猿若舞《さるわかまい》に見とれていて）」、脇指を盗まれたのである。「ただし鞘は残った」と訳のわからないことを書いている（元禄六・二・二一）。

先の茶店の忘れ物は、大いに同情の余地がある。茶店で茶をもらい、昼食の握り飯でも食べたのだろう。お腹が一杯になってついまどろみ、船頭の声にあわてて駆け出し、外した刀のことを忘れた。

それに比べ往来の大道芸に夢中になり、刀身を抜かれて気づかず、鞘は取られなかったと変な言い訳している方がよほど失態である。しかし文左衛門の運がいいのは、刀の持ち主がわからないことである。刀身を取られましたと訴え出るはずもなく、黙って他から買い求めれば、まず事件にはならない。

さて今回の能会場の話だが、酔った老人はさておき、怪しからんのは二番目の平八だろう。間違いを承知のうえ、指して帰っている。どういう結末になったのか、期待をしながら後出記事を探したが、残念ながら見つからなかった。

□宝永六年（一七〇九）

○八月廿五日　ご家督ご祝儀のため三ケ日お能仰せ付けられ、ご連枝様方ご見物。諸士へ支度など元禄七年のごとし。白洲町人へ強飯《こわめし》・まんぢゅう下さる。

今日ばかり礼剱《れいけん》以上長袴《ながばかま》也。地謡《じうたい》い鼓《つづみ》打ちなども素襖《すおう》着す。

三日の内、礼銀以上残らず出、そのほか御国・町・熱田奉行・御鑓《おやり》奉行・御代官ら毎日出、町医は三日の内順々に代り代り罷り出る。
○同廿六日　雨降る。昼より止む。お白洲へ入り候町人、傘はお貸し候えども、甚だ濡れる。傘は天気あがれば取り上ぐ。お能過ぎ候いて、御ふすま明き、公御出。
○同廿七日　快晴。出家・社家・山伏見物。初めと終りと両度、御ふすま開き御出。今日夥しく御白洲の拝見之れ有り。御作事より俄かに竹垣等を広げ、かつ平地門（屏重門）の扉をはずし其の外にまで之を置く。御賄方より切こわめし二ッ宛を一包にして三千二百包出し、御黒門御足軽是を配す。後には方々より飛礫のごとく抛って与う。こわめし中に耐えず、おびただしき事也。
猩々の始まるとき石町の古手屋平兵衛という者、絶入す。目を見つめ沫を噴く。癲癇なり。御黒門足軽つり出し、針などたて息出ず。

布施八左衛門死す。

宝永六年は、一〇年前に家督相続した四代藩主の吉通が、はじめてお国入りした年である。六月廿三日の日記には「辰刻《たつのこく》前にご入城。広小路より御馬に召す」と記してある。それから二か月が経ち、家督相続を祝う趣旨の「町入能」が催された。藩主の親戚筋、また藩士たちのお能拝見の次第は元禄七年と同様だった。ただし今回白州で見物する町人全員に、強飯《こわめし》と饅頭が配られるという。

長袴の着用を命じられた「礼剱《れいけん》」は、尾張藩士一二家格のうち七番目のランクで「年頭の祝儀や家督相続のお礼に太刀・馬代を献上し長裃《かみしも》を着用する」と決められている。寺社、勘定、町の三奉行と熱田、岐阜奉行が「礼剱」に該当するようだ。地謡い、鼓打ちが着用した「素襖《すおう》（袍）」は無位無官の旗本あるいは大名家臣の礼服で、単衣《ひとえ》仕立ての直垂《ひたたれ》のことである。

三日間行われる町入能に、礼剱以上は必ず一度出席せよとの触れがあり、とくに御国、町、熱田奉行、御鑓《おやり》奉行、代官は毎日出ることが求められた。町医者たちも、三日の間に順々に出よとのお達しである。

二日目は生憎の雨模様だったが、昼から止んだ。町人たちへ傘が貸し出されたが、混み合う中で傘をさしても隣同士が傘の雫で濡れる。天気になって傘は回収された。お能の終りに襖が開かれて、吉通公が姿を見せた。

最終日の同廿七日は快晴で、この日は社寺の関係者が山伏にいたるまで見物した。能の開始前と終了後の二度、襖が開かれ、公のお出ましがあった。白洲は町人の拝見者の数が多く、御作事奉行は周囲の竹垣を広げ、中門の二枚開きの扉もはずされた。お賄方は四角に切った強飯《こわめし》を二切れずつ一包にした三千二百包を作り、これを黒門の足軽たちが配った。人が座り込んだ中を進めないため周囲から包みを投げ与えたが、そのうちに投げた包みが破れて強飯が観衆の頭上に降りそそぎ、大変な騒ぎとなった。

五番立て企画の最後の演目「猩々《しょうじょう》」がはじまったとき、石町《こくちょう》（今の東区泉一、二丁目）の古手屋（古着古道具を扱う店）平兵衛という者が気絶した。目を見開き口から沫《あわ》を噴いている。持病の癲癇発作らしく、黒門の足軽たちが運び出して医者が針を立て、何とか回復した。最後の「布施八左衛門死す」は、この日の騒ぎの中で死者も出たということであろうか。

雨が降ったとき傘が配られた記事を読んで、『徳川盛世録《せいせいろく》』（東洋文庫、平凡社）が描く「町入能《まちいりのう》」を思い出した。江戸城で行われた幕府主催の「町入能」である。少し長いが名古屋との比較にもなるので、引用しておく。

○町人一同は麻上下《かみしも》を著し、堂下《どうか》の矢来《やらい》うちにおいて拝観す。見物の町人に饅頭《まんじゅう》を賜い、かつ大礼施行済《しこうすみ》により能楽拝観を許さるる旨、町奉行申し渡す。当日八百八町を二分し、午前と午後となし、各町名主《なぬし》配下の町人召し連れ、両大手門に至る。これよりおのおの随意場内に入る。大手門内にかねて用度掛《ようどがかり》の役人（御賄方という）出張ありて、晴雨にかかわらず傘《からかさ》一本づつを与う。ここにおいておのおのその傘を携え、二之門・中之門を経て、玄関前屏重門《へいじゅうもん》（大広間前庭の囲みの中門、二本柱に二枚開き扉）より大広間の南庭《なんてい》矢来うちに入りて、能楽を拝観す。

これを読んで「へぇー」と思ったのは、「晴雨にかかわらず傘を与え」という箇所である。「与え」とあるから、タダで貰うのだろう。念のため『復元江戸生活図鑑』（柏書房）を調べたが、やはり「一本ずつ唐傘《からかさ》を下賜」とある。町入能は頻繁に催される訳ではないが、開催すれば一時《いっとき》に何千本という傘が必要になる。さすが太っ腹と感心したが、そのあと文左衛門の日記の「名古屋城の町入能」を読み、「傘はお貸し」「傘は天気あがれば、取り上ぐ」とあるのを見て、いささかがっかりした。

□正徳元年一二月

○一日　五郎太様お誕生お祝いの御能。明日より之れ有り。廻文有り。

○二日　辰半過ぎお能始め。御連枝様方ご見物。

御中入りの間お白洲の町人、強飯《トリノコ》一包宛下さる。その上に又饅頭下さる。一日に七百人程ずつの積りと云々。初めと終りに両度御襖開き御出、御目見え有り。

○三日　今日は町人へ強飯ばかりにて、まんじゅうは下されず。

○四日　雪降り、厳寒。寺社お能見物。お白洲の町人へ傘は出たれども、濡湿寒慄《じゅしつかんりつ》す。

五郎太《ごろうた》様は藩主吉通公の長男で、宝永八年一月の誕生。宝永八年は四月二五日に正徳に改元した。改元三日前の日記に、「辰半過ぎ、御馬にてご機嫌よくお入り遊ばれ、黒塗りの笠、茶の御袴《おはかま》、安井より御馬に召す。昨夜亥刻《いのこく》前土田御立ち、丑半過ぎ小牧へ御着き」とあり、吉通公の帰国を記している。今回は東海道ではなく珍しく木曽路を通り、美濃国可児《かに》郡の土田《どた》から善師野《ぜんじの》を経て上街道《うわかいどう》を小牧へ、さらに南下して庄内川と矢田川の合流点近くを味鋺《あじま》から安井《やすい》へ渡り、ここで駕籠から馬に乗り換え、衣装を改めて名古屋入りしたという。

この年の師走、お世継ぎの誕生を祝って町入能《まちいりのう》が催された。二、三、四の三日間、町人は一日七百人のつもりとあるから、都合二千人余が招かれたことになる。町人であっても裃の着用が義務付けられている。熊さん八つぁんクラスの参加はむつかしかったかも知れない。

町人に配られる「こわめし（強飯）」は糯米《もちごめ》あるいは糯に粳米《うるちまい》をまぜて蒸し、小豆や黒豆を加えて色付けしたもので、いま「おこわ・赤飯」と呼んでいるものと変わらない。これに運が良ければ饅頭が添えられる。三日の参加者には、饅頭がなかったし、四日は雪が降った。貰えたり貰えなかったり、暑かったり寒かったり、白洲での観劇も結構大変である。それでも毎回大勢が参加したのは、現代に比べ圧倒的に娯楽が少なかったからである。

文左衛門は人形浄瑠璃や歌舞伎に夢中になったが、能楽はそれよりはるかにレベルが高い。しかも町人たちは、屋外の石を敷き詰めた白洲に座るのである。さぞ痛かろうと同情したが、文化八年記述の『尾張家御能見聞録』に「御白洲には松板を残らず敷き、其の上にあらむしろ（荒莚）を敷く。御白洲天井は、残らず蠟障子《ろうしょうじ》にて雨覆いこれ有り」とあり、少し考えを改める必要がありそうだ。しかし杉板や蓆はともかく、元禄、宝永の昔から蠟障子の雨覆いが有ったかどうかわからない。仮にそうなら、そもそも傘を配る必要もなかったはずだ。

「三の丸」とは

江戸城の天守は、明暦三年（一六五七）の大火で焼失した。大坂城天守は大坂の陣後に再建されたが寛文五年（一六六五）の落雷で炎上し、以来江戸時代を通じ、名古屋城天守は日本一の規模を誇った。天守は戦国の時代にあっては、籠城時の備蓄施設（御金蔵、鉛の磚《せん》、銅葺き屋根、井戸）であり、最後の砦（鉄製門扉、石落し、厚壁、隠し狭間《さま》）でもあったが、「いくさ」がなくなってからは、「お城のシンボル」としての意味が大きい。『金城温古録』も「城の標鎮《ひょうちん》（鎮めのシンボル）は天守なり」とし、「万一の節のため、軍用資材、悉《ことごと》く天守に納め置く」と記している。

この天守の東隣りにある「二の丸」はいまほとんどが庭園になっているが、本来は藩庁の建物や藩主の公邸、私邸もあり、行政府の中枢だったことはすでに記した。これら本丸と二の丸に加え、西之丸、深井丸を囲い同時に碁盤割の城下町とは外堀によって隔てられた区域を、「三の丸」と呼んでいる。この三の丸と前面の外堀はいくさの時の防御帯であり、ここに居を構える藩士は、その任務が課されていた。

三の丸の工事の経過は、『金城温古録』を読んでも、今ひとつはっきりしない。家康の伝記『武徳編年集成』に「慶長十六年九月三日、佐久間河内守政実《まさざね》、尾州名護屋ヨリ帰番シ城築ノ図ヲ献ズ」とあり、翌年一月に名古屋へ赴いた家康は「湟塁《こうるい》・石壁《せきへき》・殿閣《でんかく》営作委細ヲ成瀬隼人《はやと》正《しょう》正成・竹腰《たけのこし》山城守政信ニ含メタリ」とある。このときの「図」というのが、三の丸の設計図だったらしい。※『武徳編年集成』木村高敦著、元文年間成立、家康の事歴を記述。寛保元年吉宗に献上。

慶長一五年（一六一〇）暮までに本丸と二の丸と御深井丸の普請（堀割と石垣工事）が終わり、翌一六年から各所で作事（殿舎の建設）がはじまったが、三の丸は、まだ手つかずの状態だった。そこで普請奉行の佐久間政実は九月に駿府へ出かけ、家康に三の丸部分の設計図を見せた。その結果翌一七年正月家康は名古屋を訪れ、成瀬隼人正、竹腰山城守を召してともに設計図の内容を検討した。この直後から三の丸工事がはじまった、と考えられる。

三の丸の外堀は、柳原《やなぎはら》一丁目交差点南のかぎ型に折れた空堀にはじまり、明和高校の西に沿って南へ、名鉄瀬戸線の東大手駅、清水橋（東大手門）を経て、市政資料館南交差点までおよそ八百メートル。ここを西へ折れ、久屋《ひさや》橋、大津《おおつ》橋、本町《ほんまち》橋、新御園《しんみその》橋を経て景雲《けいうん》橋まで千四百メートル。そこから北へ折れて愛知県図書館、能楽堂の西を通り巾下《はばした》橋まで六百メートルで、この先は御深井《おふけ》の堀となる。この外堀と西之丸、二の丸の南を限る内堀の間が三の丸で、その面積は一六万坪余、外堀の総延長は三キロにも及ぶ。

いまの三の丸は、官公庁によって占められている。城の東側は法務合同庁舎と検察庁、それに名古屋医療センターと名古屋学芸大学医療キャンパス、南東に名古屋市役所と愛知県庁、城の前面（南側）は、東から市役所、県庁の別庁舎、県警本部、名城病院と護国神社、裁判所、

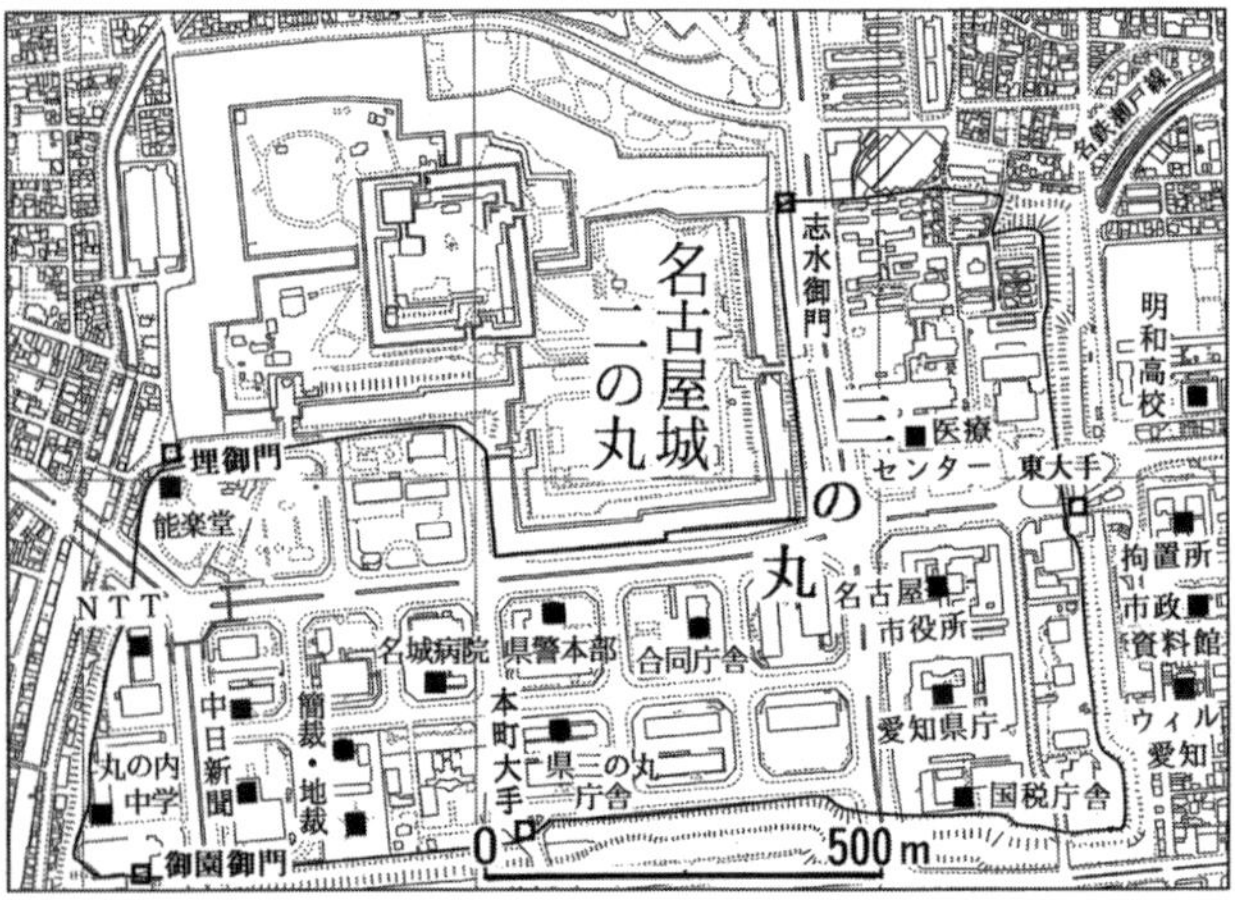

名古屋城三の丸の範囲と五門

中日新聞社、そこから国道二二号をわたって県図書館と丸の内中学校、その北にNTTビルがある。かつて天王社、東照宮、歴代将軍の廟所があった一角には、金シャチ横丁、東海農政局、水資源機構、広場を挟んで能楽堂が所在する。

郷土史家の小林元《はじめ》氏は「城の三分の二を占める三の丸が、今や城址としての経歴を無視されている」と嘆かれているが（『もりやま』第三八号）、確かにいま地図に残るのは町名の「三の丸」と外堀、四つの門跡だけで、ほかに城の面影を残すものはない。

三の丸の五門

当初の三の丸は重臣たちの屋敷地であり、周囲には全部で五つの門があった。

○南面二所、西面一所、東面一所、これを合わせて四門と号し、常に通用の門なり。この四ヶ虎口の内に居宅ある大名を以て、御門の守衛と成り置かれし旧格なり……。

北一所（清水御門）は、常に大門閉め置き潜《くぐり》り小門のみの通用にて……俗にいう不明（アカズ）の御門なり。（『金城温古録』第五八冊）

ここでいう虎口《こぐち》は門番のいる「枡形の門」のこと、大名は「禄の高い家臣」の意味で、三の丸は、枡形門と門近くに住む重臣たちによって防衛されている、というのである。たとえば本町御門近くの渡辺半蔵家は、同心一二騎が属しており、御園御門すぐの大道寺家は騎士二〇人を預かり、巾下《はばした》門近くの志水甲斐守は、同心一二騎が付されている。なお五門のうち巾下門と清水《しみず》御門はやや変形の枡形であり、清水御門以外の四門の壁書《かべがき》（門番の定め）には、次のように書かれている。

○卯《う》の刻より開き、酉《とり》の刻に〆置《しめお》くべし。ただし酉の刻よりは潜《くぐ》りばかり開き置き、亥《い》の刻に至りて潜りをも〆置くべし。然れども、何時《なんどき》によらず滞《とどこお》り無く、通すべき事。

四門は「朝六時に門を開き、夕方六時には閉じて、潜り戸だけにせよ。潜り戸も夜一〇時には閉じよ。ただしそれ以外の時も事情を尋ねたうえ、遅滞なく通すように」とある。つまり他国の人間以外、町人たちは三の丸に自由に出入りできたのである。

清水御門だけは、他の四門と少し異なる。

○御門、昼夜ともに〆置くべし。然れども、何時によらず滞り無く、通すべき事。

○他国の旅人、弁、順礼・こもそう・万歳・猿引・乞食等、一切御門不可令致出入事。

清水御門の「昼夜とも閉め切り」は大門のことで、すべて「くぐり小門」から出入とされた。「夜一〇時以降、事情を質《ただ》して通行を許す」のは、他門と同じである。なお清水御門では「他国の旅人・巡礼・虚無僧・万歳・猿引き（猿回し）・乞食」の御門内通行を禁じているが、他の四門は「万歳・猿引きは禁じるに及ばず」とあり、扱いが違っている。なぜなのかよくわからない。

『金城温古録』（第五九冊）の「三の丸第宅《ていたく》部」には、「御郭内街衢《がいく》邸宅」という項目がある。「衢」「巷」は「ちまた」と読むが、大通は「衢」、小路は「巷」と書き分ける。この項目には、「三の丸曲輪《くるわ》内の大通（東西三本、南北六本）」の名前が、次のように紹介されている。

○東西筋は三本あり。北から順に「天王前《てんのうまえ》筋」（東御門より西土居迄）「中小路《なかのこうじ》」（東土居より西土居迄）「南御土居《みなみおどい》筋」（東土居より西土居迄）。

○南北筋は六本あり。「大名《だいみょう》小路《こうじ》」（天王前から南土居筋迄）「御太鼓櫓《おたいこやぐら》筋」（大名小路の東の縦町）「桜馬場《さくらのばば》通」（御太鼓櫓筋の東、縦町）「東《ひがし》御土居《おどい》通」（東端の縦町、御屋形南から南御土居筋迄）「元《もと》御霊屋《おたまや》通」（大名小路の西、榎多門外より南御土居筋）「西《にし》御土居《おどい》通」（西の端、元御霊屋南から御園門北迄）。

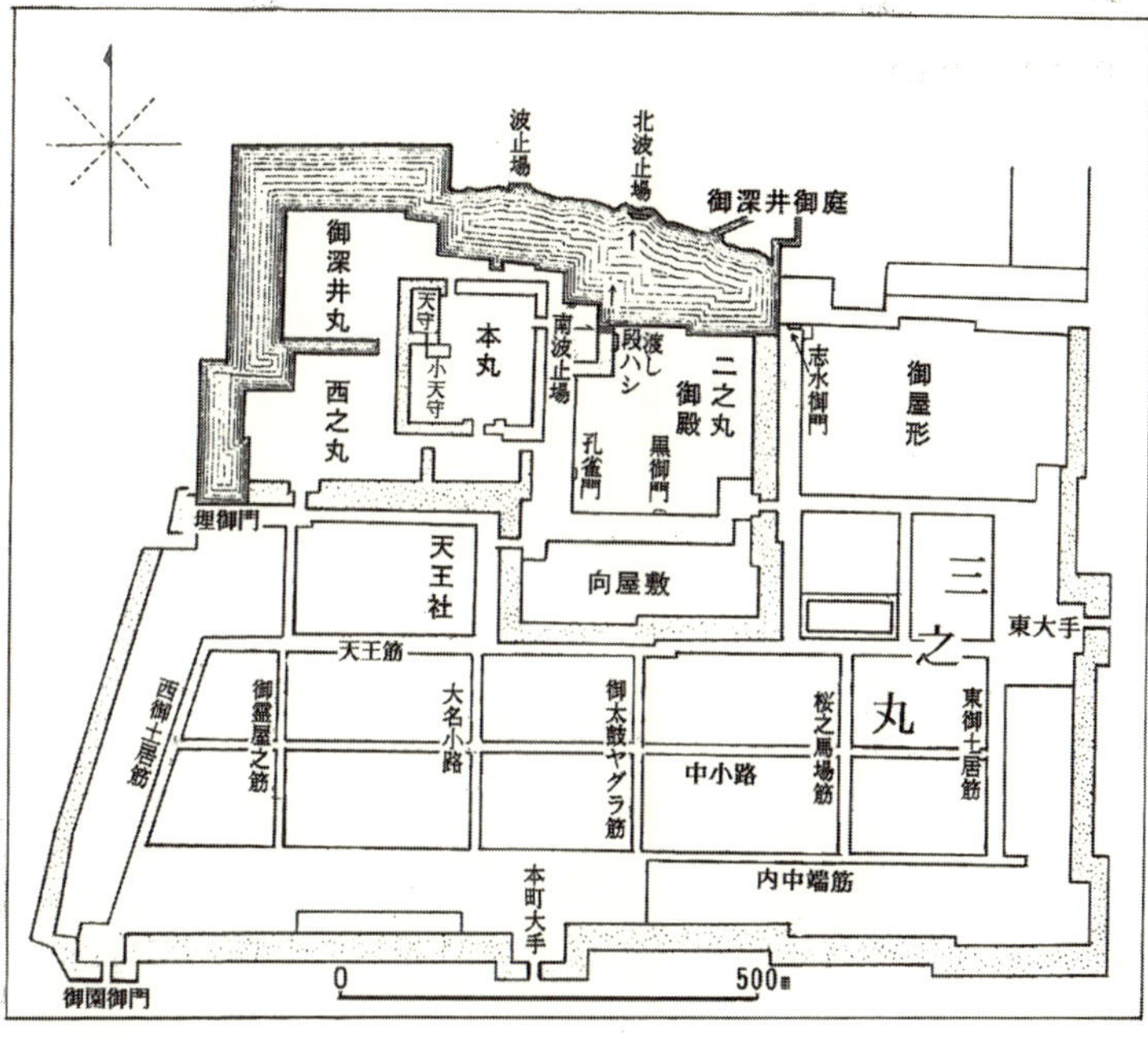

名古屋城各郭の名称（旧版『名古屋市史』地理編より）

三の丸北西の「御屋形」と「貞松院お屋敷」

三の丸は上級藩士の屋敷地なのだが、いま「三の丸四丁目」の法務合同庁舎と名古屋医療センター及びその北側は、ある時期「お屋形」と呼ばれ、特別な方の住まいとなっていた。『金城温古録』第五九冊の記事を引用し、説明を加えておく。

○御屋形　志水御門の内、東にあり。惣御構え御長屋あり。表御門西向き。慶安四年卯年、広幡《ひろはた》大納言源忠幸《ただゆき》卿ご居館のために御成就となり、但し此の時はいまだ屋形号《やかたごう》はなし。これは敬公様の御女、瑞竜院様（光友公）の御妹、御名をお糸様と申し上げ、のちに普峰《ふほう》院《いん》様と称せらる。姫君、慶安四卯二月廿八日、広幡様へ御婚礼整わせられ、夫《それ》より同じお屋敷の内、北の方に御座所の御殿ありしと也。今の世、御屋形北御門の内畑にて、広場の地塁はこの御殿の跡とかや。

志水（清水）御門は、大津通に沿う「名城公園二の丸駐車場」の北にあった三の丸五門の一つ、その門内の東側に、広幡忠幸の居館があった（当時は未だ屋形の名はなかった）。広幡家は天皇家に繋がる公家の出で、慶安四年（一六五一）に義直の息女「糸姫（普峰院）」が嫁いだ。しかし糸姫は京都へ赴かず、逆に名古屋城三の丸に婿を迎える邸宅がつくられ、その北に姫のための御殿が建てられた。いま、御屋形北御門と呼んでいる内側は畑となり、広場に残る地塁を御殿跡と伝えている。

○普峰院様、御子あまた儲けさせ給いて、皆とりどりに御幸あり。此の君、泰心院様の御簾中に成らせ給う。二は定姫、有馬中務大輔《なかつかさだいすけ》頼元殿の御室、三は智姫、織田伊豆守信武殿の御室、四は園姫、浅野式部少輔長吉殿の御室、五は清姫、織田伊豆守信武殿の御再室。寛文三卯年、忠幸卿ご逝去の後も、暫くここに御座まし、同十三年、巾下《はばした》御下屋敷へ移らせらる。

糸姫は子宝にめぐまれ、それぞれがみな幸せな嫁ぎ先を得た。長女は綱誠の正室となり、二女の定姫《さだひめ》は有馬頼元の正室、三女の智姫《ともひめ》は、織田信武の正室、四女の園姫《そのひめ》は、浅野長吉の正室、五女の清姫《きよひめ》は織田信武の後妻におさまり、広幡忠幸卿が亡くなられた後も、しばらくの間糸姫は三の丸御殿にとどまられたが、その後巾下の下屋敷へ移られた。

○広幡様明御殿《あきごてん》、寛文四年辰年より延宝三卯年まで、瑞竜院様の子出雲守義昌《よしまさ》、瑞竜院様御代御嫡泰心院《たいしんいん》様、初めて御入部以後、元禄六酉年御家督までの間、御座所と成りて、これより御屋形号始まるといえり。同年十一月、瑞竜院様、ここにご隠居遊ばされ、同八亥三月、大曽根御移徙《ごいし》、この間久しく明けたるに、享和年、明公様ご養子宰相源白様ご簾中聖聡院様、江戸よりここにご移徙、文化元子年七月廿七日ご逝去ののち、御空館たり。のち文化五年辰正月維君様、近衛様へ御婚入の時、此の所に御旅館たり（以下略）。

寛文三年に広幡忠幸が亡くなったあと、御屋形は多くの人たちに利用された。以下、わかりやすく箇条書きにしておく。

①寛文四年（一六六四）から延宝三年（一六七五）まで、光友三男の松平義昌（出雲守、得安院）の住まい。

②延宝三年から元禄六年まで、光友嫡子の綱誠（泰心院）の御座所。「御屋形」号の始まり。

③元禄六年（一六九三）から元禄八年（一六九五）まで、光友の隠居所（元禄八年大曽根新亭へ移徙）。

④享和二年（一八〇二）から文化元年（一八〇四）まで、宗睦《むねむつ》（明公）の養子治行《はるゆき》（源白公）室従姫《よりひめ》（聖聡院）の邸。

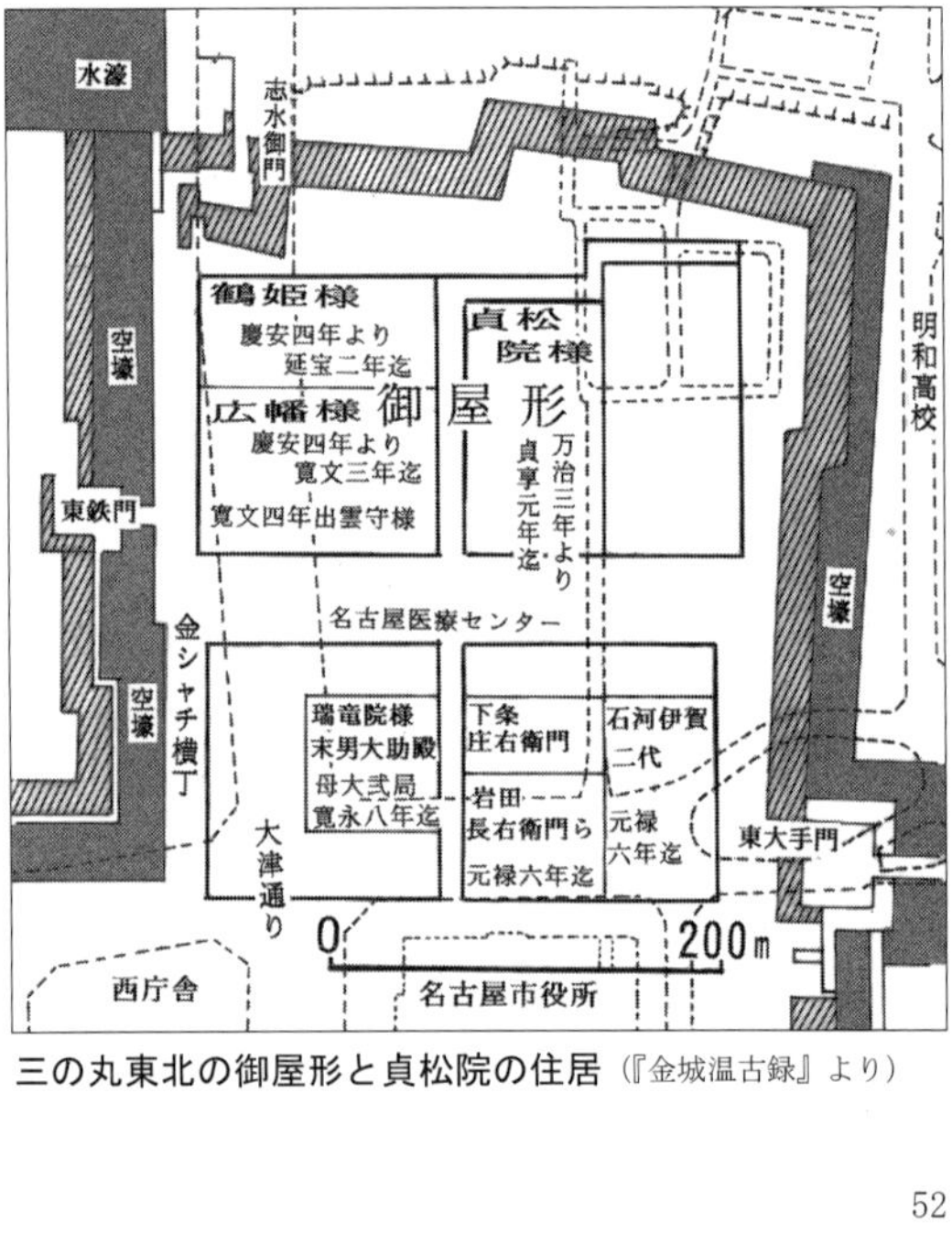

三の丸東北の御屋形と貞松院の住居（『金城温古録』より）

貞松院お屋敷跡と六郎様

この御屋形の東側に貞松院お屋敷があった。貞松院没後は、次々に屋敷の住人が変わった。『金城温古録』第五九冊はそのことを細かく記している。

○貞松院様御屋敷跡……万治三年（一六六〇）より貞松院様（義直側室おさいの方）ご住居、貞享元年（一六八四）ご卒去の跡、貞享二年より四年迄、六郎様御入《おはい》り（これ迄は二の丸に入らせらるるとなり）同年東御門外、今の石河《いしこ》の屋敷地へご移徙《いし》、これは瑞竜院様御子にて、尾州にご蟄居遊ばされ、元禄十五年十月五日ご卒去、相応寺に納らせ給う、源了院様の御事なり。

万治《まんじ》三年（一六六〇）貞松院が三の丸に移ったことについて、『尾藩世記』同年九月廿七日条に「貞松夫人邸落成（三の丸）」とある。貞松夫人は義直の側室おさいのことで、寛永元年（一六二四）の八月十三日条に「おさい殿、入輿。これを二丸殿と称し名古屋二の丸に住せしめらる」とあり、そのあとに次の解説を加えている。

〇二の丸殿は故犬山城主織田十郎左衛門信清《のぶきよ》（犬山哲斎という）孫、左衛門佐《すけ》信盛の女《むすめ》なり。公、子無きを憂い、大樹（将軍家光）より土井大炊頭《おおいのかみ》を以て、之をすすめられ、東福門院の御媒《なかだち》にて、彼の院に仕えられたるを遣わさるという。時に年十七。

寛永元年に京都から「おさいの方」が名古屋入りし、二の丸に住んで「二の丸殿」と呼ばれていた。しかし義直公が亡くなって一〇年が経った万治三年の八月、三の丸に新邸ができ、そちらに移った。時すでに光友の代となり、「二の丸殿」の通称と住まいを光友の側室松寿院に譲って、自らは「三の丸」へ隠棲したかたちである。

記事の続きに「二の丸貞松夫人の跡へ次郎太君の腹おなるの方移徙《いし》」とある。おなるの方ははじめて聞く呼称だが、「次郎太君（松平義昌）の生母」とあるから樋口宰相信孝卿の女《むすめ》松寿院（勘解由小路、三の丸）のことだろう。

この後《あと》おさいの方は貞享元年（一六八四）に亡くなる。「一二月八日、貞松母公、逝《せい》す（乳癌を疾《や》む）。時に年七十有七。政秀寺に葬る」とあり、翌年五月に「六郎主、貞松母公旧館に引き移らる」の記事が載る（いずれも『尾藩世記』）。

おさいの方が亡くなったあと、空いた三の丸お屋敷には六郎様が住み、五千石を給された。人生これからという一六歳の若者だが、父光友が頭を痛める「不肖の子」であった。

通称六郎は光友の五男松平友重《ともしげ》のこと。生母は側室の新式部《しんしきぶ》（長昌院）で寛文九年（一六六九）尾張に生まれ、この三の丸に移って二年後の一九歳のとき、事件が起きた。『名古屋市史人物編』は、次のような話を載せる（要約文）。
○貞享四年（一六八七）の正月、友重は往来で一人の美女を見染め、その家へ入り込んでよい仲になった。それが団頭《だんとう》（宋代の乞食の頭領を指す言葉）彦平の家で、その後も狩《かり》と称してはお忍びで通い詰め、仲間を呼ばせ宴会を開く始末。たちまち噂は広まり父光友の耳にも入った。激怒した光友は、二月に近臣の野崎主税《ちから》を遣わして友重を譴責し、水野村に幽閉した。さらに上野村に移し、元禄二年成瀬正景の廃宅へ押し込め、再び上野村萱場池の畔《ほとり》へ移した。幽閉生活を送ること一〇年余、元禄一五年に友重は三四歳で没した。相応寺に葬られ、「源了院達誉廣啓義運」と諡《おくりな》された。
差別意識を持たない一九歳の青年の行動と言えなくもないが、身分制度の厳しい江戸時代にあっては通用しない。ただし友重ひとりが遊び回っていたわけではなく、一〇人余りの取り巻き連中がいた。その筆頭が書物奉行の小見山新之右衛門だった。

小見山家はもともと紀州浅野家に仕えていたが、春姫（高原院）が義直に嫁したとき源左衛門吉久がお供として名古屋にやってきた。一族には藩医や町医が多く、おそらく代々医者を家業としたのであろう。吉久の子吉政は道休《どうきゅう》と号し、藩医として百五十石を賜わり、さらに孫の道可《どうか》が跡を継いでいる。道可の子新之右衛門はなぜか医者の家業を離れ、書物奉行として百五十石を給されていた。しかし書物を扱うより遊び歩くほうが得手だったとみえ、家譜に「貞享四年正月晦日、故あって改易」と記されている。むろん友重の一件によるものだ。

さらに『尾藩世記』は次のように記録する。

○貞享四年二月四日　書物奉行小見山新之右衛門ほか十名、改易。乞食頭《かしら》彦平、追放に処せらる。新之右衛門ら彦平と交わり、芝居見物等無作法の所業あり。また彦平の宅に招かれ饗応を受けるなど諸士に有る間敷所行《まじきしょぎょう》たれば、改易のうえ本国および三都等十三ヶ国を構い、放逐せられ、彦平は額に十文字の焼印をし之を放つ。父兄ら、また之に坐し、逼塞《ひっそく》を命ぜらる。

○同月廿五日　六郎主を水野村に移さる。六郎主、行跡宜《よろし》からず云々。

事件が明るみに出たのが一月末、二月四日に一一人に対し、改易と三都一三か国お構いの追放処分が下された。士籍をはく奪されたうえ、江戸、大坂、京および尾・参・濃・勢・信・

甲・江・紀・山・摂・常・武・奥州など一三か国への立ち入り禁止、さらに家族も逼塞処分となった。逼塞は閉門より軽く、表門を閉めた上、昼間は目立たぬように過ごす。彦平は額に十字の焼ゴテを当てられ、妻子ともども追放となっている。

事件の起きた貞享四年は、朝日文左衛門が日記を書きはじめた元禄四年より四年前だが、よほど噂になった事件とみえ、「覚え」（父の記録あるいは自身のメモ）から、こう引き写している。

○貞享四年正月晦日《みそか》　面破組十一人所々へお預け。二月四日何《いず》れも改易。

○龍介新屋敷へ、御目付若林四郎兵衛、御供番永田清左衛門来たり龍介にも出合う。本条林右衛門へ御書付の趣、永田読み聞かせ候。宇津木八左衛門（人切八左衛門孫、八右衛門甥なり）へは、龍助年寄と、広井組の組目付月番御書付を読む。十三ヶ国の御塞《おふさぎ》なり。乞食頭彦平と出合う。食物等を給ぶ。侍の法義を失い、其の上常々行跡悪しき段お耳に達す。不届きに思召され候。屹度仰せ付けられ候えども、御宥免《ごゆうめん》にて御改易と云々。

彦平も妻子ともに四日に追放。

面破《めんば》組については「徒党を組んで狂言踊などを見物し大須所々の芝居を徘徊、無作法なる輩を誇《そし》って面場組と号す」とあり（市史政治編所収の「瑞龍公御治世記」）、江戸初期の「かぶき者」を想起させる。社会の規範からはみ出した集団で、いつの時代にもいる輩と言えばそうだが、江戸初期には「ひとつの社会現象」として数多く存在していた。徒党を組むことや身分制度を意に介さないという点など、「かぶく（傾《かたぶ》く）」スタイルは、友重や面破組に共通する。

日記では、もう一人の中心人物として宇津木八左衛門の名を挙げている。以前、彼の実弟宇津木弾右衛門の喧嘩をとりあげたことがある（『朝日文左衛門と歩く名古屋のまち』二〇一六年刊）。お弓衆として藩に仕えていた弾右衛門は、弓稽古見分の是非をめぐって上役と揉め、浪人、若宮八幡宮境内の芝居小屋で酔った中小姓に絡まれ、芝居がハネた後もしつこく付きまとわれたため、近くの光明寺（後世中村区に移転）境内で切り捨てている。この事件は、日記以外にも藩の事件を収録した『紅葉集』が取り上げていて、その元禄一五年八月条に「弾右衛門の兄八左衛門は竹腰山城守同心で、先年不行跡にて御改易、当時流牢」とある。その流浪の末に、岐阜の裕福な町人の家へ押しかけ、百両の合力を無心し家人や足軽たちに叩き殺されている。「先年の不行跡」とは友重を担《かつ》いだ一一人の事件を指すのだが、その死に様《ざま》まで「社会の溢《あぶ》れ者」の形を貫いたようにもみえる。

小見山、宇津木らは改易処分が下され再び復帰することはなかったが、友重もまた上野村の屋敷で監視のもとに置かれた。しかし光友の晩年は少し監視も緩められたようで、日記からもその様子がうかがえる。元禄一三年の四月に文左衛門が御畳奉行に就任し、一〇月には光友公が亡くなるが、その二か月前の八月の『鸚鵡籠中記』に、「六郎様」について次のような記事が載る。

○頃日、六郎様世間広くお成り遊ばされ、ご老中らはもちろん、その下々の役人も、時々伺候《しこう》申す埒《らち》なり。

父光友も死期の近いことを悟り、不肖の子友重の様子を気遣うようになった。老中や下々の役人たちも、様子見を兼ね上野村に伺候するようになり、友重の交わりの範囲が少しずつ広がっていく。翌一四年の正月、文左衛門も奉行の相棒若尾政右衛門とともに六郎様へ行き、記帳している。つづく六月と一〇月の光友公法要では、出雲守の「仏事お入り」の翌日には「六郎様御入仏事」の記事が見えるし、翌一五年の正月二日にも、文左衛門が六郎様屋敷へ年賀の挨拶に出向いている。しかしその六郎様も謹慎の解けぬまま、父のあとを追うように黄泉《よみ》へ旅立った。

○元禄一五年十月四日　丑刻、六郎様萱葉《かやば》お屋鋪にて御遠行（三四歳）。柳川恭庵薬。去る頃御脇差ぬけて少しばかり御あやまちも成されると云う。御母長松（昌）院と云う。飯尾伝兵衛女なり。お屋敷に部屋あり。当暮れに長松院は飯尾右膳処へ引越す。

晩年は、生母長昌院（飯尾伝兵衛の娘、新式部）も上野村の屋敷に同居して友重を見守り、没後は一族の飯尾右膳矩武のもとへ引き取られたようだ。「性放蕩淫乱にして光友常に之を憂う」と評された六郎様も、最期は穏やかな日々を送りながら、名古屋郊外の上野村に生涯を閉じた。

十日後に兄の摂津守義行が高須から来名し、六郎様の屋敷を訪れて花を呈し、生母長松院にも会ってお悔やみを述べられたという。法名は「源了院達誉広啓義運」、相応寺に葬られた。参考のため、生母飯尾家の系図を載せておく。

【飯尾家】

仁左衛門道治（始め御国奉行原田右衛門に属し、のち江戸御蔵奉行、のち瑞公御部屋に属し賄頭）
- 伝兵衛道矩（ご祐筆、寛文八　三百石給う、延宝三小普請組頭）
  - 道（延宝二奥御番、貞享元卒）
  - 安左衛門（竹腰筑後家人神谷助右衛門男、元禄二養父家領継ぐ、同四奥組、同九卒）――右膳矩武
  - 女子（神谷助右衛門妻）
  - 女子（瑞公に奉仕、称新式部、六郎君実母、宝永二没）

○それより暫くこの御殿明きたるが、その間に元禄元年（一六八八）より同五年ころ迄のうちに、摂津守様（松平義行）より御仮館と成り、同六年より宝永二年までは松寿院様ご住居あり。これは瑞竜院様御代、二の丸様と申して、樋口宰相信孝卿の御女、勘解由小路《かでのこうじ》とて、出雲守様（松平義昌）を御儲け遊ばしたるお方なり。宝永二年十月七日御遠行《ごえんこう》、性高院に納《おさ》まらせ給う。また、宝永六年六月九日より、梅昌院様ご住居あり。これは、泰心院様御代の二の丸様にて、梅小路《うめのこうじ》と申せしお方なり。享保十五年七月十一日、ご遠行にて、西本願寺に納まらせ給う。その後お留守中、お城お広敷引越しの御局々《おつぼねたち》、并《ならびに》、お役人衆詰所となりて、今にこの趣なり。

「それよりしばらく」とは、貞松院屋敷跡に貞享元年から四年まで六郎様が入られたことを指す。六郎様以後の利用を箇条書きすると、次のようになる。

①元禄元年（一六八八）から元禄五年（一六九二）

摂津守松平義行（高須家・光友二男・母千代姫）の仮館。

②元禄六年（一六九三）から宝永二年（一七〇五）

松寿院（光友代の二の丸様、樋口信孝の女、勘解由小路とも、出雲守実母、宝永二年没）の住居。

③宝永六年（一七〇九）から享保一五年（一七三〇）

梅昌院（綱誠の代の二の丸様、梅小路とも、享保一五年没）の住居。

④享保一六年以降

お広敷のお局たちの住居。広敷役人の詰所。

三の丸屋形の東に建てられた貞松院（義直の側室）御屋敷は、貞松院ののち「光友五男の六郎」「光友二男の義行」「光友三男義昌の生母松寿院」「光友嫡子綱誠の側室梅昌院」が住み、享保年まで七〇年間利用された。貞松院（二四年）、松寿院（一二年）、梅昌院（二二年）がそのほとんどを占め、歴代藩主が没したあとの「国元夫人の隠棲の地」として用いられたことがわかる。

【付記】尾張徳川家関係の系図

最後に章のまとめに代え、尾張徳川家関係の系図を載せておく。

※尾張藩主とその一族、あるいは正室・側室は、日記などの史料では諡号《しごう》や院号で記されることが多く、なかなか名前が浮かばない。系図では両者を併記しておくので、利用されたい。

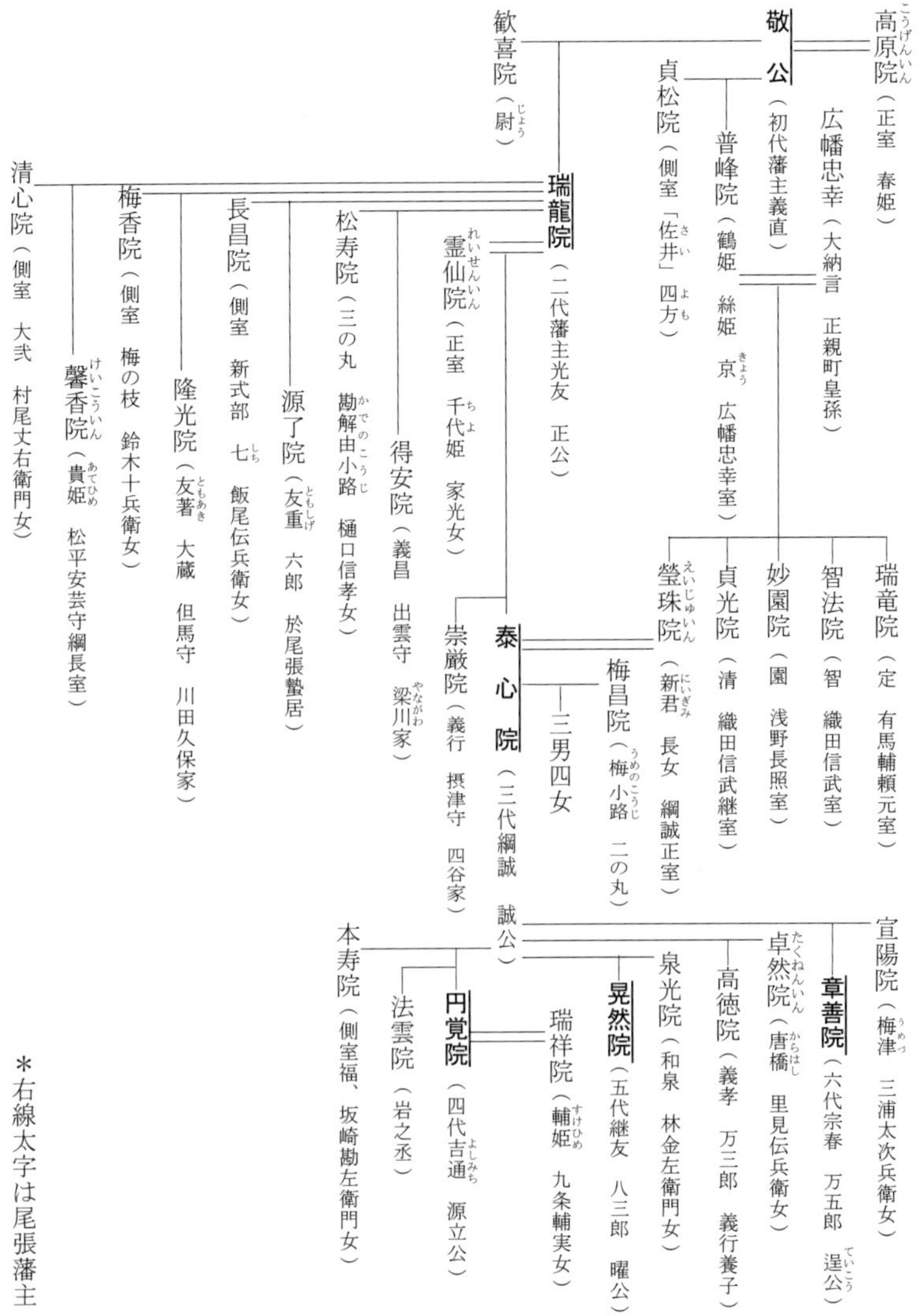
高原院《こうげんいん》（正室　春姫）
敬公（初代藩主義直）
広幡忠幸（大納言　正親町皇孫）
貞松院（側室「佐井《さい》」四方《よも》）
普峰院（鶴姫　絲姫　京《きょう》　広幡忠幸室）
歓喜院（尉《じょう》）
瑞龍院（二代藩主光友　正公）
霊仙院《れいせんいん》（正室　千代《ちよ》姫　家光女）
得安院（義昌　出雲守　梁川《やながわ》家）
松寿院（三の丸　勘解由小路《かでのこうじ》　樋口信孝女）
源了院（友重《ともしげ》　六郎　於尾張蟄居）
長昌院（側室　新式部　七《しち》　飯尾伝兵衛女）
隆光院（友著《ともあき》　大蔵　但馬守　川田久保家）
梅香院（側室　梅の枝　鈴木十兵衛女）
馨香院《けいこういん》（貴姫《あてひめ》　松平安芸守綱長室）
清心院（側室　大弐　村尾丈右衛門女）
瑞竜院（定　有馬輔頼元室）
智法院（智　織田信武室）
妙園院（園　浅野長照室）
貞光院（清　織田信武継室）
瑩珠院《えいじゅいん》（新君《にいぎみ》　長女　綱誠正室）
梅昌院（梅小路《うめのこうじ》　二の丸）
三男四女
泰心院（三代綱誠　誠公）
崇巌院（義行　摂津守　四谷家）
宣陽院（梅津《うめつ》　三浦太次兵衛女）
章善院（六代宗春　万五郎　逞公《ていこう》）
卓然院《たくねんいん》（唐橋《からはし》　里見伝兵衛女）
高徳院（義孝　万三郎　義行養子）
泉光院（和泉　林金左衛門女）
晃然院（五代継友　八三郎　曜公）
瑞祥院（輔姫《すけひめ》　九条輔実女）
円覚院（四代吉通《よしみち》　源立公）
法雲院（岩之丞）
本寿院（側室福、坂崎勘左衛門女）

＊右線太字は尾張藩主

【コラム①】普峰院と広幡大納言

尾張の兵学者中山和清が記した『婦女伝略稿』に、「敬公（義直公）の女《むすめ》、普峰翁主《ふほうおうしゅ》」について次のように記述がある。

※翁主　中国漢代、臣下と結婚した王侯の娘を指す言葉

○鶴姫と称す。母は織田氏、敬公の側室、寛永三年翁主本府に生まる。翁主才色あり、書画を善くし、最も楷字に巧みなり。その和歌・管弦を侘《わ》びるや、また旨趣を得たり。年長じるに及び、公、これを択配せんとす。然るに鐘愛深厚、遐境に遣るを欲せず。ゆえに時を過ごし、未だ其の所を得ず。常に之を憂う。（原文は漢文）

幼名は鶴姫、長じて絲姫とも京姫とも言う。実母は義直公側室の「佐井《さい》（貞松院）」で、名古屋に生まれた。

慶長二〇年（一六一五）、義直公は一六歳で春姫（高原院、一四歳）と結婚したがなかなか子供が生まれず、寛永元年（一六二四）、側室に佐井（一七歳）を迎えた。彼女は津田（織田）源十郎信益《のぶます》の三女である。信益の父織田信清《のぶきよ》は信長の従弟で犬山城主だったが、信長に領地とも没収され、甲州にのがれて「津田鉄斎」と称した。鉄斎の子信益は京都に住み、その三女佐井は東福門院（将軍秀忠の娘「和子《まさこ》」、後水尾天皇中宮、明正《めいしょう》天皇母）に仕えた。彼女の美貌は京中の評判で、どこから見ても欠点がないという意味で「四方《よも》様」と呼ばれた。義直の側室となるについては、東福門院の働きかけもあった。

京都から名古屋城二の丸に入って二年後の寛永三年、鶴姫が誕生した。まだ正室に子供がないことを憚《はばか》り、伊勢国一身田の寺で生んだとされる。史料に「本府（名古屋）に生まる」とあるが、実際には三重県津市の一身田の寺で生んだ。一身田は、佐井の兄織田信総《のぶふさ》が浪々中に住んだ地である。信総はのちに、子の直信（尾張藩士）の家に同居している。

側室佐井（貞松院）の生んだ「京姫」は書、和歌、管弦に秀で、顔立ちも母に似て美しかったが、脚に障害があり歩くことができなかった。『婦女伝略稿』は「公（父義直）つねに之を憂う」としたあと、細字で次のように注記する。

○古老の談に拠れば、翁主為人《ひととなり》跛躄。公深く之を恥じ、諸他邦へ嫁すを欲せず。未だ是否《ぜひ》を知らず。

跛躄《はへき》とは足が萎える意味だが、身体の差別を嫌って今はほとんど使われない言葉である。京姫の足のことは、この書以外触れることがない。旧版『名古屋市史』人物編でも「絲、初名鶴、次いで京と改む」と記し広幡との結婚について詳しく述べるが、京姫の足のことには一切触れていない。『婦女伝略稿』も「跛躄」と記したあと末尾に「古老の談、是否を知らず」と、用心深く断わりを付けている。

○慶安二年（一六四九）、屢《しばしば》朝廷に奏請し、召して広幡大納言忠幸（八条宮智仁親王三子、世に之を三宮と称す、後に霊元帝源姓を賜う）を藩城に居らしめ、翁主を以て之を妻とせんとす。朝廷これを許す。蓋《けだ》し特例なり。公（義直）大いに喜ぶ。平岩瀬兵衛元則、城郭内に離宮を造り、御屋形と号す。
慶安二年（一六四九）、すでに二四歳になっていた京姫の結婚相手がようやく内定した。八条宮智仁《ともひと》親王（後陽成天皇の弟）の子で、智忠親王の弟にあたる「幸丸《さちまる》」である。鶴姫はこの幸丸（忠幸）を養子に迎え、三の丸に殿舎を建てて貰いここに住むことになる。さらに尾張藩の働きかけにより、寛文三年（一六六三）、幸丸は清華《せいが》の列（摂関家に次ぐ家柄、三条、西園寺、醍醐、広幡などの九家）に加わり、御所勤めのため京都に邸宅を構え、大納言に出世する。

【尾張家と広幡家の関係】

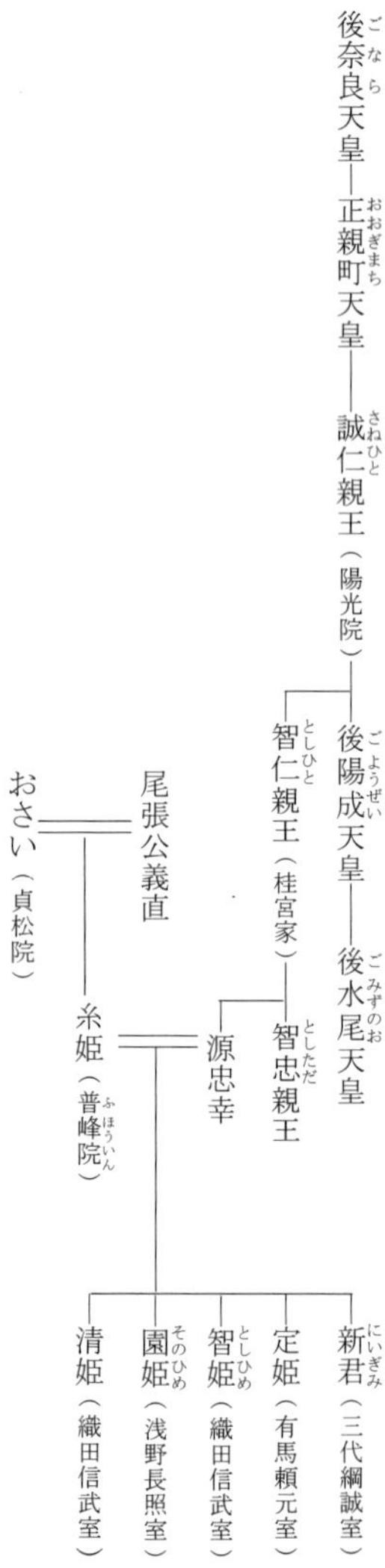

この縁組が「特例」なのは、嫁入りではなく、逆に忠幸を名古屋城に迎え入れる形だったからだろう。婿殿のため、立派な御屋形が三の丸に建設された。いまの三の丸四丁目、医療センターの裏あたりである。

御屋形の建設にあたった平岩元則《もとのり》の祖は、義直の傅役《もりやく》平岩親吉《ちかよし》の家系（親吉の祖父の姪の家系）につながる。元則の祖父七兵衛元吉は敬公に仕えて槍奉行・鉄砲頭を務め、父瀬兵衛元成は旗奉行を務め七百石を賜わった。瀬兵衛元則は、その長男である。義直のもとでは鉄砲頭を、光友のもとでは御国奉行・旗奉行を務めている。甲冑づくりの名手として知られているが、邸宅の設計も巧みで、光友の代に市谷邸を三年かけて完成させたという。そうした手腕が買われ、名古屋城三の丸の「御屋形建設」の責任者になったのであろう。

○卿（忠幸）至り、合卺《ごうきん》の礼を行わんと欲す。会《たまたま》（義直）公病む。癒えずして薨《こう》じ行うを果たさず。明年にいたり始めて礼す。

忠幸卿は京から名古屋へ下り、挙式に臨もうとした。「合卺《ごうきん》」とは見慣れない語だが「結婚式」のこと、卺は巹とも書き「ヒョウタンをタテに割った酒杯《さかずき》の意」とある。これを二つ合わせることで「固めのさかずき」つまり結婚式の意味になるらしい。ところが名古屋下向の直前になって、花嫁の父義直公が病に倒れた。

義直の発病は、婚礼より四年前の正保四年（一六四七）のことである。側近たちと出かけた千駄ヶ谷の別荘で脳出血を発症した。いわゆる中風である。中風は「ちゅうふう」「ちゅうぶ」「ちゅうぶう」といろいろに読み、中気《ちゅうき》、卒中風《そっちゅうふう》とも記す。風の字をあてるのは、何の前触れもなく発症するからだろう。貝原益軒は『養生訓』の中で、「（不養生のため）体の内に生じた風」が原因としている。読み方が多いのも、全国各地で死因の上位を占めたからと思われる。発作が治まってもマヒの後遺症が残り、しばしば再発する。
『尾藩世記』はこの時の様子を次のように記す。
○正保四年（一六四七）六月三日　千駄ヶ谷邸において俄然《がぜん》疾病を発せらる。此の日、此の亭に遊行《ゆぎょう》あり。陪従の執政鈴木重行、寺尾直政らと囲碁の間頓発。医案《あんずるに》、卒中風という。時に世子および政虎・正綱ら本邸よりいたり、大樹また土佐大和守（正虎の従弟なるを以て、此の役にあたるという）、渡辺半之丞（右馬允の弟にして、幕府に仕う）を看病として遣わさる。紀水芸の三侯もまた家士を附し、看護せしめらる。七月廿二日にいたり漸《ようやく》快気を覚えられたり。是日、幕府始めの看護者、及び医員、皆帰参す。
義直公は五年前に買収した千駄ヶ谷の茶屋屋敷に、側近の鈴木重行、寺尾直政らを連れて出かけた。公が気兼ねなく過ごせる亭で、三年前には将軍家光も訪れている。ここで側近らと囲碁に興じていたさなか、中風《ちゅうぶ》（脳出血）を発症した。世子光友や家老成瀬正虎らが半蔵門内の鼠穴《ねずみあな》邸から駆けつけ、将軍家、紀井、水戸、安芸家からも看護の家士が派遣された。二月《ふたつき》近く静養がつづき、七月廿二日になってようやく看護の者たちは引き上げた。

西村時彦の『尾張敬公』にも次の記述がある。出典は記されていないが内容がかなり具体的なので、然るべき史料に基づいているのだろう。
※『尾張敬公』（西村時彦・明治四三年・名古屋開府三百年紀念会）
○千駄ヶ谷の邸にて、公、親《みずか》ら少し馬に乗られ、諸臣の馬術をも観られしのち、囲碁を見、

また自ら鈴木主殿《とのも》と将棋を試みつつ、長久手の大勝など笑われけるが、終わりて少し仮寝《まどろ》み、未の刻に夕膳を進《すす》めし時、右手《ゆて》忽ち痺れて中風の症に罹《かか》られしより、医師を召して治療あり。

千駄ヶ谷邸（御茶屋）は、明暦二年（一六五六）市谷邸を拝領した際に返上しているので、あまり知られていない。『尾藩世記』は入手の経緯を、次のように記している。

○寛永一九年（一六四二）四月　武州千駄ヶ谷において野亭を購《あがな》い、野遊《やゆう》の料とす。のちこれを御茶屋という。元この亭は森川出羽守の有なるを購求し、新築を加うという。

○正保元年（一六四四）三月一日　大樹を千駄ヶ谷亭に饗す。水府君はじめ陪膳。大樹、名刀および鷹を公および世子に賜う。

千駄ヶ谷邸の元の持ち主森川出羽守重俊は、下総生実《おゆみ》藩（千葉市中央区生実町）一万石の初代藩主で秀忠に近侍、寛永八年に老中に就任し秀忠が亡くなったとき殉死した。その邸を買い取り、改築したものである。一七世紀前半の切絵図がないので正確にはわからないが、返上後再び生実藩森川家の下屋敷になったのであれば、いまの東電病院敷地（新宿区大京町）がそれである。千駄ヶ谷より信濃町駅が近く、中央線北側の慶応大学病院北に隣接する。尾張藩の屋敷は、市ヶ谷から四ツ谷そして信濃町と、いまの中央線沿線に縁が深いようだ。

千駄ヶ谷の御茶屋を手に入れた二年後、三代将軍家光の御成りがあった。水府、すなわち初代水戸藩主頼房も同席している。家光からは刀と鷹が、藩主義直と世子光友へ下された。

義直は千駄ヶ谷邸で倒れたのち二か月ほど静養し、回復をまって翌年有馬温泉へ出かけた。しかし次の年に再発し、完治が望めないことを悟り密かに林羅山と神主《しんしゅ》を定めた。神主とは、儒教による葬儀の霊牌《れいはい》で、仏教の位牌にあたる。この前後の病状と死にいたるまでの経緯、加えて糸姫の婚礼と広幡忠孝が亡くなるまでを、年代を追って記しておく。

①慶安元年（二・一五改元、一六四八）七月十一日、名古屋に帰城、廿四日、有馬温泉に赴く。
一月《ひとつき》静養ののち、八月廿五日に帰城。

②慶安二年（一六四九）四月廿九日、江戸出府。七月四日、公中風再発。回復するも本復は無理と悟り、林羅山と「二品前亜相尾陽侯源敬」の神主を定める。
十二月十二日、糸姫と忠幸卿の婚約が整い、一色造酒佐《みきのすけ》を京に派遣。名古屋城三の丸の石河《いしこ》邸を郭外へ移し、跡地に忠幸の館を建設。

③慶安三年（一六五〇）正月、婿殿の館が完成（のちの「御屋形」）。一月廿日、公の中風再発。
同廿七日、結納。二月廿一日、公危篤。三月三日、公回復。四月一一日、糸姫帰国。

同十二日、危篤。五月七日、鼠穴《ねずみあな》邸にて義直死去（五一歳。鈴木重之、寺尾直政ら殉死）。

同十七日、遺体相応寺着。六月六日、定光寺に葬る。同廿八日、光友二代目藩主襲封。

④慶安四年（一六五一）正月廿四日、忠幸名古屋着。同廿八日、婚礼。三月廿九日、光友出府。
四月五日、柳生兄弟の剣術を上覧。同廿日、将軍家光死去（四八歳）。

⑤慶安五年（一六五二）八月二日、鼠穴屋敷に綱誠誕生。母千代姫。この年建中寺建立。

⑥承応三年（一六五四）四月五日、新君（のち藩主綱誠の室）誕生。
⑦明暦元年（一六五五）五月六日、定姫（のち有馬頼元の室）誕生。
⑧明暦二年（一六五六）三月七日、市谷邸を賜り本邸とし、その他の邸を返還。
⑨明暦三年（一六五七）正月一三日、江戸振袖火事。五月、鼠穴邸を上地。九月、市谷邸普請。
⑩万治元年（一六五八）正月十日、市谷邸落成、移徙《いし》（引越）。
⑪万治二年（一六五九）九月廿一日、智姫（のち織田信武の室）誕生。
⑫万治三年（一六六〇）正月、名古屋碁盤割大火。三月二日、園姫（のち浅野長照の室）誕生。
⑬寛文二年（一六六二）一二月廿八日、清姫（のち織田信武の継室）誕生。
⑭寛文三年（一六六三）十一月十日、忠幸精華《せいが》に列す。広幡を号し以後尾張へ来ず。糸姫は在名。
⑮寛文四年（一六六四）十月、出雲守義昌、三の丸広幡屋敷を譲られ、二の丸から移る。
⑯寛文七年（一六六七）九月二六日、世子綱誠と糸姫長女「新君」の婚礼。
⑰寛文九年（一六六九）十月六日、京都において広幡大納言忠幸薨去（四五歳）。

慶安四年に広幡忠孝と結婚した糸姫は三年後の承応三年に長女新君を生み、翌明暦元年に次女の定姫を、八年後の万治二年に三女智姫を、翌万治三年に四女園姫を、一一年後の寛文二年に五女清姫を生んでいる。全員が女児で、幼児死亡率が高い当時にあってすべて順調に育ち、大名家の正室に納まっている。最後の清姫を生んだ翌年に、忠幸は念願の精華に列し、広幡姓を称することになる。摂関家に次ぐ名家として大納言となり、朝廷の執務多忙を口実に、以後名古屋城の御屋形へ来ることはなかった。一方名古屋にとどまった糸姫は、その後長く広幡忠幸と別居するかたちになった。そのため寛文四年（一六六四）、光友の子義昌（出雲守）は三の丸の広幡屋敷を譲られ、二の丸から引っ越した。

寛文九年（一六六九）、京都で広幡大納言忠幸が亡くなったとき、彼に妾腹の男子のいることがわかり、糸姫の異母兄にあたる光友公が激怒し、広幡家と絶縁したのは、有名な話である。五人の娘は「おさいの方」や「糸姫」の血を引いていずれも美人だったらしく、なかでも園姫の美貌は、噂になるほどだった。近松矩茂の『昔咄』に次の記述がある。

〇とし姫（智姫）様、其姫《そのひめ》（園姫）様、このお二方は至極の美人なりと申せし由。ことに其姫様は、甚だ派手なるご性質なりし由。御娘子様ありしがご早世なり。……其姫様は江戸青山に御座なされ、妙園院様と申し奉りぬ。（第五巻）

園姫の美貌と派手な性格は、藩士の間でも知られていたらしい。彼女は広島浅野家の支藩「三次《みよし》浅野家」に嫁いだのち未亡人となり、江戸青山の下屋敷に住んだ。やがて綱誠の側室の本寿院とは「悪性し給う」仲として噂にものぼるが、これはまた別章の話になる。

【コラム②】江戸の尾張藩邸

尾張藩最初の江戸屋敷は、元和二年（一六一六）に拝領した江戸城郭内の鼠穴邸（現在の吹上）で、『尾藩世記』の元和二年九月条に「江戸山手鼠穴に於て邸地を賜わる」とあり、翌三年三月一九日条に「公、江戸に下る。未だ邸成らず。故に本多美濃守邸を以て仮館とす」とある。この出府は、家康命日の四月一七日に将軍とともに日光へ参詣するためであった。まだ鼠穴邸はできておらず、近くの西ノ丸下にある本多美濃守忠政邸を仮宿舎とした。

鼠穴邸の完成年は、はっきりしない。『編年大略』元和五年（一六一九）条に「紀州侯生母養珠院（お万）の江戸下向に倣い、義直の母相応院も江戸に下った」とあり、そのときの「江戸お屋敷は不詳」の注書きがあるが、渋谷葉子氏は「このとき（相応院は）江戸の鼠穴邸に移り住んだ」とする。おそらくこの頃に、鼠穴邸はほぼできあがったのだろう。

江戸城内（鼠穴）にあった尾張藩邸

寛永江戸全図を改変トレース（別冊宝島「江戸太古地図」2016 年）

翌六年の閏一二月、将軍を迎える御成門と御成御殿が落成し、名実ともに尾張藩江戸上屋敷としての体裁が整った。ところが将軍秀忠の御成を五日後に控えた元和七年正月二三日、失火から鼠穴邸は全焼した。何とも勿体ない話だが、致し方ない。急きょ幕府から再建費用五万両を拝領して工事を行い、二年後の元和九年に完成、二月一三日に将軍秀忠は新邸を訪れた。七月に新将軍となる三代家光も、五日後に訪れている。

寛永九年（一六三二）、鼠穴邸西向《にしむかい》の竹腰山城守邸地を召上げて相応院の新邸を建設、一一月に相応院はここへ移り、翌寛永一〇年、義直の正室春姫と女《むすめ》糸姫が鼠穴邸の相応院の跡へ入った（証人の江戸在住）。つづいて寛永一四年四月、義直は麹町（現、上智大学敷地）に土地を拝領、鼠穴邸はやがて千代姫（家光女、霊仙院）を正室に迎える光友に譲った。

寛永一六年四月、義直、相応院は麹町邸へ移徙。九月に千代姫は鼠穴邸御守殿へ入輿した。寛永一七年（一六四〇）、鼠穴邸御守殿から出火、翌年の再建までの間、隣の松原小路邸（元水戸邸）に光友、千代姫は仮住まいした。

慶安三年（一六五〇）義直が麹町邸で死去（五一歳）、二代藩主光友は鼠穴邸をそのまま上屋敷としたが、明暦二年（一六五六）市谷《いちがや》に新たに屋敷地を拝領、麹町邸、赤坂中屋敷、千駄ヶ谷御茶屋を返上した。翌年明暦の大火で江戸城の本丸、二の丸、三の丸が罹災、防災上の理由から城内の御三家邸解体と土地返却を命じられ、代替えに麹町邸と市谷邸添え地が与えられた。

※この項、渋谷葉子「幕藩体制の形成と大名江戸藩邸」（『徳川林政史研究所・研究紀要』三四号・二〇〇三年）を参照。

第二章　ご城代組から乱心者が出た

文左衛門のお勤め

朝日文左衛門重章《しげあき》の家督相続が認められ、ご城代組百石知行取として独り立ちしたのは、元禄七年（一六九四）一二月一〇日のことである。夕方近くになり城代組小頭《こがしら》の相原久兵衛から、ご城代沢井三左衛門のもとに出頭するよう書付で知らせてきた。あわてて袴を付け、母方の伯父でおなじく小頭の渡辺源右衛門に付き添われ、三の丸の「本町橋《ほんまちばし》」を渡ってすぐ左手の沢井邸（いまの護国神社東南角）を訪れた。そこで「願いの通り、家督相違なく重章に下さる」と告げられ、「朝日家当主」の家督を無事相続したのである。ときに重章は、数《かぞ》えの二一歳であった（延宝二年生まれ）。

年が明けた正月一六日の日記には「予、今朝よりはじめて御本丸の御番に出る」とあり、昨年結婚したばかりの「お慶」に見送られ、お城へ初出勤した。三人一組で八組、組ごとに七人の足軽が付き、一昼夜のご本丸警備を務める。家から城までをたどってみよう。

文左衛門の家は、名古屋市東区主税町《ちからまち》四丁目七八番地で、しゃぶしゃぶ料理の「太閤本店」がある場所だ。店の入口は、金城学院高校（白壁交差点）から禅隆寺（飯田町交差点）へ抜ける斜めの道に向いているが、これは昭和に入ってからの新しい道で、当時の朝日家は東西の主税町筋に北面して建っていた。家を出て西へ進み、坂下筋、善光寺筋、竪杉之町《まち》をこえると、三の丸東堀（東外堀町）へ突き当たる。ここまではよいが、この先がわからない。

右折して東大手門（清水橋）を通り、名古屋医療センター前から市役所交差点を渡って大津通沿いの「金シャチ横町」を北へ抜け、二の丸搦手《からめて》にあたる東鉄《くろがね》門から本丸南門へ至ったか、あるいは三の丸の外堀を南へ迂回して、大手門にあたる本町御門《ほんまちごもん》（いまの本町橋北）から大名小路（いまの県警と名城病院の間）を通り、二の丸大手にあたる「西鉄《くろがね》門」をくぐって本丸南門へ至ったか、そのどちらかである。

道順を辿るとややこしく聞こえるが、要は二の丸大手の「西鉄門」か、搦手の「東鉄門」かということで、東鉄門の方が少し近道だが、文左衛門の上司であるご城代沢井様の御屋敷は南の本町御門近くにある。報告やご機嫌伺いに毎日のように訪れており、通い慣れた道は南回りだ。「勤め先の道順ぐらい書いておいてくれ」と言いたいが、あたり前すぎて書く気にはならなかったのだろう。

ともかく本丸の南表門にたどり着き、内堀

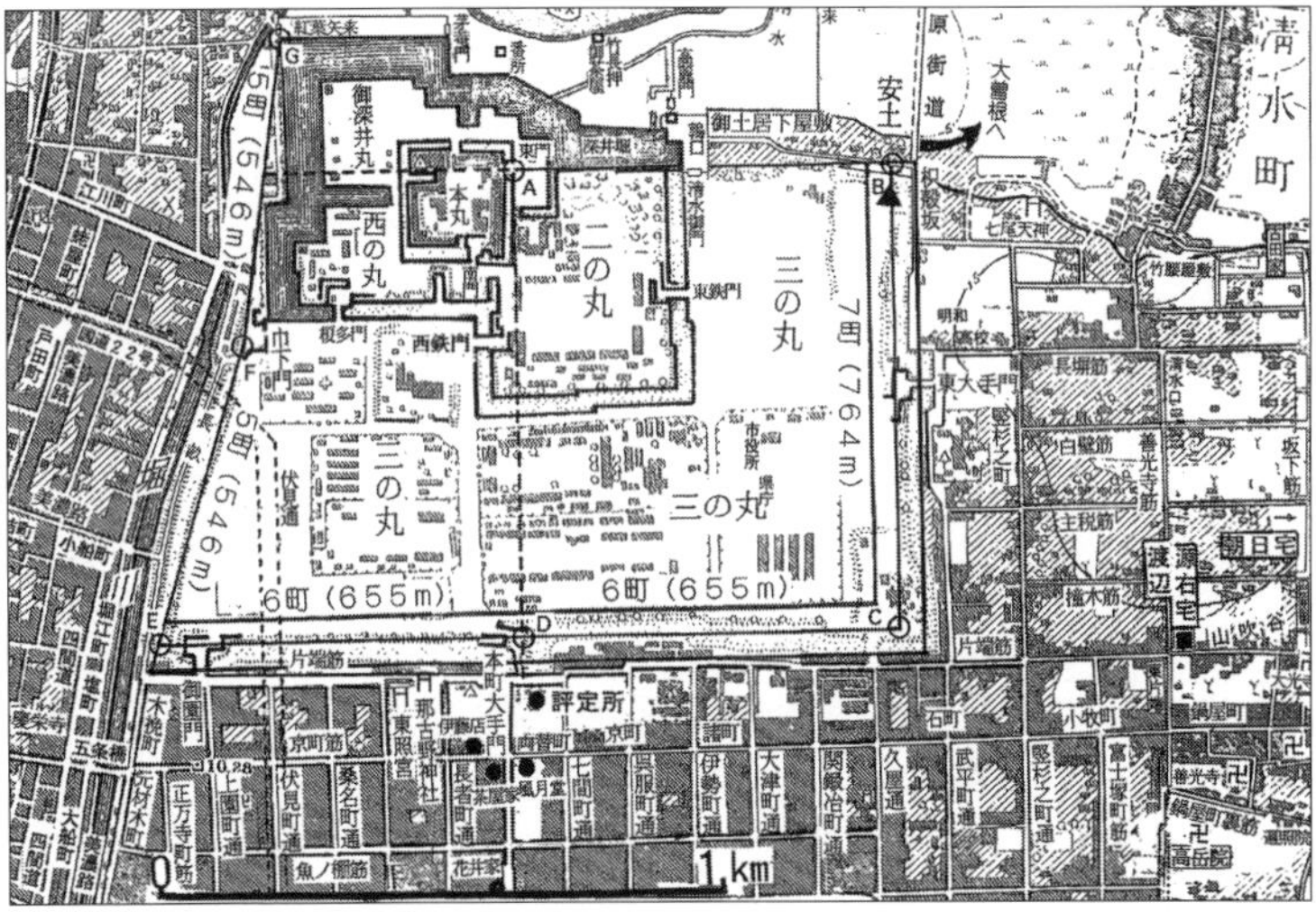

名古屋城とその周辺（明治23年地形図より作成）

の土橋《どばし》を渡って桝形《ますがた》（一二×一〇間）に入る。当時は入った左手に足軽番所（七間×二間）があり、足軽たちと同心一人がここに詰めていた。番所の向かいの南一之門（いまはない）をくぐると本丸御殿の玄関前で、一面に白砂が敷かれている。玄関の右脇をぬけて北へ進むと、東御門の桝形に突き当たる。ここまでは、観光客が本丸を散策するコースとまったく変わらない。

当時は東御門桝形の手前角と本丸御殿東北角の間に、竹で編んだ「矢来門《やらい》」があり、ここを抜けると天守前広場で、およそ四〇間（七〇メートル）向こうに大天守が聳え、橋台《きょうだい》で小天守と繋がっている。いま広場北側の土居（土手）の前には売店と公衆トイレがあるが、当時は土居の上に糒《ほしいい》御多門《ごたもん》（糒を貯蔵する白壁の長屋倉庫）が連なり、土居の手前側には、文左衛門たち警備の当番が詰める「ご本丸番所（七間×四間）」があった。ここが本丸番同心たちの勤務場所なのである。いま木立の間にベンチが散在する辺りになろうか。

文左衛門ら当番の同心は、昼夜この本丸番所の畳の間に詰め、勝手間には中間《ちゅうげん》たちが控えていた。毎朝辰《たつ》の上刻（七時）に勤番交替が行われ、勤務明けの一人がご城代の邸を訪れて無事申継ぎしたことを報告し、それから帰宅する。新たな番衆は、その日の午刻《うまのこく》（昼十二時）、酉刻《とりのこく》（夕六時）、子刻《ねのこく》（深夜零時）そして翌日の卯刻《うのこく》（朝六時）に見廻りを行う。

主な見回り箇所は、大天守の入口、小天守のご金蔵、不明御門《あかずの》、小天守から本丸御殿へ通じる両錠口《りょうじょうぐち》などで、施錠を確かめ、周囲に異常がないか確かめる。基本的には矢来門から西の、ご天守下《した》の広場とそれに面した建物が警備範囲であり、お城の全体を見回るわけではない。本丸の西側にあるお深井丸《ふけまる》には、別にお深井丸番がいて、本丸番と同様の組織で勤務していた（『金城温古録』）。

文左衛門の先任御番「岩下又左衛門」

文左衛門の初出勤を記す『日記』に、「昨日の番は都筑助六・平岩五右衛門・藤江理太夫。予が相番、松井勘右衛門・大岡又右衛門」（元禄八・一・一六）とある。記念すべき初日の相棒は、松井、大岡の両氏だが、実は三人目は文左衛門ではなく「岩下又左衛門」が予定されていた。それが急きょ、新入りの文左衛門に差し替えられたのである。何故か。その答えは、前年暮れの次の記事にある。

○元禄七年（一六五七年）十二月廿九日、御本丸の番衆大岡又右衛門・松井勘右衛門・岩下又左衛門なり。今宵又左衛門酔狂しけるにや道具などを荒《あら》らかに抛《ほか》し、その躰《てい》常に異なる也。剰《あまつさ》え寝道具も調えず、葛篭《つづら》に靠《もた》れて眠らず。時々歯嚼《はがみ》をし目を視張《みは》る。又右驚《またう》き後ろより抱きすくむ時、無念なりと云いて脇差を抜かんとす。勘右衛門急に是《これ》を押え引きとらんと捩じ合う内、半《なかば》抜きて又左指《またざ》を切り、酔沈のうえ身を悶えて狂う。ゆえに鮮血夥《おびただ》しく流れ出、又左・勘右《かんう》ともに頭手血に染まり、其の余り畳に流る。漸《ようや》くして脇差を取りぬ。又左も草臥《くたび》れや付けん、少しく静まりそろそろ眠を催す。

此の間 銕《くろがね》御門の番、相原久兵に通す。久兵則ち来たり見、三左衛門へ通す。三左衛門より御目付へ通し丑の刻平沢清助・佐伯奥左衛門来たり。又左を駕籠に乗せて連れ行く。替り番にて阿部伝九郎出る。又左衛門極貧にして、元日の上下《かみしも》衣服なども、つづらに之《これ》無しと云々。

当時の勤番は、酒の持込みが自由だった。零時の見廻りを終えたあとは夜食をとりながら皆で酒を汲み、朝六時まで仮眠をとる。ところが岩下の様子がどうもおかしい。夜具も敷かず手近の物を放り投げ、目が据《す》わってしきりに歯ぎしりしている。落ち着かせようと大岡が後ろから抱きすくめると「無念なり」と呻《うめ》き、脇差を抜きかけた。驚いた松井が制止しようと揉みあう間、半ば抜いた刃で岩下自身左手の指を切り、噴き出した血で岩下、松井は血だらけになり、畳も血に染まった。ようやく脇差を取り上げると、岩下は少し落ち着きを取りもどし、うつらうつらし始めた。

知らせを受けた西鉄《にしくろがね》御門の番人が、ご城代組小頭の相原久兵衛を呼びに主税町へ走った。相原は急いで現場に駆けつけ、事の次第を見届けるとご城代の沢井三左衛門に報告し、沢井から目付へ連絡が行った。午前二時ごろ岩下の親類にあたる平沢清助らが駆けつけ、駕籠に乗せて引き取った。深夜ではあったが阿部伝九郎が替りの番として呼び出された。岩下又左衛門は極貧の生活で、正月が近いのに裃も用意できなかったとある。

※【阿部家】平六（三河に住む）―清兵衛（始平岩・後敬公に仕え、ご城代組。正保三年没）
―清兵衛（ご城代組。元禄五年没）―伝九郎（ご城代組。元禄十六年没）

○元禄八年一月十二日、岩下又左跡へ能勢伝太夫（主税殿御同心百石なり、後改め広瀬藤右衛門）。

※浅野弥市右衛門（二百石、元禄七・十一没）――広瀬藤右衛門（元禄六年百石、野崎主税同心、後ご城代同心）

乱心した岩下は年明け早々に屋敷が没収され、空いた屋敷には能勢伝太夫が入った。つづいて岩下の身柄については、「親類お預け」の処分が下る。

○岩下又左衛門乱心につき、平沢九左衛門（又左衛門大伯父）・都筑助六・中根小右衛門三人に御預け。引取る処は心次第に仕るべき由（九左衛門所へ引取）。平沢清助は役人ゆえ是に与《あず》からず。時々見廻るべき由。予、岩下又左跡番に出るべき由、久兵衛之を告ぐ。

岩下を預かる親類三家（平沢、都筑、中根）が指名され、そのうち平沢家だけは、役職にあるため除外された。そして乱心した岩下又左衛門の後釜として、新たに朝日文左衛門が当てられたのである。日記には「岩下又左跡番《あとばん》に出るべき由《よし》、久兵衛之《これ》を告ぐ」とあり、小頭の相原久兵衛殿から、「岩下のかわりに大岡・松井の組に入るよう」文左衛門は申し渡された。

【平沢家】（『士林泝洄』より）

清助吉武（御城代組同心）
- 清助武照（御城代組・御畳奉行、御材木奉行、元禄一四・九・二六没・四八歳）
- 九左衛門吉重（五十人・元一四・一没）
  - 只左衛門重好（元禄五、御領地奉行・二五〇石、正徳三、高須郡代・五五〇石）
  - 女子 ＝ 岩下又左衛門（元禄八年正月、乱心断絶）

【岩下家】

彦右衛門（平岩・成瀬同心百石）――孫兵衛（寛永三御城代組）――孫兵衛（御城代組）＝ 岩下又左衛門（元禄八年正月、乱心断絶）

系図を見ると平沢清助武照（御城代組同心・御畳奉行）の弟九左衛門の娘が岩下家の孫兵衛に嫁し、又左衛門を生んでいる。つまり平沢清助や九左衛門は、岩下又左衛門の大伯父にあたる。又左衛門が「親類御預け」となったとき、岩下を預かる親類筆頭は平沢家である。しかし城代組同心の清助はこのとき御畳奉行を拝命していて、畳の買付けで上方へ出張することもあり、結局弟の九左衛門が引取ることになった。

『日記』では平沢家のほかに都筑・中根両家を親類として挙げ、「どこが預かるかは、心次第に決めよ」としている。同じ城代組の「都築・中根」家も岩下と親類関係にあるらしい。そこで都筑・中根両家の系図を調べると、中根小左衛門の娘が都筑七左衛門に嫁いでいて「中根・都筑家の姻戚関係」は確かめられたが、平沢・岩下両家とはまったく結びつかない。系図の記載漏れかと諦めかけていたとき、ずいぶん後ろの日付から次の「注書き」が目に留まった。

○都筑助六と岩下又左衛門は重徒弟なり。

○横内半兵衛と又左衛門は重徒弟なり。ただし、先年又左衛門母の処へ半兵衛入り婿に行きしが、又左衛門母頓而《とんして》死し、また半兵衛立ちかえるなり。尤も此のことは上へは知られざる事なり。（宝永五・九・一一）

元禄八年から十三年後の宝永五年に、今まで姿を見せなかった「横内半兵衛」という人物が登場して、「横内半兵衛と岩下又左衛門は重徒弟で、助六と又左衛門も重徒弟同士」と注書きされている。「重徒弟」とは聞かない語で、辞書にも「徒弟」しかなく、これでは意味が通じない。「従弟」の誤写であろうか。とりあえず先の「平沢・岩下」家に「横内・都筑」家を加えた系図を作ってみた。都筑七左衛門に中根家が嫁しているから、中根家も加える。

【岩下家との関係図】

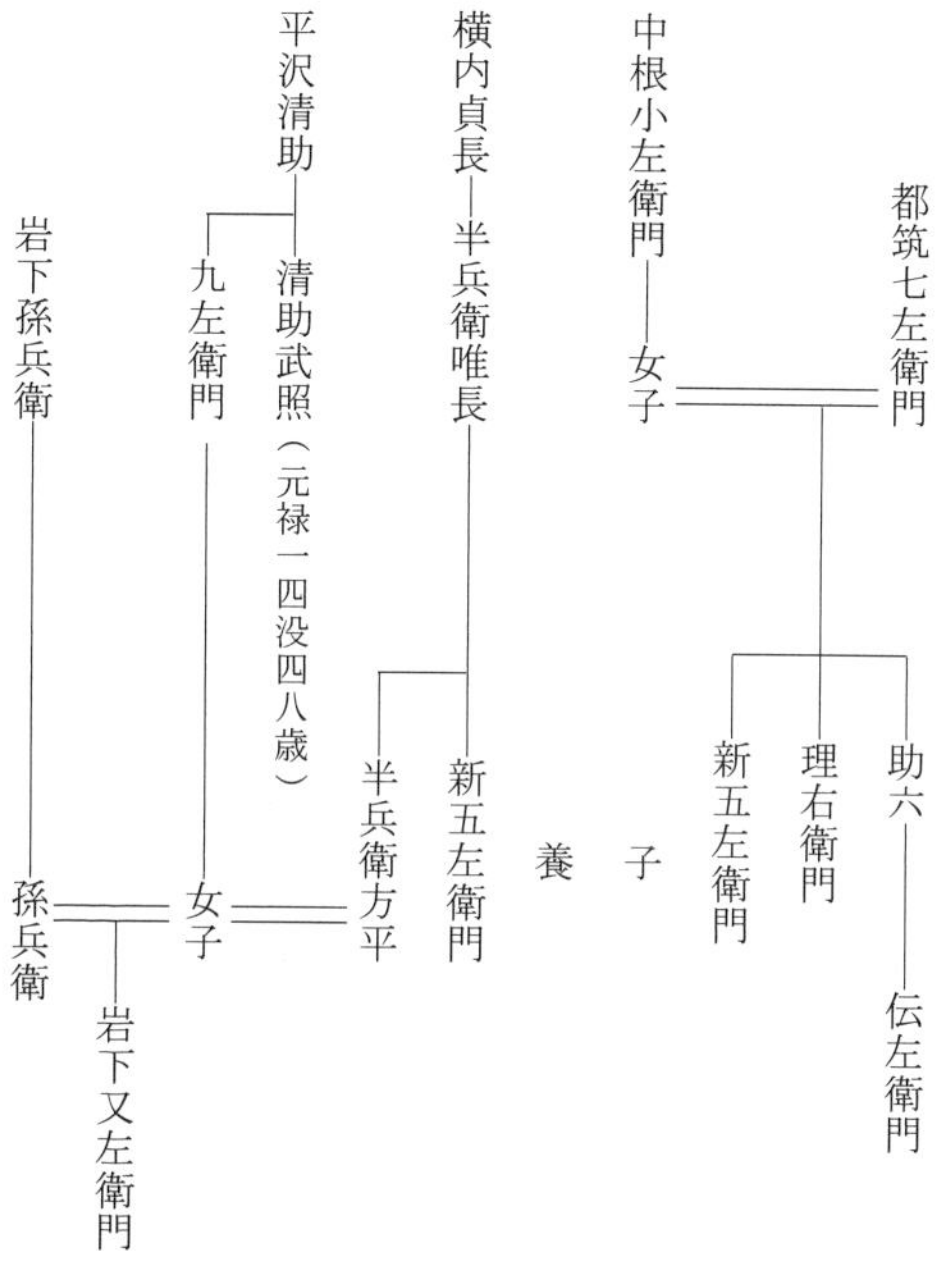

※岩下又左衛門が「元禄七年の事件当時二〇歳台」と仮定し、それぞれの年齢を勘案しながら作成した。

初めて登場した横内家は、祖が高力《こうりき》土佐守の次男貞長《さだなが》で「家康の長男信康に仕え、没後は兄高力河内守家に寄食」とある。高力土佐といえば乱後の島原の再建を担った大名として知られている。貞長の子が唯長《ただなが》で、平岩親吉に仕えたのち成瀬隼人正の同心として二百石を給された。この横内唯長の子新五左衛門が「中根七右衛門の養子になった」とあるが（『士林泝洄』）、中根家の家譜に七右衛門という人物は出てこない。ただし中根小左衛門（御城代組）の女《むすめ》が都筑七左衛門に嫁しており、七左衛門の子に新五左衛門の名があるから、「都築七左衛門の養子」ならあり得る。

もしそうなら、横内唯長の二子のうち「新五左衛門」は養子となって都筑家と縁を結び、もう一人の「半兵衛」は岩下又左衛門（乱心者）の母に入婿することで、平沢家と関係を作ったことになる。つまり横内家が接着剤となり「都筑家」と「平沢家」を繋いでいる。その関係は岩下の母の頓死により短期間に終わるが、一応すべての家々が関連づけられる。しかし推測に過ぎない箇所もあり、とりあえず「想定図」としておく。

『日記』の記載では「平沢九左衛門・都筑助六・中根小右衛門」の三人が、岩下家と縁戚関係にある預かり人の候補となり、このうち岩下又左衛門の大伯父にあたる平沢九左衛門が預かることになった。なおこの事件の直後に御城代沢井三左衛門は、「願いの如く隠居仰せ付けられ家督相違なく同与三右衛門に下さる。後継の御城代留永（冨永）兵右衛門・五百石、〆て千五百石御加増（元禄八・一・一三）」とあり、御城代の沢井にとって退職間際に起きた面倒な騒動であった。しかし事件はこのままでは終わらなかったのである。

岩下又左衛門の脱走

乱心事件から一三年目の宝永五年（一七〇八）になって、岩下が逃亡した。

○八月二日夜、都筑伝右（左）衛門所に御預けの岩下又左衛門、逐電《ちくでん》す。日ごろ篭《ろう》へも入れず、召使い同前の様にして屋敷の草など取らせ、又は米など搗《つ》かせる也。衣服を負わせ棒を取りて去る。西の藪垣をくぐりて出づと見ゆ。翌朝見出す。

事件後一三年が経過する間に平沢九左衛門と中根小右衛門は亡くなり、残る都筑家も、助六から伝左衛門に家督が譲られ（元禄一五・九）、新しく当主になった伝左衛門が岩下を預かっていた。その都筑家の屋敷から又左衛門が逃亡したのである。預かる側も慣れてしまって、とくに座敷牢なども設けず、召使同様の扱いで草取りや米搗きなどをさせていたらしい。隙を見て又左衛門は衣服を持ち、棒を取ってひそかに屋敷西側の藪から逃走した。翌日になって家人が気づいた。

○八月五日辰刻、伝左より呼びに来り、又左逐電の事、早速届けるべきか今一両日内証にて尋ねるべきかと云々。予、源右に聞く。八日朝まで苦しからずかと云々。

○八月六日、今朝、源右衛門より手紙にて、昨日の義等咄《はなし》までにして伝左よりの内意にはあらず。伝左より武右と源左へ内意これ有るべきかと。これに仍《よっ》て予、両所へ行き咄す。

両人御頭へ出、内意申され候えば、明日、書付出し候えと。これに仍て今月（日）中に書付、予取次ぐべしと云々。申半《さるのはん》、伝左へ行き、書付等相談す。酒、給ぶ。

朝八時ころ都筑伝左衛門から「岩下が逃げたことを直ぐに上司に届けるべきか、表沙汰にせず一両日は内証にして探すべきか」文左衛門に相談があった。伯父で小頭の渡辺源右衛門に打診すると「あと三日ぐらいはよかろう」とのことだった。しかし翌日の朝に手紙が来て、「昨日の件は自分だけの判断なので、改めて伝左衛門から二人の小頭へ事情を伝えるようにと連絡があった。文左衛門が両小頭を訪れ事情を話すと、「明日改めて書面にして提出するように」と指示された。そこで四時ごろ伝左衛門の処へ行き、提出する書面の内容について相談をした。

○又左衛門義、居所の雪隠の板を放し壁を破り抜け出たると書くなり。小頭検分も有るべしとて、書付の如くに雪隠をこしらえ置く。実は左にあらず。暮れて、武右へ予、書付持参す。

都筑伝左衛門は自分に手落ちがなかったように見せるため、「又左衛門が便所の板を予め《あらかじ》外して置き、壁を破って逃走した」ことにした。小頭の検分に備え、その通りに便所の板に細工をしておいた。日暮れに新しい小頭の磯貝武右衛門へ書付を提出した。そのとき小頭から、岩下家と都筑家の親類書も明朝提出するよう指示された。

※小頭相原久兵衛（号空成）死、六二歳。元禄一三・二・一九。後任磯貝武右衛門。

○八月七日、今日、彦兵殿。又左衛門義、ご老中へ達す。横内半兵衛も御国御用人へ達す。
※横内半兵衛、元禄元年市ヶ谷御屋敷奉行、百五十石。同十一年御材木奉行（〜正徳二）。

両小頭から報告を受けたご城代の冨永彦兵衛は、老中に岩下の脱走を説明し、都筑の親類の横内からも御国御用人へ報告がなされた。事件から五日が経って、正式に上層部が知ったことになる。

○八月九日、昨朝、伝左衛門召仕《めしつかい》磯右衛門と大久保源左衛門（伝左衛門の妹の夫）召仕六平と、両人手がゝりの事これ有る故、駿河町通より三河路へ尋ねに行く。上田（天白区植田）の茶屋にて、向かいの観音堂に昨夜寝たる乞食に聞き給えと云々。二人の乞食曰く、昨深更、惣髪《そうはつ》なる男、小さき提灯を燃《とも》し来たり（この提灯、又左衛門日頃細工に拵える也）爰《ここ》は何処と問う。我は信濃の者なり、近江へ行きしが帰るとて煩うという。茲《ここ》に寝て夜を明かさんとて、乞食と同じく寝、翌朝銭を出し乞食に餅を買いて貰い、提灯は乞食に取らせ去る。これを茶店に、乞食酒に換えてうる。
※大久保源左衛門、元禄五年渡辺半蔵同心百五十石。享保十年没。

翌九日になって「岩下が駿河町通りから駿河街道をとり、三河方面へ向かったらしい」と報告が入った。八事から植田、平針へ抜ける「飯田街道」のことである。さっそく伝左衛門の召仕磯右衛門と、伝左衛門の義弟大久保源左衛門の召仕六平が探索に向かった。道すがら植田の茶屋で尋ねると、「向かいの観音堂をねぐらにしている二人の乞食なら知ってるはず」とのこと、そこで乞食に尋ねると「昨晩遅く提灯を手にした総髪の男がやって来て、自分は信州の者だが、近江へ出向いて帰る途中体を悪くした。今晩このお堂で休ませてくれと言い、朝になって茶店で餅を買わせ、提灯はそのまま置いて行った。そこで提灯を茶店に持ち込み酒代に換えた」という。

○磯右衛門見るに、又左衛門に紛れなし。それより所々にて物色す。三州梅坪にて所の者云う。この如き人、何の報捨とやら言いて、二、三日先に歩きしと云々。加茂郡本多山城守領分四合村に至り聞合せするに、左様なる者、此の所にあり、勧進するかと云々。四合村に宿し（名古屋より八里）翌出て尋ぬるに（此の時巳刻）、天道と云う処に人宿法度なれども隠して宿する者間々あり。

茶店の主人に提灯を見せてもらうと、いつも岩下が手遊《てすさ》びに作っていた提灯に間違いない。そこで街道筋をいろいろ聞き込みしながら、途中挙母《ころも》街道をとって梅坪《うめつぼ》（豊田市梅坪）まで来ると、「お尋ねの人なら確か二、三日前、何とかのお布施をと唱えながらここを北へ向かった」という。そこで挙母街道をもどるかたちで猿投《さなげ》方面へ向かい、篭川《かごかわ》と伊保《いぼ》川が合流する四郷《しごう》村（現豊田市四郷町・本多山城守領）まで来ると、土地の人が「その人なら勧進（寄付集め）とか言って、近くの天道に泊まっている」と教えてくれた。天道とは四郷村にある「天道社」付近の集落で、かつて「三河代官の陣屋跡が在った」と記す書もある。

○又左衛門も昨夜此所《このところ》に宿すと見え、笠をかぶり頭巾にて出で来る。山中にて両人見つければ逃れんとせしに、詞《ことば》をかけ近寄るに、彼棒《かのぼう》を提げ、片手にさすが（指刀）を持ち待ちかけたりしを、色々騙し歩かし、且つ泣き且つ諌めければ少し静まり、又左衛門も泣きて「甚だしく吾大不幸にして、居るまじき所に居るゆえに伝左にも疎まれ、何れの日にも吾死にたらば祝わん」と云々。「これらの事、髄にこたえ忘れず、吾ここに死して親類等に怨みを報ぜん」と云々。両人種々甘言す。

二人は教えられたとおりに山あいの天道へ行くと、昨夜ここに泊まったらしい又左衛門が、頭巾で顔を隠し笠を被《かぶ》って出てきた。二人を見て逃げようとしたので声をかけながら近寄る。棒と腰刀（小刀）で身構える又左衛門にさまざまに話をこしらえ、涙まで見せ、騙し騙し歩かせるうち、又左衛門も興奮が収まったと見え一緒に泣きじゃくりながら、「私は大の不幸せ者で、居てはならん所に居る故、伝左衛門にも疎《うと》まれている。私が死ねばみな喜ぶだろう」と言い、「このことは髄にしみている。此処で死んで親類どもへの怨みを果たしたい」と言うのを、二人の召仕が必死に宥《なだ》めすかす。

豊田市梅坪・四郷付近地形図
（昭和７年陸地測量部　５万分の１　図幅「挙母」）

○磯右衛門、甚だ渇すると偽り、湯を一つ呑んで来《きた》らんとて昨夜の宿へ行き、尾張家中《かちゅう》都筑伝左衛門へお預けの者見出したり、伴《つ》れて帰らねばならず、庄屋等へ知らせ加勢し給われとて、又左衛門処へ走り行きて、棒を提げて段々に三十人ばかりも出で来たり、否といわばたたき倒さん気色ゆえ、又左衛門是非なく帰る。駕籠なくして歩む。所々にて添え人十人余ずつ頼み、宿送りにて来たり。三本木より馬に乗せ、高針より駕籠に乗す。伝左衛門より迎えとして徳光九左衛門・大田小兵衛・平沢弥八・尾崎忠助、駕籠を吊らせ行き、末森にて逢、つれ帰る。此の時戌半（夜九時）。

探索の磯右衛門は「どうにも喉が渇いてたまらん。湯を飲んでくる」と言い置き、昨日泊まった宿の主人に「尾張藩の都筑伝左衛門へお預けの脱走者を見つけた。今から連れて帰るので庄屋どのに知らせ、加勢を願いたい」と頼む。すぐに棒を携えた者たち三〇人ばかりが集まり又左衛門を取り囲んだので、彼も仕方なく帰ることを承諾した。宿ごとに一〇人ずつ交代するかたちで、飯田街道を三本木（日進市三本木）まで戻り、ここから馬に乗せ北の道（岩崎経由）を高針（牧野池北）へ向かい、そこで駕籠を雇った。一方、知らせを受けた伝左衛門は、徳光九左衛門ら若者四人を迎えに行かせ、末森（末盛通二・城山）で出会って岩下を引き取り、都筑宅へ連れ帰った。すでに夜の九時を回っていた。

○戌半過ぎ予、武右へ行き又左衛門つれ来る大意を咄す。丑刻（午前二時）、伝左へ武右来たり、彦兵殿へ申し候処、甚だ悦ばる。明朝、ご老中へ申す間、今夜中に書付出だすべしと云々。彦兵殿より使いとして小木曽八右衛門来る（寅過ぎ、是は帰る）。源右衛門も来る。予、丑より伝左へまた行き夜明けて帰る。小頭衆、又左に逢い、予も逢う。

夜の九時過ぎ、朝日文左衛門は小頭磯貝武右衛門を訪れ、岩下又左衛門を連れ帰るまでのあらましを報告した。午前二時に都筑伝左衛門宅を磯貝が訪れ、「ご城代冨永彦兵衛殿に報告したところ、大層喜ばれた。明朝ご老中に報告するゆえ、今夜中に経緯を書面にするよう」指示があった。これとは別に彦兵衛から小木曽八右衛門が使者として訪れ、渡辺源右衛門も来た。小頭たちと一緒に文左衛門も岩下に会った。関

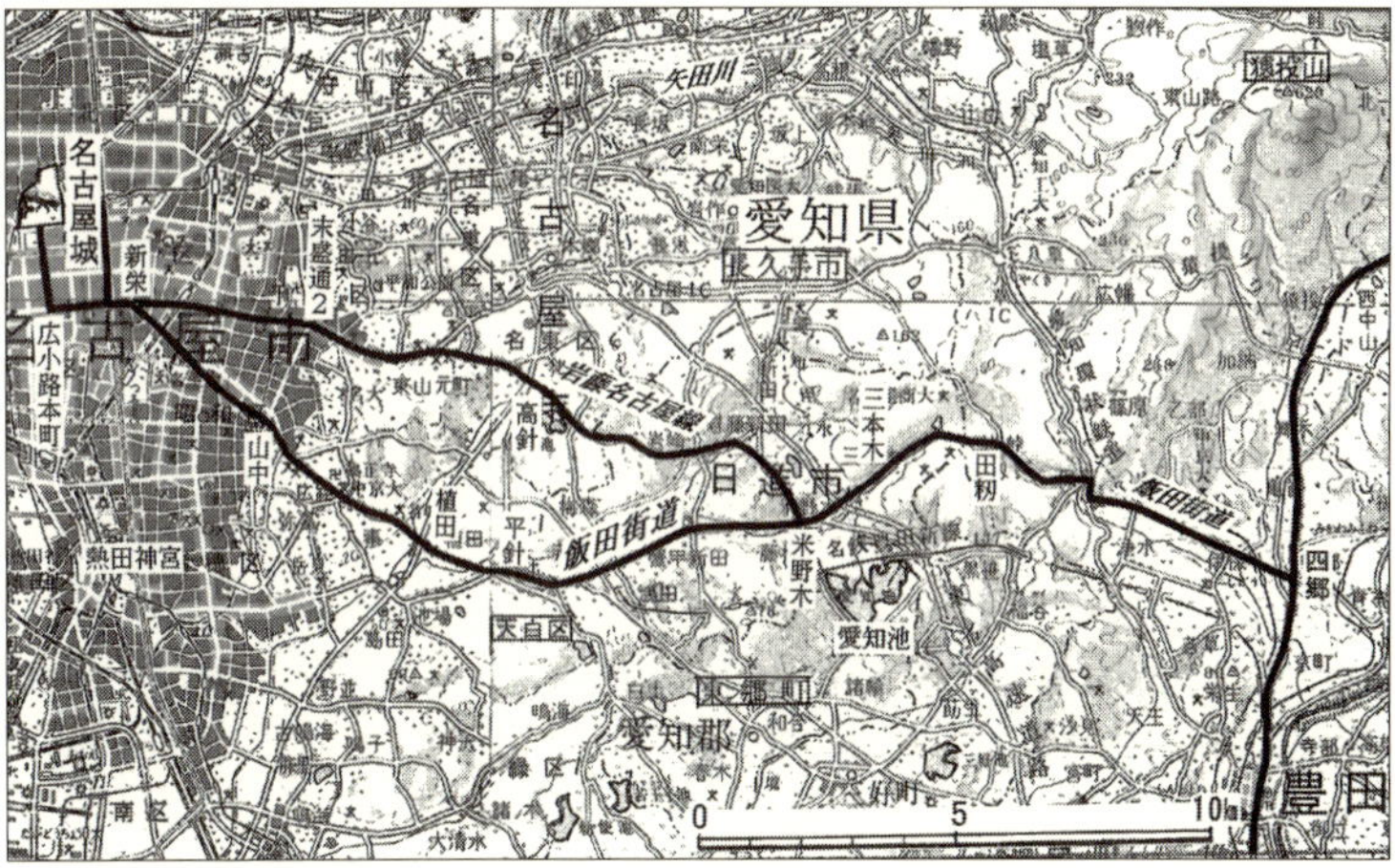

名古屋城下と挙母（豊田）を結ぶ道（国土地理院 20 万分の 1 地形図）

係者一同、いずれもほっとした様子がうかがえる。
○八月十日、昼過ぎ伝左へ行く。去る頃よりの覚えを書きて、小頭へ遣わす。

翌十日の昼すぎ文左衛門は都筑伝左衛門宅を訪れ、これまでの顛末を覚え書きにして小頭に提出した。文章にかかわる仕事は、大方、文左衛門に任されていたようだ。多くの関係者は「結果的に誰も傷つかず、これで一件落着」と、肩の荷を下ろしたことだろう。ところが肩の荷は簡単には下りなかったのである。

岩下又左衛門、再び逃走

○八月廿四日、岩下又左衛門（先年より自ら是卜と号す）今夜、また逐電。今夜の番人は（夜）尾崎忠助・（昼）大久保源左衛門・（夜）大田藤右衛門・（夜）田島儀兵衛・（昼）都筑理左衛門。

事件の余韻がまだ冷めやらぬ半月後の夜、またもや岩下又左衛門が脱走した。岩下を預かる都筑伝左衛門の家では、親しい連中に頼んで監視人の数を増やしていた。親類やご城代組同心たちである。それでも半月後に、また逃げられてしまった。
○廿八日に小頭に達するには、廿四日終日又左衛門、篭《ろう》を新たに拵え候えとて大工四人参り、夥しく叩き立て候。此の響きに紛《まぎ》らかし、居所の畳をあげ、板を放し置き、深更に板の放しより縁の下へくぐり、西の方雪隠《せっちん》の不浄口より逃げ去り、又西の垣をくぐり罷り出候と云々。

四日後小頭に届いた報告では、「廿四日当日は座敷牢を新たに造るため、四人の大工が来て槌音や造作の音が喧《やかま》しかった。その音に紛れて岩下は居場所の畳を持ち上げ、床板を外し置き、深夜になって板を外した処から縁の下にもぐり、西の雪隠の汲み取り口から外へ出て、西の垣をくぐり逃走した」とある。もしこれが本当なら、乱心者どころか、なかなかの知恵者である。

○実は左にあらず。番人酒を給い酔いて熟眠するうちに、前の戸をそっと開け、入口の戸あり。今まで篭出来《しゅったい》せず、初《はじめ》の処に置いて昼夜張り番すといえども、大油断成る事ども絶言語なり。伝左衛門・又左衛門親類等、誰おつとって金を出す者なく、揉めて篭の出来延引するなり。板を放し置き候は小頭衆検分のため、偽りものなり。

実はそうではない。番をしていた者が振る舞われた酒を飲み、すっかり寝込んでしまったのを見て、岩下はそっと戸を開け放ち、玄関から堂々と草履をはいて逃げたのである。番人の鼻紙袋と脇差まで盗って逃げたという。新しい牢ができるまで以前の場所に寝起きさせ、昼夜の番を置いたというが、それにしても大失態ではないか、文左衛門が「言語に絶する」と憤慨するのだから余程である。牢の造作が遅れたのも、聞いてみれば、伝左衛門をはじめ親類一同だれも金の負担を申し出ず、着工が延び延びになっていたのだという。大工の騒音や床板の取り外しなどは、小頭らの検分に備えての作り話らしい。

○八月廿八日、又左衛門また逃げ候こと、朝飯後に加藤平左と市に頼まれ、小頭衆へ達す。

此の事に付き、毎日小頭へ行き伝左へ行く。書付等取次ぐこと日のうちに或は二度、或は夜も行くなど、事繁きゆえ、一々これを記さず。

二八日の朝食後、斜《はす》向かいに住む加藤平左衛門らに頼まれ、岩下又左衛門に再度逃げられたことを小頭に報告に行った。この日以降この件について都筑家と小頭の間を何回も行き来し、余りに煩雑なので一々日記にも書けないと文句の一つも言いたくなるが、そこは頼まれたら嫌と言えない、文左衛門の人の好さである。

○九月二日、暮れに源右にて武右・平左と吸物にて酒等給ぶ。帰りに平左と共に伝左に寄り、兼ねて我ら存じ寄り有れば遠慮なく申し呉れ候様にとの事ゆえ、世間沙汰に髄いて申難けれども申すなり。理右・文之右、先日書付出し、廿八日に直に立ち退く。紛れず也。然れどもこれは手掛かりのこれ有る所、それゆえ今まで待合い候えども、最早その手がかりへ遣わす者も帰りければ、当時立退き然るべしやと申す（これども小頭衆、我らへ内証之あり。但し少しも小頭のひびき無き様に申せとの事なり）。然れども伝左同心せず。

小頭にはじめて報告してから四日目の九月二日、小頭の渡辺源右（伯父）宅で、相原の後任小頭の磯貝武右衛門、親友の加藤平左衛門らと晩飯を食べ、それから平左を伴い都筑伝左衛門の家へ寄った。伝左が今回の事件にどう対処すべきか「忌憚のない意見を聞かせて呉れ」と言うので、世間の常識でいえばと前置きし、「貴殿の叔父の理右衛門殿や弟の文之右衛門は、名古屋を出て探索したい旨の書付を二八日に出し、すぐに立退いた。手がかりを探しに出た連中が成果なく帰ってきた今、貴殿も探索のためここを退去されたらどうか」と話したが、伝左衛門は同意しなかった。この提案は、実は小頭から「それとなく話してくれ」と言われたことだったのだが……。

○九月六日、四日の日付にて都筑理右衛門・同文ノ右衛門願書、今月ご老中へ出す。又左衛門両度脱け出候につき、親類は地廻り、召仕は他領等、相尋ね申し候えば、其の品覚束なき候間、尋に出たしと云々。伝左衛門は当人ゆえ、在宿仕り、所々へ尋ね遣わすに心をつけ、罷り在りと云々。

先に理右衛門から出た願書《ねがいしょ》は、四日付でご老中に達した。内容は「再度岩下が脱走した件につき、親類は名古屋周辺を召仕は他国を探しますが、それだけでは覚束ないので、私らも探索の旅に出たい。伝左衛門は当主なので、在国のまま情報収集と指揮にあたらせたい」というものだった。

○九月九日、理右衛門願いの如く、ご領分幷《ならび》に他領へ尋ねに出度《でたき》願い相済み、戌《いぬ》過ぎ、源右衛門、伝左衛門処へ来たり、理右を呼び申渡しこれ有り。平左と予立合い、文之右衛門へは伝左・理右より通ずべしと云々。

九日に先の願い書に対する回答があった。理右衛門の願いの通り、藩の領国および他領への探索が許可となり、夜の八時に小頭の渡辺源右衛門が都筑伝左衛門宅を訪れて理右衛門を呼び出し、文左衛門と加藤平左衛門を立会人にして申渡しが行われた。文之右衛門へは伝左・理右から話せとのことだった。

○九月十日、理右、尋ねに出候につき、小頭衆思惑にて伝左・儀兵のほか仲間として金弐両集め、小頭より理右へ路用差かえのためとて遣わす（小頭は弐朱ずつ、平組は鳥目二百八十ずつ）。

○申刻過ぎ、理右発足（岐阜、加納、佐和山、その外、美濃辺と云々）。文之右衛門は気色悪しきとて罷り出ず。

いよいよ都筑理右衛門が探索の旅に出るというので、小頭衆の提案により同心仲間で二両を集め、路銀の足しにしてもらうことになった。こうした探索が、すべて自己責任だったことがわかる。夕方四時頃に、中山道を美濃から佐和山方面へ向かうという。

○戌過ぎ、源右衛門呼びに来たり、平左と行く。酒食給ぶ。今暮れ頃に主水殿《もんど》より彦兵殿を呼びに来たり、別紙書付之を渡さるの間、伝左衛門此の趣をうけ、書付出すべしと云々。

夜八時ころ伯父の源右衛門から呼び出しがあり、向かいの親友加藤平左と出かけた。酒食をとりながら源右衛門が言うには、「実はご城代がご老中の主水殿から呼ばれ、様々な疑問について書付を渡された。伝左衛門は書面で以てこれに答えなければならない」と。

主水殿《もんど》はときの老中中条《ちゅうじょう》主水康満（伊豆守）のこと、伯母が光友の側室勘解由《かげゆ》小路（松寿院）で、その縁から光友のご扈従に採用され、のち隠棲した光友の家老となり、光友没後は三千石の老中となって同心一二騎を預かっていた。伊豆守に任じられたのは正徳に入ってからである。この中条殿からご城代の冨永彦兵衛が呼ばれ、先に提出した報告書について不審な点を指摘されたのである。質問書の内容は次のようなものだった。

○「御城代組都筑伝左衛門に御預け成され候、

先年乱心仕る岩下又左衛門儀につき、申渡し覚え」

右、又左衛門儀、両度まで板敷を放し逐電致し候儀、道具等はこれ有るまじき所、板敷放し候事、怪しく候。一家の者どももも昼夜代り代り相詰め候えども、逐電の節は不存と相見え申す。左候えば、又左衛門指し置き候所へは程を隔て罷り在り候や、此般逐電の前、夜ル八ツ時ころ、外より声かけ候えば答えをも致し候処、夜明け方相覗き候えば、相見えず候由、伝左衛門差出し候書付に之有り候。右の通りに候えば、其の間に逐電致し候と相見え候。板敷をも放し候ほどの義に候間、心付も之有るべく候処、其の間は伝左衛門はじめ一家の者も見廻り申さず義に候や、右の趣ども、相尋ね申達し候ように、彦兵衛へ申し聞かれ、彦兵衛相達し次第、申し越されるべく候。

（此の以下の文は秘して伝左衛門に見せず）伝左衛門義、他所に尋ねに罷り出候様にと申し渡さるべく候。　以上。

見出しには「都筑伝左衛門へ御預けの乱心者岩下又左衛門について申渡し覚え」とあり、はじめに「道具すら持たない岩下又左が、二度にわたって床板を剥がし逃げた」という説明は怪しいと難じ、つづいて次のように矛盾点を突いている。

○報告書では、一家の者が昼夜交代で詰めていたのに、脱走の時だけ人が居なかったように受け取れる。又左衛門の居所と番人の詰所は余程離れていたのか。逐電したという夜八ツ時（午前二時）ころ、たとえ外から声をかけただけでも存否は確かめられた筈だ。それを明け方に覗くと居なかった、と伝左衛門は報告している。

○もしもそうなら、二時から夜明けまでの間に逃げたことになるが、逃げるにしても板敷を外す時間がかかっているはず、その間、十分注意していたはずの家の者は、だれ一人見回りをしなかったのか。この点を明らかにするよう、城代の彦兵衛にも申し伝えた。これが「申渡し覚え」の大要である。至極もっともな指摘である。さらに「以下の文は、秘して伝左衛門に見せず」として、そこには「伝左衛門も探索の旅に出るよう申し渡せ」と記されてあった。

○九月十一日、未過《ひつじ》ぎ伝左衛門他所へ尋ねに出るべしと申渡し之有り。しかれども昨日の御書付を請け候いて書付指出し、其の上にて罷り出るべしと云々。伝左衛門書付出す。大意、廿四日大工四人来たり、篭を作るとてたたき立て候内に板を放し置きたるにや、また八ツ頃言葉をかけ、其の後夜明け方まで指し覗き、詞をも懸け申さず、伝右衛門をはじめ一家の者ども不調法至極、迷惑に奉り存じ候、云々。

翌一一日に伝左衛門に対し正式に「探索に出よ」との申渡しがあった。ただし昨日の質問書への回答を提出した上で出立するように、とのことだった。そこで伝左衛門が出した回答の書付は「当日大工が四人来て新牢を作っており、その際の物音に紛れて床板を外しておいたらしく、時間をかけずに逃げ出せたこと、また午前二時ころ声をかけて、以降夜明けまで覗きもしなかったのは、当方の怠慢で申し訳ない」などと記されていた。

○予按ずるに、はじめ又左衛門乱心の時、平沢九左衛門・中根小右衛門に御預け、両人死後、都筑助六へ引取り御預けなり（助六と又左衛門は重徒弟なり）。又左衛門伯父平沢清介にも御預けなれども他国へ罷り越すお役儀ゆえ、引取らずなり。横内半兵衛義、続きは遠く之有り候えども、御預けと云々。助六の処に又左衛門お指し置き候えども、右三人に御預けという事、先年助六へ御預けの時の、ご老中より彦兵衛殿へ渡され候書付に明白なり（予、この書付の写しを直に見る）。然るに今度、半兵衛に尋ねに出よということなし、不審。（半兵衛と又左衛門は重徒弟なり。但し、先年、又左衛門母の処へ半兵衛入り婿に行きしが、又左衛門母頓而死し、また半兵衛立ちかえるなり。尤も此のことは上へは知られざる事なり）

今月廿四日昼夜の番人書き出すべしと云々。之に仍て書出す。昼のうちは都筑理右衛門・大久保源左衛門、夜は田島儀兵衛・尾崎源助・都筑理右衛門、右の如く書出しけれども、実は夜は儀兵衛と尾崎忠助と大田藤右衛門なり。忠助が代わりに源助をし、藤右衛門が代わりに理右衛門とするなり。

文左衛門が考えるに、岩下が乱心のあと平沢九左衛門、中根小右衛門にお預けとなり、二人が亡くなったあと、小右衛門の孫にあたる都筑助六が預かった。岩下の大叔父平沢清助へもお預けのはずだったが、役儀で他国へ出張もあるため引き取らなかった。横内半兵衛は遠縁ながら預けられた。都筑、平沢、横内の三家がお預けの対象だったことは、老中からの書付の写しを見て、知っている。いまは都筑家だけに探索を申付けられているが、横内家に探索の指示がないのは不審である、と。

今月二四日（脱走の日）の番人を書出せ、とのことなので、「昼間は都筑理右衛門・大久保源左衛門、夜は田島儀兵衛・尾崎源助・都筑理右衛門の三人」と記したが、実は夜の番は田島儀兵衛、尾崎忠助、大田藤右衛門の三人で、尾崎忠助の代わりに尾崎源助、大田藤右衛門の代わりに都筑理右衛門の名を記し、提出したのである。

○九月十三日、今朝、小頭伝左処へ来る。昨日の書付始まりたる間、今日中、早速尋ねに出るべしと云々（伝左衛門には仲満よりの合力之無し）。理右・伝左ともに態《わざ》と鑓を持たせず、伝左・理右ともに江戸・京・大坂へ罷り越し候時は、此方《こちら》へ知らせ、指図の上にて行くべしと云々。伝左衛門、池鯉鮒より吉田・岡崎辺などへ行くと云々。

探索の申渡しがあって二日後、小頭が都筑伝左衛門宅へ来て、今日中に出発するよう言い渡した。伝左には餞別はなく、また伝左・理右とも槍を持たせなかった。江戸、京、大坂へ行く場合は上司に知らせ、藩の手続きを経て行くようにとのことだった。伝左は東海道を、知立、岡崎、豊橋方面に向かうらしい。
○九月十四日、理右・伝左、尋ねに出候わけを田島儀兵衛直に御目付長屋半左へ罷り越し申し達す。彦兵衛殿よりは申参るに及ばず。
○伝左宿より手紙来る。鳴海まで参り候処、勢州加取と申す所に少々手がかり之有り。罷り越すと云々。
○九月十七日、理右、昨日帰り、今日、また、勢州へ尋ねに出る。
○九月廿三日、伝左衛門、三州辺尋ねる。今夜熱田に宿し、明朝信濃路へ趣くと手紙なり。
○九月廿五日、理右帰る。
九月半ばに二人が探索へ出てから、数日置きに手紙で動静を伝えてくる。行く先々で情報を集め、その情報に振り回されながら旅をしている様子が伝わってくる。見つけるまでは帰藩が叶わないから、都筑理右衛門・伝左衛門も必死である。
○九月廿六日、伝左衛門へ江戸より御不審の書付来る。大意、又左衛門道具等ひそかに貯え置き候やと。八ツ時より夜明方まで間も之有るに、如何様なる訳にて一家相詰め候者、見廻り差覗き申さずやと。新規に又左衛門居所作り候と之有るは、最前の居所は手薄く聞こえ候。左候えば、弥、念に入るべき申す事に候、と云々。此の返答書、伝右衛門は他国に罷り在るゆえ、理右衛門・儀兵衛・源左衛門・源介四人より出す（宛名、源右衛門・武右衛門）。又左衛門常々寝入り候いびき等之無く、静かなるゆえ、廿四日の夜も能く寝入り候と心得、見廻らず、不調法至極と云々。敷金の合わせ目の両脇に少しずつ透き間之有り。指懸り申すほど也。殊に板の継ぎ目なり。則、是を引き放し抜け出ると云々。最前の居所改め候いて修復致し候えども、此の所気づかずと云々。其の外略す。

事件後一か月近く経ち、今度は殿様が在府する江戸から「不審な点をただす書付」が送られてきた。その大意は「岩下又左衛門がひそかに脱出のため道具を貯えていたとのことだが、午前二時から夜明けまでは時間もある。この間に番の者が見回ることは無かったのか。今回新しく牢を作りはじめたのは、これまでの監禁場所に問題があったからだろうが、そういう部屋なら一層念入りに監視をすべきではなかったか」とのこと。この返事は伝右衛門が他国へ出かけている時なので、ちょうど帰っていた理右衛門や田島儀兵衛らが書いて、小頭宛てに提出した。

その内容は「岩下は寝ている時まったく鼾をかかない。当夜も静かだったので、寝入ったとばかり思い込み、見回りもしなかった。床板をはがされないように敷金で補強していたが、その継ぎ目に指がかかるほどの隙間があり、そこに板の継ぎ目もあったので、ここから板をはがし逃げたらしい。先の逃走後、床の修復をしたのだが、この欠陥には気づかなかった」というもの。床板の細部の構造は実際に見ないとわからないが、前半の「静かだったから見回りしなかった」は、何の釈明にもなっていない。要するに「ああ言えば、こう言う」の類である。

○十月四日、都筑伝左衛門小牧より帰宿。
○十月七日、伝左衛門義、願いの如く京大坂へ罷り出るべしと小頭申し渡す。理右衛門義、京大坂、伝左衛門は江戸・京大坂願い候処、右の如くに済む。理右衛門も病気本復次第、三州辺猿投《さなげ》等尋ねるべき由、申し渡す。京大坂へ参る義、彦兵より御目付幡野林蔵へ直に申し遣わさる。
○十月十七日、理右昨日帰らるといえども、此の段御頭へ申さず。此方《こちら》へ帰らず分に致し、早々外へ尋ねに出るべしと云々。伝左、ふりに心得、又左衛門罷り出で候までは帰宅無用なり。通用したき事あらば、名古屋の地へ入らずして、熱田・小牧・清須等に罷り在りて通ずべしと云々。
つづく十月中の探索の様子である。

伝左衛門が小牧から帰ってきたあと、小頭から京・大坂行が許可された旨連絡があった。ご城代の彦兵衛殿からもお目付へ話されたという。叔父の理右衛門も体調が回復したあと、三河の猿投方面を探すようにとのこと。追って、「二人とも一々名古屋へ帰るに及ばず、連絡したいことがあれば近郊の熱田・小牧・清州から使いを出せ」と指示、帰宅の面倒を省いてくれているようにも聞こえるが、「成果がない限り帰ってくるな」の意にもとれる。
○十月廿四日、江戸より来候書付渡さる。此の趣、伝左一家衆に尋ねに出られ候様にと、御頭より指図は曽《かつ》て之無しと云々。儀兵衛義は彦兵衛殿心得にて申付けられ、御番を引きしめ、地回りを尋ぬべしと。◎書付け「岩下又左衛門義、乱心者の事ゆえ、兎角行衛訪ね出ず候いては、指し置き難き者に候間、弥為相尋ね候様にと富永彦兵衛へ申し聞かさるべく候。」

○十月廿六日、都筑伝左衛門より状来る。京にて、茶屋加右衛門町奉行所へ出、請合いの事済ませ云々。尋ね者の義につき、加右衛門同道にて伝左衛門両奉行所へ出、印判にてこと済む。京に九日之有り。十九日に大坂へ行き、廿三日頃、有馬辺へ行くべしと云々。

二四日に再び江戸より書付が届き、そこには「今回小頭が乱心者の探索を指示したのは、初めての例であること、ご城代富永の配慮で田島儀兵衛が探索から外されたが、その分お城番の勤務に一層はげみ、また近隣の捜索には協力するように」と記されていた。また城代に対しては「乱心者の岩下を野放しには出来ないので、努めて探索するよう」と、とくに指示があった。

二六日、探索のため京都に滞在している伝左衛門から手紙が来て、京都に九日ほど滞在し、これから大坂・有馬へ向かうこと、京都滞在中に尾張茶屋家の加右衛門が付き添ってくれ、東西の町奉行所で探索の手続きが無事終えられたことなどが記されてあった。当時尾張茶屋家（新四郎家）の京都本邸は、蛸薬師《たこやくし》通下ル新町筋に面して在った。京都の東・西奉行所はいずれも二条城の南西角に近く、茶屋家から割合に近い。尾張茶屋家はもともと殿様の側近として政務にも与っているので、こういうときは積極的に動いてくれる。

○十二月一日、今夜都筑理右衛門、長良村作右衛門（伝右衛門百姓なり）家にて病死す。実は尋ねに出ると称して忍びて在宿し、煩い出だし、死してのち検分ある事を慮り、作右衛門家へ遣わしたるなり。翌二日、彦兵衛殿家老近藤作大夫と磯貝武右衛門、長良へ行き、検見す。
○十二月五日、今日、理右衛門事済み、六日の晩、養念寺にて葬る。
○十二月十日、頃日、都筑理右衛門屋敷をあけ、妻子は儀兵衛へ引き取る。
○十二月十三日、伝左衛門義、今までは名古屋へ入る事あたわざりしに理右衛門死により、今は尋ね人伝左衛門一人になり大切になる間、厳寒の節なれば先に宿へ帰り、休息して又尋ねに出るべしと彦兵に申す。之に仍て、今日、宿へ帰る。
○十二月十八日、未過ぎより伝左衛門、三州地へ尋ねに発す。

病気がちであった都筑理右衛門が、長良村知行所の百姓の家で亡くなった。体調が悪く、一応探索に出たことにして屋敷に療養していたが、重篤になってきたので死後の検分のことを考え、伝右衛門知行地の百姓作右衛門のもとへ移り、間もなくそこで亡くなったというのである。ご城代家の執事と小頭の磯貝が長良村を訪れ遺体の検分を行ったが、とくに不審な点もなく、死後五日目に養念寺に葬った。理右衛門の屋敷は藩に返され、家族は取りあえず田島儀兵衛が引き取った。この長良村は佐屋街道沿いの中川運河と名鉄烏森《かすもり》駅の間にあり、朝日家の知行地も半分はここにある。

今回理右衛門が亡くなったことで探索が都筑伝左衛門一人になった。厳寒の折、体のことを慮ってか、今後は名古屋に帰って休息することが許され、暮れの一八日、二か月ぶりに名古屋へ帰ってきた。
○宝永六年一月八日、都筑伝左衛門、今朝伊勢路へ発す。　※一月十日、大樹薨御、六十四歳。
○一月廿日、今夜伝左衛門、勢州より帰るとて、手紙来る。
○都筑伝左衛門、旧冬廿五六日ころに帰宅しけるが、今日又尋ねて前々の通り出るべしと云々。
時折帰宅することが許されただけで、翌宝永六年になっても探索は継続された。伝左衛門は一〇日間の伊勢路行きなど、岩下を探す旅は相変わらず続いた。
○宝永七年五月十二日、申刻武右より手紙。都筑伝左当時三州に有りと云々。助六方より早々飛脚遣わし帰宅しだい知らせるべしと云々。
○都筑理右衛門子吉十郎五歳、明地の内にて三人扶持下さる。
○田嶋茂兵衛地廻りの内、又左衛門を只今までお尋ね候えども、最早茲《ここ》に及ばずと云々。
○五月十五日、伝左衛門義、最早又左衛門を尋ね候に及ばず、尤も遠慮にも及ばず也。前々の通りに心得るべしと云々。小普請役は出る筈なり。
○七月九日、炎暑、昼より伝左へ行く。源右・権内・武右・平左。祝儀振舞い也。鱸《すずき》のさしみ・あゆの焼物・鳥のすまし。後段冷麦・肴種々。暮れ前帰る。

宝永六年は瞬く間に過ぎ、翌七年になって状況に少し変化が見えてきた。先に亡くなり、屋敷地も取り上げられた理右衛門の子吉十郎に、改めて三人扶持が下され、家族が住む家も与えられ、お家断絶を免れそうな気配である。田島家に対しても「地回りのとき又左衛門の探索に及ばず」の指示が出され、さらに二か月後、今度は伝左衛門に対し「以後探索に及ばず、遠慮処分もなし」とされ、小普請入り（無役）ながら、もとの家禄を保障する決定がなされたようだ。それから二か月後、伝左衛門宅で関係者の喜びの宴席が設けられ、むろん文左衛門も出席している。

以上、勤務中の岩下又左衛門の乱心にはじまり（元禄七年一二月二九日）、親類中が持ち回りで監視を続けたが、互いの慣れのスキをついて一三年目に脱走（宝永五年八月二日）、間もなく捕まったものの、再度脱走し（宝永五年八月二四日）、それから丸二年近く探索が続き、ようやく藩が諦めるまで実に一五年にわたる騒動であった。しかも「乱心者岩下」の後釜として「御本丸番」に入ったのが、朝日文左衛門である。何とも妙なめぐりあわせだ。

江戸時代の武家社会では、親類筋から一人の乱心者が出ると周辺にかくも長期間の負担がかかるという好例で、連帯責任の怖さでもある。都筑伝左衛門の探索は、宝永七年（一七一〇）五月一日を以て一応の区切りがついたが、都筑家の不幸はまだまだつづく。

都筑家の後日談

都筑伝左衛門には、文之右衛門という弟がいた。問題が起きたのは脱走事件の始末がついてから五年後の、正徳五年（一七一五）のことである。

【都築家系譜】

七左衛門（ご城代組同心、延宝三没）
- 助六（ご城代組・正徳四没）
  - 伝左衛門（延享元致仕）——吉兵衛延貞
  - 文之右衛門（正徳五改易）
- 理右衛門（宝永二召出、宝永五没）——七左衛門（享保七　八十石ご城代同心）

○正徳五年九月十三日　古田弥四郎処に、前かた居候「しげ」と云う女と都筑文之右衛門（近年出合なり）、善光寺前の小宿にて、今暮れころ出合う。酒なんど飲みしが、奉公を何処にはさせまじ、其処は措《お》け等とて、からかうと云々。しげは、もと旦那へ行くとて出る。文之右衛門は、雑賀《さいか》藤右へ行くとて、同じく出でしが、途中にて又からかい、刀を抜いて肩の辺を叩く。身にも衣服にも疵はつかずと云々。しげ喚《わめ》きて逃げ去る。文之右衛門それより伝左衛門を叩いて云うよう「人を殺めたるゆえ、立ち退く」と云い捨て（刀を抜きて提げてあり）何国ともしれず逐電す。

正徳五年九月一三日（西暦一七一五年一〇月二七日）、漸《ようや》く秋も深まった頃の話である。以前、古田弥四郎（古田勝蔵、宝永八・二・二四改名）のところで働いていた下女「しげ」が、都筑伝左衛門の弟「文之右衛門」と善光寺門前の小宿で会ったという。おそらく示し合わせての逢瀬だろう。日記には、最近知り合ったと注書きされている。

善光寺といえば「信濃善光寺」（長野市元善町）を連想するが、同名の寺は全国には二百近くあるらしい。かつて伊勢信仰が御師《おんし》たちにより全国へ広がったのと同様、善光寺信仰も鎌倉以降「聖《ひじり》」たちの活躍で全国へ浸透した。名古屋にも東区、中区、港区、名東区に同名の寺があり、ここは東区の善光寺を指す。戦後は筒井一丁目に移転したが、江戸時代には鋳物師の細工場《さいくば》が並ぶ鍋屋町《なべやちょう》裏筋に在った。

鍋屋町裏筋は、明治四年に七か寺（善光寺、養蓮寺、普蔵寺、東漸寺など）の門前を併せて「七子《ななこ》町《まち》」の新町名となり、さらにいまは「泉二丁目」に変わって、七子の名は、わずかに「七子公園」として残る。この公園の西端に善光寺があり、南側の道を隔てて高岳院裏手と向かい合っていた。その門前の小料理屋で、日暮れころ二人は逢ったのだろう。

文之右衛門は酒を飲みながら、しげが新しい奉公先を挙げるたびに、「そこはダメだ、そこは止《や》めておけ」と半ばからかいながら酌をさせている。しげはいい加減に切り上げ、「古田様の処へ寄る」と言えば、「俺も雑賀の処へ行くつもり」と一緒に店を出る。歩きながらも文之右衛門の悪ふざけはやまず、ついには抜いた刀で前を行くしげの肩を叩く始末、切れはしなかったが、しげは悲鳴を上げ逃げだした。文之右衛門はその足で兄の伝左衛門を訪れ、

「いま人を殺してきたので立ち退く」と告げ、何処ともなく去って行った。相変わらず抜き身を手にしたままだった。

○之に仍って夜中伝左衛門行きて、与左へ達す。翌日御頭、ご老中へ達す。何方にて誰を殺めしやと之有り。然れども知れず。鈴木安太へも伝左衛門行きて達す。文之右衛門は直に雑賀藤右へ行き、爾々《じじ》の事（その通りの事）云う。藤右衛門成程かくまえ置くべし。但し此の節自害せられてはならずと云々。

夜中になって伝左衛門は、このまま放っておく訳にもいかないと思い返し、昨年からご城代組同心の小頭を務める大塩与左衛門の処へ届け出た。翌日、頭からご城代を経て、ご老中まで報告が達した。ご老中からは、「何処で誰を殺めたのか」と尋ねられたが、肝心の点がわからない。伝左衛門は念を入れ、御国御用人の鈴木安太夫の処へも届け出ている。文之右衛門は兄の家から直に雑賀藤右衛門の処へ行き、兄に話したと同じ内容を告げたらしい。藤右衛門はとりあえず文右衛門を自宅へ匿ったが、自害せぬように注意していたという。文之右衛門と雑賀藤右衛門（格政《ただまさ》）との関係は、よくわからない。

雑賀は鉄砲撃ちの家として知られる。戦国のころ紀伊国雑賀荘の本願寺門徒「雑賀衆」を率いたのが鈴木孫一（市）で、のちに雑賀孫一と呼ばれた。石山合戦では信長を鉄砲で散々悩ませたが、敗北後は帰順し、秀吉に仕えた。その子孫の一流である吉次が雑賀藤右衛門を名乗って義直公に仕え、御薬（弾薬）込め頭、兼御幕奉行を務め百五十石を給された。後継の吉当は宝永年に亡くなり、事件当時は、孫にあたる格政があとを継いでいた。

【雑賀家】士林泝洄第六十九　鈴木家のち雑賀を称す

孫市重元（本願寺光佐と共に信長と戦う。のち仕信長・秀吉）─重行（石田に属し伏見攻撃、のち水戸黄門に仕える）
　├重教（兄に同じ。大坂の役後洛陽に居す）
　└藤右衛門吉次（敬公に百五十石で召抱え）─藤右衛門吉当（家領を継ぎ御馬廻）─格政（家領を継ぎ御馬廻）

【大塩家】士林泝洄巻第十

周善（三州碧海郡竹村に住す）─藤太夫政貞（寛永三城代組）─藤太夫政重（寛永九城代組、元禄二致仕）
　└与左衛門茂貞（元禄二城代組、同一一御鉄砲奉行、正徳四城代組小頭、享保一四卒）

【鈴木家】士林泝洄第百一

主税（岩村丹羽式部少輔に仕える）─安太夫重政（三百石屋舗奉行・四門足軽頭）─重利（四百石ご用人・御馬廻頭）
　└安太夫重弘（元禄五書院番、同八奥御番、宝永元目付、正徳二吟味役、同三御国御用人四百石、のち八百石）

○九月十四日　文之右衛門義、兄伝左衛門に命じ尋ねしむ。御番も引く。

○九月十七日　今朝文之右衛門を岡崎にて尋ね出せし分にて出づ。伝左衛門へお預け也。尤も御番をも引く。

○十八日　文之右衛門御書、与左衛門為致、頭へ出す。

○三十日　巳ころ、修理宅にて都筑文之右衛門御改易。京江戸御塞ぎ。大目付内藤浅右衛門、御目付山崎兵大夫、御供番長岡丹左衛門。今卯半ころ、文之右衛門をかごに乗せ、伝左衛門・惣兵衛・忠助随い、修理殿宅へ出候。

翌一四日になって、藩は文之右衛門の行方を兄伝左衛門に探させ、しばらく御城番の当番からも外した。伝左衛門は弟が雑賀の家に匿われていることを承知している。そこで探索する振りをして三日を過ごし、一七日になって探索の結果弟を岡崎で見つけ出したことにして届け出、当分兄の家に預かり置くとし、当番からも外された。

一八日、文之右衛門についての報告書を小頭の大塩与左衛門を経て上司に提出、その結果、都筑文之右衛門は改易と決まり、三〇日に城代成瀬修理宅で申渡しが行われることになった。立会は大目付内藤浅右衛門、目付山崎兵大夫、御供番長岡丹左衛門である。京、江戸への立入禁止を含めた改易処分を承るため、今朝の午前六時、都筑文之右衛門を駕籠に乗せ、兄伝左衛門たちが付き添って修理殿宅へ出頭した。

※改易　士籍を削って平民となし、采地家屋敷を没収。

第三章　名古屋城へ盗人入る

事件のきざし

都築文之右衛門の改易があった正徳五年（一七一五）九月の少し前、実は一藩士の改易どころではない大事件が起きていた。厳重なはずのお城の警備の目をくぐり、本丸内に盗人《ぬすっと》が入ったのである。

『鸚鵡籠中記』正徳五年八月三日条に「昨夜御城内へ盗み入り候こと、来年に至りその事の始終、見やすからんために、一カ所に集記す」とあり、同年末尾の「補遺欄」に「名古屋城へ盗人入りし一件」として、活字本で一八頁にわたる記事が、一括掲載されている。

泥棒のきざし（前兆）というのも変だが、確かに少し前から城の周辺に怪しげな動きがあった。事件数日前の七月三〇日、御深井丸の惣構え（外郭）の堀が荒らされていて、盗人の仕業ではないかと噂が立った。さらに前《さき》の四月ごろ、成田内左衛門（多宮とも、正徳四年御馬廻小頭、のち通春、信受院の傅《ふ》）の召仕が外堀を越え、三の丸の津田民部邸へ盗みに入る事件があった。この男は津田氏の知行地にいた百姓で、長く津田の屋敷に奉公し、台所方の用を務めていた。この春に不届きの所業（盗みか）があって解雇され、今度は成田内左衛門の家に奉公したが、再び盗みを働いた。民部は、町方に頼んで盗品を明らかにしたのち、身柄を貰い受けて追放処分にした。しかし「城郭内へ押し入った泥棒に対し、追放は手緩《てぬる》いだろう」と、もっぱら評判になった。そしていよいよ八月の事件本番を迎える。

【津田家】

――九郎右衛門英信（大番頭、綱義卿傅、宝永三没）――民部秉文《もりふみ》（宝永三継嗣、享保二御用人、同一四老中）

┗十郎右衛門雪信（宝永三御目付三百石、寛保三没）―仲郡（田嶋肥後男、養子）途絶

事件は正徳五年（一七一五）八月に起きた

○八月二日　夜お城へ盗《ぬすみ》入る。ご本丸御番人井上文右衛門・山崎友右衛門・大岡助左衛門、今日の本番都筑伝左衛門の処、亡父一周忌に付き佐藤源四郎を頼み候ところ、文右衛門は三日御番なしとも、三日に隙入《ひまいり》（所用）これ有るゆえ、源四に三日に出て呉れよ、二日には我出んとて文右出たり。友右衛門も当番にあらず。小菅喜右に頼られて出る。

御深井《おふけ》　田嶋儀兵衛・山田喜十郎・浜嶋甚左衛門／御足軽　伊藤金左衛門・水野庄左衛門

○喜十郎召仕二度のかけにて三日の未明に来たりけるが、御深井のすかし御門開きてあるゆえ入《はい》り候。喜十郎「何として入りたる」と言えば、「開きてありし」と云う。喜十郎思えらく、昨晩御足軽失念して此の如しと。召仕に「黙れ」と云う。御足軽も「何として入りたる」と云えば、「開きていたる」と云う。足軽も「黙りておれ」と召仕にいう。

正徳五年の八月二日（西暦一七一五年八月三十日）、事件当夜の本丸御番は、御城代組同心の井上、山崎、大岡の三人、御深井丸《おふけまる》の御番は、田嶋、山田、浜嶋の三人。うち二人は代理の番だが、代理の理由《わけ》は、話がややこしくなるのでひとまず措く。

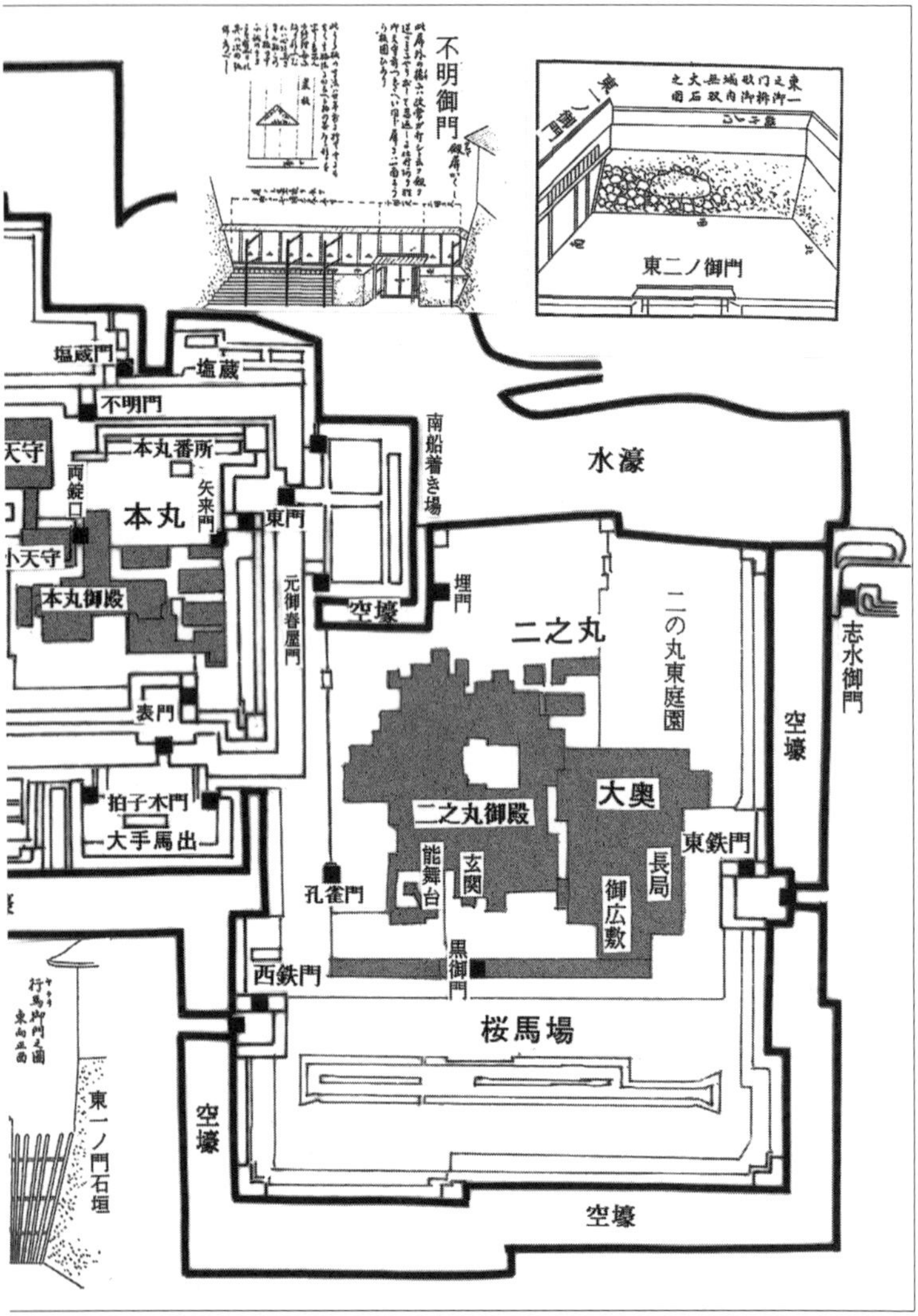

不明御門
東二ノ御門
塩蔵門
塩蔵
不明門
天守
本丸番所
両錠口
矢来門
本丸
東門
南船着き場
水濠
小天守
本丸御殿
元御春屋門
埋門
空壕
二之丸
二の丸東庭園
志水御門
空壕
表門
拍子木門
大手馬出
二之丸御殿
大奥
東鉄門
能舞台
玄関
長局
御広敷
孔雀門
黒御門
西鉄門
桜馬場
東一ノ門石垣
空壕
空壕

名古屋城の諸門（門の図は『金城温古録』より）

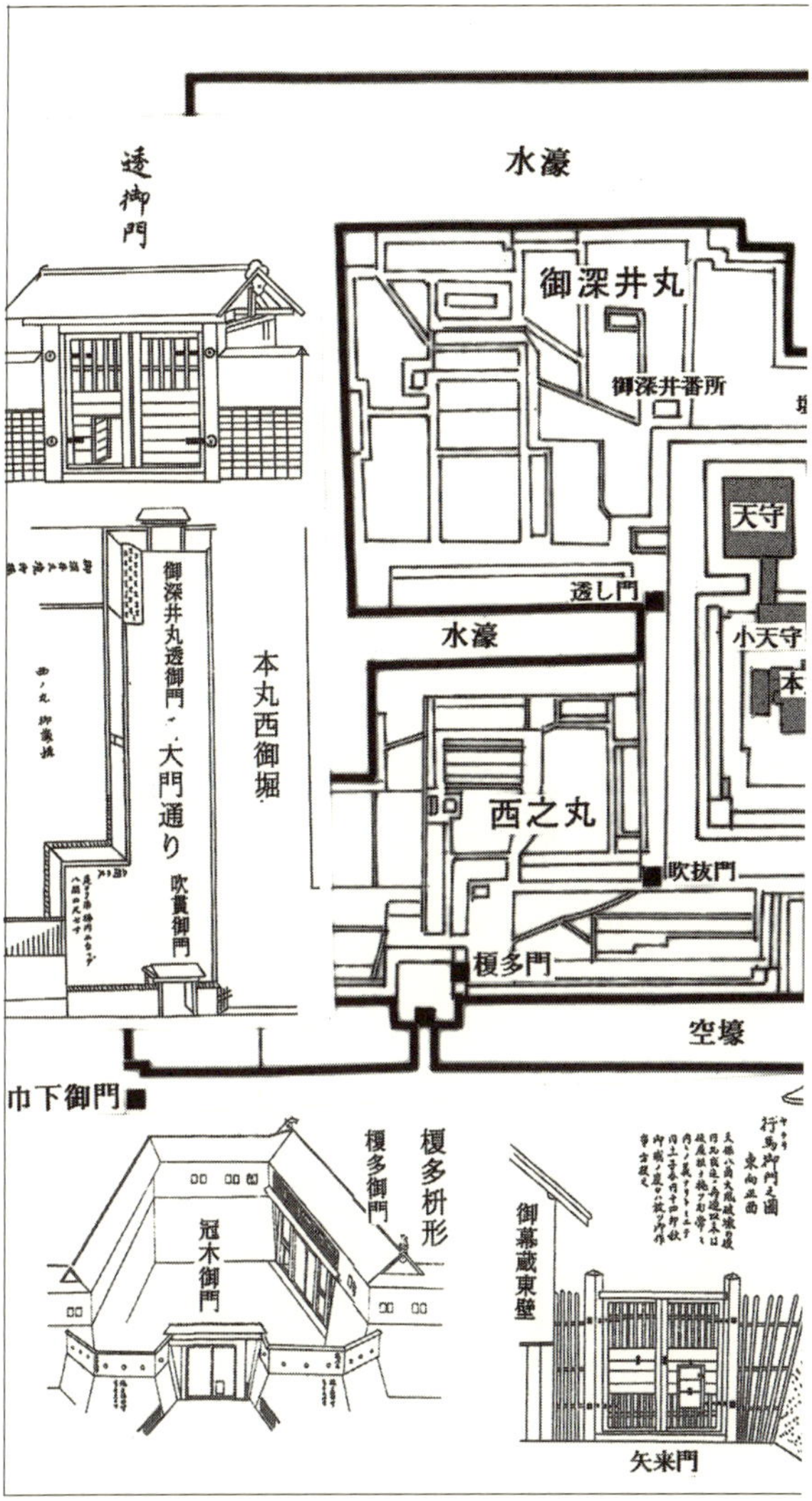

八月三日の未明、御深井丸番山田喜十郎の召仕が主人たちの朝食の準備のため御深井丸へやって来た。榎多御門《えのきだ》（名古屋城正門）から入るのが近いが、御門壁書（規則書）によれば「榎多御門内外共に昼夜錠〆置く」とあり、所用で門の通行が必要な時は「前日、御用番から西鉄門番人の足軽小頭に申し出る」必要がある。さらに出入りできる格式があって、御老中や御城代クラスならよいが、大目付ではなかなか許可されないという。さらに鍵は城代の封印があり、使用するごとに新たな封印がされ、取扱は城代組同心頭が行うとされている。ただし工事の際の出入りは格別で、作事奉行が責任を持つ。実は泥棒が入った時、たまたま作事の仕事が行われていて話がややこしいが、これは後の話。とりあえず御城代同心の召仕風情に、この門は通れなかったわけで、通ったのは西鉄門《にしくろがねもん》である。

召仕は西鉄門の番人に許可をもらって二の丸の敷地内に入り、御殿西の孔雀門前を通過し、左に折れ本丸大手の「馬出《うまだし》」を通り御深井丸のほうへ進んだ。「馬出」の入口には東拍子木門、出口には西拍子木門があり、門にかかった拍子木で番人を呼び、通してもらう。馬出を抜ける、本丸を囲む内堀（空堀）に沿って西へ進むと南西角に枡形があり、その入口を「吹貫御門《ふきぬきごもん》」と呼んでいた。文字どおり昼夜とも明放し（吹抜け）の門である。のちに天保八年の大風で枡形が壊れ門だけ残ったが、今はその門もなくなった。

山田喜十郎の召仕は、吹貫御門をくぐって内堀沿いの「大門《だいもん》通り」を北へ進み、御深井丸の南大手口にあたる「透御門《すかしごもん》」へ至った。両開きの門扉上部は格子で、中が透かして見える。

門の左側の柱に拍子木が吊るしてあり、外からこれを鳴らすと枡形正面の土居の裏手にある御深井丸御番所から、御番の足軽が出てくる（『金城温古録』）。名前と用件を告げ、左扉下の潜り戸を開けてもらって御深井丸へ入り、御番所へ向かう。御番所は東西七間半（一三メートル余）南北四間（七メートル余）の規模で、御本丸番所とほぼ同じ規模である。三つに分かれた部屋の東の端一二畳に番衆の同心三人が詰め、その隣が召仕たちの使う勝手場になっている。

件《くだん》の召仕が大門通りを透御門まで来ると、何故か閉まっているはずのくぐり戸が開け放たれている。いささか不審に思ったが手間が省けて幸いと素通りし、番所の喜十郎の許へ至った。拍子木の音や番人の誰何《すいか》の声、足軽の動く気配もなく突然召仕が戸を開けて入ってきたから、喜十郎は驚いた。「どうやって入ったのだ」と問うと、「開いていました」と答える。咄嗟に主人は、夜回りのあと、足軽がうっかり閉め忘れたものと合点し、「開いていたことは内密にせよ」と命じた。其処へ足軽がやってきて同じように「どうやって入った」と問う。開いていたとの答えに、彼も錠のかけ忘れと思ったらしく、やはり「そのことは内密に」と口止めした。これがのちに、命取りになる。

〇三日の朝。御塩蔵《おしおぐら》へ山田喜十郎と御足軽（水野庄左衛門也）一人廻る。御門のゑび錠、側に捨てて扉も開いてありけれども、これ亦昨晩の失念かとすまし、何事なく御番代わりす。道にて御本丸の明け番に逢い、御本丸昨夜盗入《ぬすみはい》り候躰《てい》ゆえ、頭へ参り達すると云えども、御深井の番人いかがしたりけん、これ迄も気付かざりけん。頭へも届けずして各宅《おのおの》へ帰る。（御本丸明け番へ御深井の明け番、孔雀御門の辺りにて出合い、天王の前まで同道し咄しけれども、喜十郎気付かず）。

三日の卯の刻（六時）に、同心山田喜十郎は足軽の水野庄左衛門と、御深井丸内の最後の見回りをした。天守の鬼門（北東）にあたる「御塩蔵構《おしおぐらがまえ》」の入口「御塩蔵御門」が開いており、門《かんぬき》に差してあるはずの海老錠《えびじょう》（エビ腰のようにカーブした錠）が門の側に落ちていた。二人の脳裏には先の「透御門《すかしごもん》の閉め忘れ」があるから、ここも「錠のかけ忘れ」と思い、何の申し送りもせず番を交代した。この思い込みはなおも続く。

帰り道で同じく番明けの御本丸番同心に出会い、「昨夜本丸に盗人が入ったので、今から頭《かしら》の処へ報告に行く」と告げられても、御深井丸の門にも異変があったことに、考えが及ばず、そのまま小頭への報告もせず自宅へ帰った。

そもそも帰宅の途中二人が出会ったのは、西鉄《くろがね》門から北へ一〇〇㍍ほどの孔雀門の前、そこから西鉄門の枡形を出て南へ歩き、三の丸天王社前まではおよそ二五〇㍍あるが、そのあいだ御本丸の盗難が話題になりながら、なお御深井丸の施錠の異変に思い至らなかったというから、「思い込み」は恐ろしい。

〇三日に御城代と御足軽小頭、昨夜御深井の御番せし御足軽を詰《なじ》りければ、件々《けんけん》（洗いざらいすべて）を云う。小頭云「左あらば昨日の上番衆より頭へ届のあるように」と云うゆえ足軽昼ころ喜十郎へ行く。之に仍《よ》って喜十郎より（浜嶋）甚左らを呼びにやり談合し、未刻漸く頭へ達す。月番も修《しゅ》理殿ゆえ、月番兵《ひょう》部《ぶ》殿へ出づ。御本丸の変を今朝達せられ候ゆえ、外《ほか》にかわる事（変事）なきと、念を入れ申され候いて、また御深井の事を後に行きて申され、首尾宜しからずと。

その後、ご城代や足軽小頭が本丸の盗難事件に関連して御深井丸番の足軽を呼び出し、いろいろ詰問したので洗いざらいを語り「昨晩、透御門や御塩蔵御門の錠が外れたままだったこと」がわかった。小頭いわく「そうであるなら、当番の同心から組小頭の処へ報告が行っているはず」と云う。そこで足軽は喜十郎の宅を訪れ、その旨を伝える。驚いた喜十郎は同じ当番だった浜嶋甚左衛門を呼び、話し合って城代組同心の小頭に報告したが、刻《とき》はすでに未《ひつじ》刻（午後二時）をまわっていた。同心小頭はこの失態を月番の御城代成瀬修《しゅ》理殿（大内蔵、長勝、宝永六年御城代）に報告し、御城代は同じく月番の年寄（ご老中）津田兵部高寛《たかひろ》殿（宝永六老中三千石、享保四致仕）へ申し上げた。先に本丸盗難の件を報告した際、「それ以外に変わった事はあるまいな」と念を押されていた手前、さらなる失態報告の出し遅れで、御城代は甚《はなは》だ面目を失したとのことであった。

○三日の御深井の番人松井勘左衛門・赤堀次郎兵衛・広瀬甚之右衛門、御本丸は平岩作左衛門・都筑伝左衛門・佐藤源四郎。

○榎多御門扉開きてあり。御深井すかし御門、御塩蔵の御門、いずれも扉開きてあり。但しすかし御門はくぐり開きてあり。いずれも相鍵にて開けたるにや、損せずして、ゑび錠開きて側にあり。御塩蔵の内（御春屋《おつきや》口の御門なり。御番人見廻れば、ここも見ゆる処なり）御深井御庭口の御門も開き、一之御門（俗に肥後殿の門と云う）は錠にかまわず、扉の下にけ《ママ》はなしなく、少し間《あい》だあきてあり。その下にある石を割り、掘りて盗くぐり御本丸へ入ると見えたり。

○それより北の方の御土居を伝い、小天守へ行けるにや、小天守ご金蔵の戸前の上へを、かけやなんどにて、したたかにくらわせしにや、内の方へめり込みてあり。錠も捩じ、金てこにて下を起こせしと見ゆ。されども内は少しも別条なし。御番所より小天守がんぎ下まで四十二間ありと云々。それより両錠口をあけ、御幕蔵の扉をあけ、御幕五張り盗み去る。どんすちりめん、ぬい付けご紋の幕もありと。硫黄にて火を灯しけると見え、硫黄もこぼれ、発燭火打箱の蓋なんどあり。それより御旗多門の錠もあけしが、内へは入らずと云々。五ケ所へ手をさすと云々。

『日記』では関係者として「三日の御本丸番と御深井丸番の同心の名」を記したあとに、前日夜本丸へ忍び込んだ盗人の侵入経路を現場の状況とともに逐一記している。以下城郭図を見ながら、その跡をたどってみよう。

門が開け放しになっていたのは西から順に「榎多御門、御深井丸の透御門、御塩蔵御門」の三門で、いずれも合鍵を使って開けたらしく、傍《かたわ》らに落ちていたエビ錠に損傷はない。塩蔵構《しおくらがまえ》最奥の東南隅にある元御春屋《もとおつきや》へ通じる門（御深井丸の御庭口門）も開け放しになっていた。元御春屋とは東門搦手《からめて》口外の馬出《うまだし》にあたる場所で、初代義直の時代に春屋があったとされる。見回りが塩蔵構えの内に入って確かめていれば、当然元御春屋へ通じる御庭口門の異変にも気づいたはずだが、見逃している。ここから土橋を渡れば、本丸搦手口の「東御門枡形」に至る。

盗人はこの土橋を渡って東二之門の錠を開け、枡形内に入ったらしい。東門は本丸の裏門（搦手）にあたるため一般の通行が禁止され、やがて東一之門近くにあった番所も、無用となり廃された。残っていた枡形内の番所も元禄ごろにはなくなり、東門の近くには監視の目がまったくない。そこで盗人は一之御門下に敷いてある石（地覆石）を割り、石の下に穴を掘って本丸内に入った。そのため事件後、ここの地覆石だけは二重に敷かれるようになったことが、『金城温古録』に記されている。

枡形外側の竹矢来の門は、容易《たやす》く越えられる。あとは天守前広場北側にある「本丸御番所」に気をつければよい。深夜とはいえ広場を突っ切っては目立ちすぎる。いったん枡形の外を回り込んで土居の上に出、土居伝《づた》いに御番所の裏を通って不明門《あかずのもん》あたりで下に降り、そこから御金蔵のある小天守へ向かった。小天守の扉には、厳重な錠がかかっている。錠前を金梃《かなてこ》でねじ上げた跡や、掛矢《かけや》で錠前に打撃を加えた跡が見つかったが、結局あきらめたらしく、小天守内に荒らされた形跡はなかった。小天守の扉口へ上がる雁木《がんぎ》(石段)から天守御番所までの距離は四二間(七五メートル)あるが、この程度の距離で深夜に掛矢を振るうとは、何とも大胆な賊である。

次に盗人が向かったのは小天守東南に接する「本丸御殿」で、小天守石垣と御殿上御台所《かみみだいどころ》との間の両錠口《りょうじょうくち》を開け、御殿の敷地内に入ったらしい。両錠口は、御殿を管轄する本丸詰《づめ》の物頭《ものがしら》と本丸御番所の両者が預かる鍵で、「双方合期を以て開閉」(『金城温古録』)する必要がある。盗人がどうやって開けたのか謎だが、これまでの門扉の解錠ぶりから見て、鍵師としての腕は名人級である。ともかく本丸御殿の敷地内に入った。

しかしこのあとの足取りがわからない。日記には「御幕蔵の扉を開けた」と記しているが、御殿の北の西端にある両錠口から東端の御幕土蔵まで、御殿を南へ迂回すれば二つの扉を経て、進入時の矢来御門まで戻らなくてはならない。御殿の西廊下と東廊下の戸を外し大勝手側へ出るのが最短コースだが、土足で将軍の泊まる御殿内へ踏み入ったことになり、さすがに記すのを控えたのかも知れない。ともかく矢来御門に隣接する「御幕蔵」に入り、高価な絹織の緞子《どんす》や縮緬《ちりめん》、徳川家のご紋を縫いつけた幕五張りを持ち出した。さらに通路を挟んで東側の旗を収めてある倉庫小屋(御旗御多門《おはたごたもん》)も錠を破られていたが、物色されただけで、盗まれたものはなかった。

○御深井の方、あかず御門前に草履一足脱ぎ捨ててあり、その外足跡多く見ゆと。一二の御門の間にとうゆ一枚、ひろげて捨ててあり。九ッ梯子のかろき一挺捨ててあり。どこの梯子ともしれず。

『金城温古録』は「あかずの門は不明門と書き、兵書にも大将の命を奉じて開くもので、突出のほか妄りに通用を禁ずとあり、元来城郭の縄張りにより自然と置くべき虎口の由」と説明する。駿府にも二条城にも熱田神宮にも不明門はあり、背後の気の洩れるのを禁忌して、北門を塞ぐのを善しとするらしい。

ここ名古屋城本丸も、天守台石垣に沿うかたちで北側に不明《あかず》の門がある。左右の門柱の間をつなぐ横木が頂上に渡されていれば「笠木《かさぎ》」、頂上より下を渡貫《わたしぬ》いていれば「冠木《かぶき》」と言うが、この不明《あかず》御門は後者の冠木門である。門の左右の石垣は門と同じ高さに作られていて、その上に高い塀が「建て通され」ている。つまり高塀が石垣と門の上を連続しているため、外の御深井丸側から見ると「埋《うずみ》御門」のように見える。

この不明の門の外側、つまり御深井の側に草履が一足脱ぎ捨ててあり、周囲に足跡が多数見られたという。「一二の御門」は、枡形の一の門、二の門を言うのだろうか。文の流れから不明門の内側、つまり天守台石垣の前あたり、そこにとうゆ一枚が広げて捨ててあったという。とうゆとは「桐油合羽《とうゆがっぱ》」の略で、桐油《きりあぶら》を塗った油紙の合羽のこと。家具や下駄の材になる桐の種子から絞った油である。ほかに九段の梯子が一脚捨ててあったが、どこにあったものかはわからない。

○御深井の御作事小屋の棒二本をとり、是《これ》にて御幕を荷《にな》い出るていと云々。

「御深井」の御作事小屋とあるが、小屋は西の丸にある。奥村得義は名前の混同について、「元禄十年のお城図には、爰《ここ》西の丸をも御深井丸と書した」ため、「透《すかし》御門奥の御深井丸と榎多門から入った御深井丸と、二つの同名の郭が生まれ混同が生じた」と嘆いている。

つまり御深井の作事小屋ではなく、西の丸の作事小屋の倉庫から二本の棒を盗み、この上に御輿のように幕を積み上げ、運んだと考えられるのである。この形で運び出すとしたら、船でもない限りお濠を渡るのはむつかしい。おそらく榎多門の通用門を通ったはずだ。この門の施錠はどうなっていたか。

○榎多御門八月二日の夕、御門仕舞に参り候御足軽は佐橋半六。

○二日の朝、榎多御門請取。戸田源五右衛門手代伊藤庄次郎。同じく人数改め候手代早川伝左衛門・新井孫兵衛なり。御作事仕廻候いて御門閉め給り候様にと、西鉄御門内番所へ申し遣わす。御足軽参り、則ち同道仕り、榎多御門へ参り、御作事方の者ども残らず出し、門閉め給り候えと佐橋半六へ断り、罷り出る。

榎多御門の八月二日の夕刻、最後に御門を閉めた当番足軽は、佐橋半六であった。

二日の朝、西鉄門へ出向き、保管されている榎多御門の鍵を請け取ったのは、作事奉行戸田源五右衛門（正徳二～享保九年）の手代伊藤庄次郎で、入城する作業員の人数を改めたのは手代の早川と新井。二人は人数を改め終えたあと西鉄門の番所へ出向き、佐橋半六とともに榎多門へ引き返し、作事関係者がすべて門外へ出たことを再度確認したうえ、佐橋に「門を閉めてください」と告げ、引き上げた。

〇三日の朝、御門明けに参り候は、森崎勘左衛門。

〇三日の朝、早川伝左衛門幷びに定出人二人召連れ、榎御門へ請け取りに行きたるに、開きてありければ、手廻しよくはや開けたり御作事方の者入ると。

翌三日の朝、榎多門の門を開けに来たのは、森崎だという。

同じ三日の朝、作事奉行の手代早川が定出人二人を連れ榎多門へ来ると、すでに門の錠は開けられていた。手回しのいいことだと思い、中に入った。

しかし手続きから言うとこれはおかしな話で、まず作事方が西鉄門へ行き、榎多門開錠の要請をしてから、森崎が開けなければならない。手回し云々の話ではない。森崎と手代早川との前後関係が記されず、話はここで途切れ、話は有耶無耶のままである。「三日の朝、御門（榎多門）明けに参り候は、森崎勘左衛門」の説明がない限り、話が続かない。

本当に森崎が開錠したのでろうか。もし森崎でないとすれば、昨夜の盗賊が開けたことになる。しかも通用門が城内側から開錠できないとしたら、外から開けたことになる。盗賊の一人が待っていたのか、それとも早くから開いていたのか。

日記では開錠されていた門を「榎多門・透かし御門・塩蔵御門」としている。盗賊の人数はわからないが、その中に錠前を開ける名人がいたことは確かだ。仮に最初に榎多門が開けられたとすれば、堀を渡る必要はなく、榎多門から入って吹き抜け門、透かし御門、塩蔵御門、東枡形、（御旗多門）、矢来門、本丸、小天守、両錠口、本丸御殿敷地、御幕土蔵の順に進み、幕を盗ったあとは逆をたどって戻り、榎多門近くの作事小屋から棒を盗んで幕を載せ、門から逃走したことになる。

ただし水に濡れた草履や油引きの合羽の遺留品などから、堀と門の二手から侵入したことも考えられる。『金城温古録』の記事に、正徳の事件に関係して塩蔵の堀からの侵入が記されており、ここから入ったという話が、噂として知られていたのであろう。

山田喜十郎、無念の自殺

盗みの現場は「本丸」内だが、御深井丸から侵入し、その形跡がいくつも残されている。残されているが、見回りの同心、足軽は気づかなかった。もう少し注意深ければ、或いは警備の仕事に徹していれば気がついて当然の痕跡が、いくつも残されている。事件後に調べた役人はすべてを探索の目で見るから「ここにも、あそこにも証拠が転がっている。なぜ気づかぬのか」と不思議で仕様がない。両者の落差は大きい。取り調べは後者が前者を非難する形で進行するから、とことん追い詰められる。

○修理殿家老孫左衛門、喜十郎を詰《なじ》りしばしば問う。水野庄左衛門口上書と、喜十郎口上合わざる事を問う。これ御塩蔵の開きてある事なり。喜十郎赤面し、後には存ぜずとて無言になると。

月番のご城代、成瀬修理長勝殿の家老孫左衛門は、城代組同心の山田喜十郎を問い詰める。「事件後に足軽水野庄左衛門と貴殿が提出された口上書の内容が食い違っているのは何故か」と。「水野は、御塩蔵への門扉は開いていたと書いている。本当はどうなのか」と詰められ、山田は顔を赤くし、押し黙ってしまった。

○廿三日夜。修理殿へ六人を呼び、家老出て一人ずつ尋ねこれ有り。其のうち喜十郎いらざる事を、其の節隠して証文の出しおくれ、何かに付け今に至りては、不審を受け問い詰められ、甚だ迷惑に及ぶと云々。子の刻各帰宅す。

八月二三日夜、ご城代成瀬邸へ関係の同心六人（事件当夜の天守、御深井丸当番）が呼び出され、成瀬の家老から一人ずつ尋問された。そのとき山田喜十郎が不要な隠し事をし、そのあと「実はこうでした」と打ち明けたが、いわゆる「証文の出し遅れ」で、その他のことも不審の目で見られ、問い詰められる。他の連中も迷惑千万、午前零時にやっと帰宅が許された。

○廿四日。喜十郎朝飯前に衣服を改め、座敷へ行く。食が出来たら据えておけと云々。あまり遅さに召仕座敷へ行きて見れば、脇差を咽へ横さまに突き通し、前へつとかき切りて死す。

翌二四日の朝、喜十郎は朝飯前に衣服を着替え、座敷へ入った。そのとき召使に「食事の用意が出来たらそのままにして置いてくれ」と命じた。しかしあまり遅いので召仕が座敷を覗くと、脇差を咽へ横様に突き通し、前方へかき切って自殺していた。

○昼前（浜嶋）甚左・（山崎）友右・（井上）文右・（田嶋）義平・（大岡）助左。修理殿へ罷出る可き由にて出《いで》候処、召仕には返れとて返す。暮れころ渡辺源右・広瀬弥右を修理殿より呼びに来たり、五人の者東屋敷しつらい出来次第に遣わす。其の節、気を付くれ候様にとの事、夜中詰めて罷り在り。（大塩）与左も夜中有りしが、是は今夜御目付山崎兵太夫。千村萩之右衛門。五十人目付磯貝伝之右衛門。以上四人喜十郎屍検分これ有るに付き、与左立合いに行く。其の外は永井善右衛門ばかり立合い。その後桶に入る。屍塩淹けにし、座敷置くべしと云々。然れども風にあたれば、こたえすゆえ、地に埋め置んかと達す。廿八日ころの沙汰、いまだ地にも埋めず。臭気四隣に徹すと云々。伯父善右へ御預けなり。

昼前、事件当夜の本丸御番だった山崎、井上、大岡の三人と、それに御深井丸《おふけまる》御番の浜嶋、田嶋の五人（山田は朝に自殺）が、ご城代成瀬修理殿の屋敷へ呼び出され、連れていた召仕たちは皆返された。暮れ頃同心小頭の渡辺源右衛門、広瀬弥右衛門も呼ばれ、「五人の者は東屋敷を設《しつら》え、出来次第そこへ押し込める。お前たちは注意を怠らぬように」とのことだった。夜中も勤務がつづくようだ。

もう一人の小頭大塩与左衛門も夜中の出勤を命じられたが、これは目付の山崎、千村、五十人目付の磯貝とともに四人で山田喜十郎の遺体の検分を行うためだ。ほかに永井善右衛門が立ち会い、検分後遺体は棺桶に入れられた。塩漬けにして座敷に置くよう指示があったが、臭気がひどいので地中に埋めたほうがよい旨上申したが、まだ沙汰がないため、家の周囲は死臭が漂い耐えられない。管理は喜十郎の伯父の善右衛門に任せられた。

○廿五日卯半過ぎ、五人を町かごにのせ、与左・弥右・源右付き行く。歩行《かち》の者三人先へ立つ。其の外の供ら数多《あまた》屋敷へ引く。山田理右・兼松善蔵へ引渡し帰る。昨日五人の者修理殿へ来ると、其の儘大小刀預かり置く（鼻紙袋まで）。箱へ入れ持たせ行く。これ又善蔵・理右に渡す。尤も駕籠にも無刀にてのれり。

翌二五日の六時過ぎ、山崎、井上、大岡、浜嶋、田嶋の五人は町駕籠に乗せられ、小頭の大塩、広瀬、渡辺が付き添って東屋敷へ向かった。屋敷へ着くと山田理右衛門（宝永二、鉄砲頭）と配下の兼松善蔵（御先手）に身柄を引き渡した。昨日五人はご城代の屋敷で刀をはじめ所持品一切を取り上げられ、これらは箱に入れて山田たちに渡された。

東屋敷には前々から四軒の家があったが、今回一軒が不足するので、昨日中に作事奉行の河村丹左衛門の指揮で建て増した。日記に「夜中かかり」とあり一昼夜かかったようだが、その程度で出来上がるのは、家というより小屋に近いだろう。

○喜十郎知行上る。五人のものに庄屋納めにし、明知の方へも納めさせまじき由。

○五人の宿々、其の模寄り模寄りの仲満に心を付け、見廻り、火元等申付け、且つ火事の時、改め置き候道具なれば、心を付くべき由、但し役人へは其の言渡しなし。
○食物等の事は、其の親類親類より申し付くべき由、其の親類親類の支配方より夫々に申し渡さる。
自殺した山田喜十郎の知行米は、お上が召上げになった。他の五人の知行米も庄屋が納めることとし、知行地のある明知村（現、春日井市明知町か）からの年貢米徴収も中止させた。五人の宿舎は、同じ同心仲間たちが注意して見まわり、とくに火元には注意するよう申しつけた。

毎回の食事は、五人の親類たちが面倒を見るように、各支配から言い渡された。
○廿五日、山澄主税殿申され候由、六人の家々、屋探しすべきとの事にて、修理殿の家老、用達并びに御足軽・町大工・其の外中間《ちゅうげん》来たり、与左立合い、喜十郎・儀兵・文右家を捜す。大工には板敷をはなさせつるため也。召仕の下女、長屋に罷り在り。家持ちなんどの道具、零細の物に至るまで、少しも残らず一々帳に記す。目も当てられぬ事共なり。甚だ手間かかるゆえ与左一人にてならず、十郎右・弥右・源右を御頭より呼びに来たり、右の旨申さる。之に仍て助左へ弥右と源右衛門と用達佐治善左衛門行きて改む。
助左娘婿、恒川幸右衛門が（出雲守様御代官）道具を預かり置きし多し。

五人が収容された同じ二五日に、ご老中山澄主税（英貞、正徳三年同心一二騎、三千石）から「六人の同心の家を捜索せよ」と指示があり、ご城代成瀬修理の家老以下御用達、足軽、大工、中間までが動員され、同心小頭大塩与左衛門立会いのもと、山田、田嶋、井上らの家を捜査した。大工が呼ばれたのは、畳下の板敷を捲《めく》らせるためだ。召仕の下女たちが住む長屋も捜索され、道具をはじめ持ち物一切が帳面に書き出された。大変な手間で、大塩一人では間に合わず、加藤十郎右衛門、広瀬弥右衛門、渡辺源右衛門ら他の小頭も応援に呼び出された。

大岡助左衛門の屋敷へは、広瀬、渡辺それに修理殿の御用達佐治善左衛門が赴き、屋敷内を改めた。助左衛門は妹婿恒川幸右衛門（出雲守義昌の代官）の家財道具を預かっていたため、屋敷内の品は相当の数にのぼった。

〇十郎右方へ家老橋本三郎兵衛用達、駒井権右衛門、御足軽一人、中間六人、大工一人相済み、三郎兵衛筆を執り、一々記す。甚左方八日暮れまでに仕廻、友右方は夜半までかかり改め記す。長屋に家持あり、是も残らず記す。武具・馬具等さしかえなんどは曽てなく、友右方には、空長持三ッ錠をおろしあり。中に何もなし。其の外着類等も曽てなし。元より貧窮といえどもあまりなる事なり。隣児玉三郎進（友右衛門とは伯父）処へ、うらより皆のけたるが、甚左方には質札廿四、五枚あり。十郎右了簡にて、八月二日より前の月付けゆえ、是を帳に除く。金てこ一本と、六、七寸ばかりなる丈夫なるつき鎖の鍵一本あり。鎖はなし。夜半過ぎ修理殿へ行き鍵を持参し見せる。其の後弥右等も来たり、頭にて支渡喫し、丑ころ帰る。

加藤十郎右衛門の処へは成瀬の家老橋本、用達の駒井、足軽一名、中間六人、大工一人が参加し、家老の橋本がすべての品を書き出した。浜嶋甚左衛門の屋敷は日暮れまでに終わり、その後山崎友右衛門の屋敷は夜半過ぎまでかかった。屋敷内にある長屋を貸している場合も、すべて家財を書き出したが、武具や馬具を持つ者はなく、長持《ながもち》に錠をおろしていても中は空っぽで、着物さえ入っていない有様、貧しいとは聞いていたが想像以上だった。浜嶋甚左方では質札が二四、五枚あったが、いずれも事件当夜以前の月付けだったので、加藤十郎右の判断で帳面には載せなかった。武士の情けであろう。金梃《かなてこ》一本と、六、七寸ばかりの丈夫な鎖の鍵が出てきたので、夜半過ぎ修理殿へ行き鍵を見せた。その後広瀬弥右衛門等も来たので、頭の宅で用意の夜食を喫し、午前二時ころ帰宅した。

○廿六日。儀兵・文右やさがし。昨日与左衛門改めといえども、猶見残す処あるゆえ、修理重ねて命じ修理家老と源右衛門は儀兵へ行き改む。十郎右、文右へ行き改む。かるた四面（時に一面あたらし）さい四粒・ひさらをひしぎたる真鍮銭に紙袋。文銭二、三百文あり。長屋に水風呂桶据えてあり。自然他国の博奕打をも宿せしかと、邪推する者あり。友右衛門処、昨日は夜ゆえ、裏を見ず、是を又一改めると云々。十郎右衛門等、夜また友右衛門屋敷へ行き、裏を見る。

翌二六日は、田嶋、井上の屋敷が捜索された。田嶋の家は昨日大塩らが家探ししているが、まだ調べ残しているというので、成瀬の家老と渡辺源右衛門が出かけた。加藤十郎右衛門は井上文右衛門宅を調べた。カルタが四通り、うち一つは未使用、それにサイコロ四粒、次の「ひさらをひしぎたる真鍮銭」が難解で、文字通り訳せば「ひさら（灯火の火皿、キセルの雁首）を鋳つぶした真鍮銭」となるが、四文の真鍮銭は明和の発行なので存在しない。「真鍮・銭に紙袋」と読み替えても、意味は通じない。やはり灯火用の油皿を鋳つぶし真鍮の銭に似たものを作成したのだろうか。

一方、敷地内の長屋には水風呂が据えてあり、博奕打のための宿ではと邪推する者もいた。また山崎の家は、昨日夜になったので勝手裏までは見ていない。改めて調べるという。加藤十郎右衛門等は、再び夜に山崎友右衛門の屋敷へ行き、裏を念入りに調べたという。

○廿四日晩方。修理殿御足軽四人（金左衛門、庄左衛門、半六、勘左衛門）大小刀取り、大勢前後を囲み、町奉行所へ渡す（下帯まで去り）。七間町の牢へ入る。岡崎弥兵衛御足軽八人も同断。

事件当日の番に当たった御城代支配下の足軽たちは、二四日の夜に大小を取り上げられ、大勢に前後を囲まれて、町奉行所に引き渡され、七間町の牢に入った。自殺の恐れを考え、下帯まで取り上げられたという。御本丸足軽頭岡崎弥兵衛配下の足軽八名も、同様の措置がとられた。

○廿五日。五人の宿々へ臥具遣わすべき由にて、蚊帳・わた入れ・袷ふとん各一ヅ、葛篭一ヅツへ入れ、与左方にて一々これを改む。与左衛門封印してもたせ遣わす。

○廿六日甚左方の金てこ、源右衛門請取り頭へ遣わす。是は去るころ、長屋の破損繕いに付き、浜嶋宇右方よりかり置くと云々。
○六人のうち、御黒印所持するのは、頭へ受取り預かる。
○六人の一家、陪臣までも心を添えるべしと云々。喜十郎も片倉源右衛門隠居は従弟。助左衛門には伯父竹腰紋太夫。

先の足軽の処置に比べ、さすがに同心に対する扱いは違う。御目見《おめみえ》より上か下かの差であろう。粗末とはいえ家を与えられての監禁である。五人の宿へは寝具の運び込みが許され、蚊帳、綿入れ、袷《あわせ》布団各一つずつとされた。これらを一つの葛篭《つづら》に収め、小頭の大塩与左衛門がこれを改めて封印し、そのあとで運び込ませた。

二六日、浜嶋甚左衛門（浄貞）方の家探しで見つかった金テコを源右衛門が受取り、頭のもとへ提出した。これは以前、長屋の破損を修理するため、叔父の浜嶋宇右衛門（浄寿、瑞公御側寄合、四百石）から借りたものという。
○六人のうち、御黒印所持するのは、頭へ受取り預かる。
○六人の一家、陪臣までも心を添えるべしと云々。喜十郎も片倉源右衛門隠居は従弟。助左衛門には伯父竹腰紋太夫。

六人の同心のうち、藩主が知行を保証した黒印状を持っている者は、頭に提出するようにとのこと、また六人の同心に対して丁寧に対応すること、この心得は陪臣（城代の直属の家臣など）も同様である、と。

○廿四日申し通しこれ有り、廿六日に左の書付を与左へ遣わす。
朝日定右衛門召仕　八平　七平
今度、御城内不慮の儀御座候に付き、私共へお尋ね来られ候えども、曽て存じ申さず候。勿論何方にても怪しき心当り無く御座候。此れ以後自然様子怪しき儀見出し聞出し候わば、早速申上ぐべく候、以上。
前紙
私召仕ども此の度の儀に付き、委細逐《おっ》て僉議《せんぎ》申し候処に、怪しき儀無く御座候。則八平・七平口上書一通指出し候。
未八月　朝日定右衛門
二四日、ご城代組同心の家に小頭から「奉公人に怪しい者がいないか調べて報告するよう」指示があった。容疑者あぶり出しのローラー作戦で、今は役職にある文左衛門にも小頭の大塩与左衛門から通達が来た。それに対し文左衛門が提出した口上書を添えた報告である。「召仕の八平・七平二名に、今回の事件のことを尋ねたが、全く知らないとのこと、また怪しい振舞いもなく、今回の件に無関係である」旨の報告書である。
○廿七日（今月二日御本丸御家具多門御作事に付き、戸田源五右手に付き、罷り出候輩左の百七人所々へお預け）戸田源五右衛門成之は、河村丹左衛門の後釜とした作事奉行になった（正徳二～享保九年）人物。八月二日の事件当日、戸田の指揮のもと御本丸の家具倉庫（多門）で工事を行っていたが、そのとき働いていた職人が呼び出され、各所に分散して収容され、調べを受けることになった。大工以下木挽き、葺師、左官、瓦師、日用など総勢百七人にのぼる。日記には百七名の住所氏名を列記しているが、ここでは略した。略したが、職人の居住地域がわかる資料である。たとえば当時大工が多く住んでいたのは伏見町、御園町界隈で、一九人中一〇人が該当する。日用（日雇い）の住む借家は広井村から替地出来町にかけてで、四七人の大半がそうである。今の国際センター以北の江川端沿い、四間道《しけみち》の裏手にあたる。堀川の荷積み、荷揚げの仕事が主だったのだろう。

〇八月廿九日に、五人の衆を一人ずつ御預かりの御足軽頭同道し、評定所の寄合日に、諸役人溜りの間にて僉議あり。僉議の衆は、敷居を隔て東の間にあり。田嶋儀兵衛盗みの義、知らぬ旨一々口陳して、のちに申し及ばず候えども、盗み早く出候ように、ご僉議成されるべし。左候わば、我ら悪名を抜くべし。「吁《ああ》、斯様の悪名を蒙る事、侍冥利に尽きたり」とて泣き出しければ、僉議の衆何れも涙を流さる。御僉議の座には御足軽頭は居せず。今日一度ご僉議ありて、其の後一度もお尋ねなし。

八月二九日、五人の同心衆を御預りの御足軽頭が同道して、評定所へ出頭した。評定所は本町片端交差点の東角（現、産業貿易館）に庁舎が置かれ、老中、側用人、国奉行、町奉行らが毎月定例日に寄り合い、採決して翌日藩老竹腰氏に報告する手順になっていた。その寄合日の当日、諸役人は溜りの間で取り調べ、僉議《せんぎ》の衆は敷居を隔て東の間に居た。

田嶋が盗みに関わった嫌疑で調べられたとき、田嶋は一つ一つの問いに否認を繰り返し、「盗賊が捕まるよう調べを尽くし、早く我らの汚名を雪《そそ》いでいただきたい」と述べ、そして「ああ、この様に盗人の疑いを蒙るとは、侍冥利に尽きるばかり」と泣きながら天を仰いだ。居並ぶお役人方も、その心中をおもんばかって貰い泣きをした。この座に足軽頭は同席していなかったが、この取調べは一回だけで、二度と呼ばれることはなかった。

○評定所にて五人の衆、たばこ一切成らず。行水は好次第いつにてもなる。髪は御中間結う。宿々へ口上は取次ぎ、文は一切成らず。朝夕二度の飯、一汁一菜、時々魚もあり。夜食は茶づけ。五人のち助左衛門煩う。然れども御医者来ず。その様態を申し遣わし、薬ばかり調合し来る。

評定所に拘留中は、タバコは禁止だが行水は望み次第だった。髪は毎日中間《ちゅうげん》が結いにくる。各宿の召仕、家族らへの伝言は取りつがれるが、手紙は禁止。朝夕の食事は一汁一菜で時には魚も出る。夜食は茶づけと決まっていた。五人のうち大岡助左衛門は体調を崩していたが、医者の往診はない。その病状を告げ、薬を調合してもらうだけである。

事件当日の同心たちが徹底的に調べられたのは、懲罰的な意味ではなく、盗賊の手引きをしたのではないかと疑われたのであろう。盗賊の手際の良さが、腑に落ちなかったのである。とくに錠前のはずし方は、合鍵を使ったとしか思われない。三か所の門のほかに、両錠口の開錠もある。両側から同時に操作しないと開かないはずの扉が、簡単に開けられている。内通するものがいて鍵の型取りが行われたのではないか、上層部はそう考えたのであろう。最初に当夜の同心が疑われ、次に足軽、彼らの使用人、そして出入りの職人と、捜査の範囲が次第に拡げられていった。

○九月四日　堀勘兵衛処へ山田喜十郎召仕女二人（かごにのせ）男一人呼び寄せ尋ねあり。八月二日以来、古手買い等に衣服幕の類等うり候事をば見申さずや、つぎ切れなんどうりけるかなど御尋ねあり。五人衆の召仕は跡先尋ねなし。

○今日、勘兵衛宅へ大勢よびよせ、尋ねこれ有り。早川伝左衛門幷《ならび》に先月三日の朝、榎多御門へ受取に出候定出人二人も出る。

○ご城代御足軽、ご本丸御足軽の妻子なんど、百人ばかり出ると云々。

五人の同心の取調べの一方、同心以外の取調べは町奉行を中心に進められていった。当時の町奉行は堀勘兵衛、堀杏庵の子孫である。元禄八年の年賀式で、その手際の良さが褒められた堀治部右衛門（第一章参照）の嫡子で、元禄一四年父の家領を継いで六百石を賜わり、その後御供番、御目付を経て正徳四年町奉行に就任した。

その町奉行の許へ、自殺した山田喜十郎の召仕の女二人と男一人が呼び出され、八月二日以降古着や幕、端切れなど売るのを見なかったか、お尋ねがあった。他の五人の同心の召仕は呼び出しがなかった。

つづいて各所にお預けになっていた関係者多数が、次々に呼び出され、尋問が行われた。

ご城代配下の足軽やその妻子など百人も、取り調べられたという。その調書だけで膨大な量になるだろう。延々と取調べが続くなか、妙な事件が明るみに出ることもあった。

○九月五日夜、津田兵部処へ盗み入り、居間にこれ有る大小二腰、其の外衣服、いんろう、巾着を盗み去る。堀川端の蔵屋敷へも盗みさわり候沙汰あり。後に召仕三人押こめ置く。

○巾着の内に印判これ有り。御関所の切手等に用いる判ゆえ、江戸のご老中へ判鑑遣わし置くこと也。これにより早速言上と云々。其の後兵部殿、土蔵の壁を仕り候出入りの日用（巾下大伝馬町通り南鷹匠丁西横丁新六）。兵部殿屋敷、馬の足跡の凹みにて、印判を拾い得たり。同丁・六句町・浅間丁の間、米屋茂左衛門と云う者、常々兵部殿へ出入りに付き、十月八日右の判を茂左衛門処へ持参して、始終咄す。即刻茂左衛門、兵部殿へ持参と云々。御国方郡方より茂左衛門に番人付け家内道具僉議。新六も町方支配これまた番人付く。後に米屋許さる。新六には猶番付く。

九月五日の夜、津田兵部の屋敷に盗人が入り、居間に有った大小二腰のほか、衣服、印籠、巾着を盗み去った。堀川端の蔵屋敷も泥棒の入った形跡があり、後に召仕三人が捕えられた。盗まれた巾着にはハンコが入っており、関所の通行手形に押すハンコで老中が預かっていたものである。

その後兵部屋敷の土蔵壁修理のため出入りしていた新六という日雇いが、邸内の馬の蹄跡《ひづめ》の凹みに落ちていたハンコを見つけた。新六は六句《ろっく》町と浅間《せんげん》町の間で米屋を営む茂左衛門の処へ持ち込み、茂左衛門から兵部殿へ届けられた。御国・郡奉行の手の者が茂左衛門を監視し、同時に家捜しが行われた。新六にも町奉行の配下が監視に張り付いた。のちに米屋の嫌疑は晴れたが、新六はなおも監視がつづいた。しかしこれはお城の盗賊とはまったく無関係で、お城捜査の余禄のようなものだった。

○八月二日夜。御深井泊番の御飼殺、川井戸平・市橋左平・岩付弥兵衛、右三人、頭浅野与次右衛門へ御預け。

八月二日の事件当夜「泊番《とまり》」だった「御飼殺《おかいごろし》」三人が、頭のもとにお預けになった。飼殺とは物騒な名だが、「御深井丸番頭《ばんがしら》番所」のことで「御飼殺番所」は通称である。「老いを養う」意味の「飼殺」で、足軽を長く務め現役勤務が難しくなった功労者に扶持米を支給し、本丸番頭《ばんがしら》の下で閑職の御深井丸番人に就かせた。この番所が榎多御門《えのきだ》（現、名古屋城正門）を入った左手、いま売店がある場所の少し手前にあった。事件当夜ここに詰めていた三人が、頭《かしら》のもとへお預けになったというのである。

盗難事件、収束へ向かう

盗人の正体がまったくわからない。捜査の範囲はどんどん広げられたが、二か月たってもこれという成果がない。行き詰った観がある。いつまでも続けるわけにゆかず、そろそろ藩としても区切りをつけざるを得なくなった。正徳五年（乙未年）も押し詰まってきて、日記の記事からも収束へ向かう気配が感じられる。
○十一月十三日ころ。御帳付田嶋権大夫、今までは引込み居候ところ、罷り出て、勤めるべし由。御帳もかえる。
田嶋権太夫は同心儀兵衛の息子、宝永六年に留書きとして召出され、正徳二年「御帳付」になっていた。父の嫌疑で勤務を遠慮していたが、これまで通り仕事に出るようにと知らせがあり、担当していた御帳も返された。
○申（正徳六年は申年）三月九日ころ、五人の仲満《なかま》家宅破損料（大岡は五両に近し、ほか四人は二両位）及び家内の衣服などの入用、召仕の切米など、面々知行所の内の金にて与えらる。
翌正徳六年の三月になり、五人の同心の家探しで破損した個所の修理代が支給された。大岡の家の破損がとくにひどかったとみえ、五両の損料、他は二両ずつという。いまのお金で七〇万円から三〇万円の補償になる。そのほか衣服代、召仕に支給する米代などが各同心の知行米を現金化して支給された。
○申四月廿七日。東やしきへ入り候五人、元右（源右か）・与左受取に行く（あちより町駕籠にのせ、大小刀は外に持たす）。修理殿にて申し渡し。銘々の宅へ帰り、閉門仕《つかまつ》るべき旨。
○未半ころ宅々に帰る。頭より宅までの駕籠賃は、面々より出す。此の節の御足軽頭成田藤右衛門・高木源五左衛門。
○弥右・十郎右・源右三人、頭より呼びに来たり、銘々の宅へ先達て案内。且つ隣家などへ知らしむ。

ひと月後の四月になって、東屋敷に収容されていた五人が釈放された。小頭の渡辺、広瀬が身柄を受取り、町駕籠を雇ってまずご城代成瀬邸に連れて行き、そこで「閉門」の申渡しを受け、自宅へ帰った。

自宅へ着いたのは午後三時ころで、駕籠賃は銘々の負担であった。「頭より」とあるのは、東屋敷の管理、監視を足軽頭が行っていたためで、「東屋敷から自宅までの駕籠賃」の意味であろう。ちなみにこの時の足軽頭は成田、高木の二氏であった。

同心小頭の大塩、加藤、渡辺へは足軽頭から呼び出され、五人の駕籠に付き添って家まで案内し、両隣へ本日帰宅する旨告げた。
○五月三日。五人衆の知行米、なやの蔵に七十余石ありし。今日売払い百三十両余。両に五斗六升三合ずつ、庄屋ども金子を持参し明知奉行へ渡し、それより修理殿預り置かる。
五月になって、五人の衆に改めて知行米が支給されることになった。納屋橋の藩の蔵に五人分の七十余石が押えられていたが、今日売払い、百三十両余りになった。一両で玄米五斗六升三合の計算である。通常は一両で玄米一石だが、ずいぶん米価が高くなっている。庄屋がこのお金を明知奉行へ渡し、奉行からご城代の成瀬修理殿が受取り、預かった。
○同九日。修理殿遠慮御免にて出らる。岡崎弥兵衛御足軽牢舎仕り候分、御免。前のごとく勤む。ただし内一人弥兵衛暇出す。是は町奉行より詰問のとき、手いたきめにあわせしと云う。内証これ有る故。

○七月頃日。明知奉行も五人衆の知行は、明知にてはなきゆえ、断り申し取扱わず。百姓ら未進も残らず出し、金とし頭へ預り置かる。麦成は大田紋右・広瀬甚之右・平岩猪之右・都筑伝左・村瀬弥兵衛右五人して預り置く。

五月九日に御城代成瀬氏の遠慮が解け（四月末に御城代に御叱り・遠慮の処分下る）、それまで牢舎にあった足軽たち（御本丸足軽頭岡崎弥兵衛の配下）も釈放され、以前の勤務が認められた。ただし一名だけ暇が出された。彼は町奉行所の取調べで手痛い目に遭い、これを隠すためという。

七月、五人の衆の知行米を、今後は明知奉行が取り扱わないことになった。そのためこれまで未進であった百姓の提出分もすべて清算され、頭が預かることになった。麦成の年貢は、大田、広瀬、平岩、都筑、村瀬ら、ご城代同心仲間が預かることになった。

○八月八日。夜五人閉門御免（友右と甚左はあみ笠着て歩行）。残る三人は、持病気なりとて駕籠にて行く。亥《い》ころ帰宅し、月額《さかやき》そり、また頭に礼に出る。丑ころ帰宅と云々。

○仰せ渡しの大意、去年八月二日御城内へ盗み入り候処、存ぜぬ段不念の至り、不届きに思召され候。急度《きっと》仰せ付けらるべく候えども、御用捨（ご容赦）の上にて閉門御免と云々。但し御番の儀は追って申すべしと頭申さる。小頭より追って内意、隠居の誘いあり。

○山田喜十郎も閉門御免。その夜瑞雲寺へ遣わし葬す。妹なんど永井善右衛門方へ引き取る。二三日過ぎて、喜十郎やしき、宇津宮定四郎に下さる。

事件から丸一年経って、五人の同心衆は閉門が解け、晴れて無罪放免となった。その申渡しを承《うけたまわ》るため、山崎と浜嶋は編み笠を被ってご城代宅まで歩いて行き、残る井上、田嶋、大岡は体調を崩していたので駕籠で出かけた。午後一〇時ころ帰宅し、月額《さかやき》（月代）を剃って身綺麗にし、改めて頭の処へ礼に出かけ、午前二時ころ帰宅した。

御城代からの閉門お許しの申渡しは、次のような内容であった。「去年八月二日、御城内へ盗賊が入ったことに気付かなかったのは無念の至り、不届き至極と思召《おぼしめ》され、きつく処分を仰せられたが、このたびご容赦になり閉門お免《ゆる》しとなった。城番のことは追って沙汰する」というもの。このあと各小頭より、内々に隠居の誘いがあった。今回の不祥事を機に家督を譲ってはどうか、という肩たたきである。

自殺した山田喜十郎にも閉門お許しの沙汰があり、さっそく瑞雲寺で葬儀を行ったとある。瑞雲寺は『名古屋市史』社寺編に出てこない。名古屋市内ではなく、おそらく春日井市神領町にある臨済宗妙心寺派の龍光山瑞雲寺であろう。このあと喜十郎の妹は永井のもとに引き取られ、山田の屋敷は宇都宮某に明け渡された。

○八月九日。小頭両人、四人の御黒印をもたせ行きて渡す。今までは火の元等の用心にて、御頭に置かれ候ところ、今度御免につき返すと云々。友右には御黒印これ無し。

その翌日、二人の小頭から山崎以外の四人に所領安堵を示す黒印状が返却された。これまで家を空けており、火災の心配から頭が預かっていたものである。

○十月四日。田嶋儀兵衛・井上文右衛門は願いの通り隠居。但し当時田嶋権大夫在江戸なり。各八十石になる。残り三人は実子なく、且つ年不足ゆえ養子と云う事もならず。之に仍て願いの通り知行・家やしき召上げられ、新規に下さると申し渡しなり。各七十石ずつになる。

○友右衛門は山崎文次郎子甚九郎。

○助左衛門は姉婿常川幸右衛門（出雲守様御勝手番）子長三郎。

○甚左衛門は実子あれども、三歳ゆえ当時御番人すくなき節、彼是いかがとて、弟弥惣次を願わしむ。然るに仰せ渡しを聞きて、甚左衛門不快し、小頭へ不足の口上を述ぶと云々。

それから二か月が経ち、同心の田嶋と井上は願書どおりに隠居が認められた。ただし田嶋儀兵衛の嫡子権大夫は江戸にいるため、直接の家督申渡しは後日になる。二人とも後継者の家禄は、百石から八十石に減らされた。処罰の一環であろう。

残る井上友右、大岡助左、山崎甚左の三人は、実子がいないか或いは幼すぎるため、家督相続とはならない。いったん屋敷と知行を返し、改めて下されることになった。その際従来の百石知行は七十石に減じられた。

山崎友右衛門は、文次郎の子甚九郎を養子に迎え、新たに七十石のご城代同心に任じるとのこと。大岡助左衛門は、姉夫婦の子常川長三郎を新規ご城代同心とする。また浜嶋甚左衛の場合は、実子がまだ三歳で仮に家督を継いでも御番は勤まらない。今は御番人の数が不足がちなので、甚左の弟の弥惣次に同心願いを出させることにした。しかしこの申渡しを聞き、甚左衛門は納得できないと、小頭へ不満の口上を述べたという。家督が実子ではなく、弟へ移るから不満は当然だろう。

○十月廿五日。五人へ旧年の知行米一人に弐石四斗七升余。金三十五両弐分十匁余ずつ貰う。甲乙なしに五人に割る。

○麦成金は十一月下旬に五人の跡目へそれぞれの高幷びに知行所に応じ貰う。閉門ゆえ、五人の親々へは下されず。

五人の同心に対し、昨年分の知行米の残りを一人に二石四斗七升余ずつ、五人分合計すると十二石三斗になる。お米はすべて換金することになっていたから（五月三日条）、この売却した代金三十五両弐分十匁余を五人で均等に割り、それぞれ貰ったという。しかし十二石余で三十五両はいかにも高すぎる。五月の記事に「一両で五斗六升」とあり、これもずいぶん高いが今度は「一両で四斗余」である。念のため当時の米価を調べてみると、米一石の値段が銀百五十匁となっている。通常は一石が銀六十匁（約金一両）なので、二・五倍だ。正徳に入り米価はどんどん値上がりしていて、享保期にピークを迎える。書き間違いでもなさそうだ。

そのほかに麦成（裏作の麦にかかる税）も、それぞれの高に応じて貰うことになったが、受取るのは五人ではなく、その跡継ぎたちである。

警備の強化

今回の盗難事件で、名古屋城の弱点が露わになった。殿様や側室、あるいは役人たちが勤める二の丸ではなく、普段だれも出入りしない本丸が狙われたのである。本丸御殿は、将軍の上洛がないかぎり、無人である。大天守、小天守も日常的に出入りがあるわけではない。その本丸をご城代組同心が、月三回の当番制で警備している。内堀を隔てて西ないし北側の御深井丸もまた、人が立ち入ることはまれである。そういう場所の警備はなかなか身が入らないし、長年の間には自然に弛みが生じる。事件が起きるより一五年以上前の話だが、警備の弛緩を語る次のような記事があった。

○元禄九年（一六九六）四月十日　井野口六郎左組の衆、御深井丸御番の節、沈酔《ちんすい》し顚倒《てんとう》し脇差の鞘を打ち砕き（或いはお弓多門の上より落っとも云う）、中間の脇差を指して居る。其の間に宿より取寄せると云う。誰とは知らず。之により六郎左組へは、御番所にて行儀正しくして、酒菓子など持参すべからずと云い渡しあり。

御番の務めは辰の上刻（午前七時）から翌日の卯の刻（午前六時）までで、子の刻（午前零時）の見回りが終わると、夜食をとり、仮眠する。夜食の時には酒を飲む者がいる。それ以外にも飲むかも知れないが、酒の持ち込みは許されていた。ご城代井野口組の御深井丸番同心の一人が、飲みすぎてひっくり返り、その拍子に脇差の鞘を壊した。致し方なく中間の脇差を借り、召仕に別な脇差を持って来させた。この話を耳にしたご城代は、該当の組に酒、菓子の持ち込みを禁じた、という話。

○元禄十年（一六九七）三月廿六日　井野口六郎左衛門、同心中《じゅう》へ云い渡しあり。御番所にて諸事の埒《らち》、猥《みだ》りなるよし。以後慎むべき由。是は去るころ城代衆御本丸へ出でられ候節、佐々喜右衛門、番所の後ろの土居に上がり元結をこく。脇差は李の木に掛け置く。俄かに飛び降り、脇差は得とらざる間、刀を指して出づ。繭次《らっし》もなき（埒も無い）おかしき事なり。その外細工をし、謡をうたい、または市川伝兵は城代の来るを知らず。袴も着ず、北のふちに立ちて小便をしいたり。その外袴を着ざる者は数多なり。

井野口六郎左衛門宣依は、元禄六年に滝川彦左衛門の跡を襲い城代となった人物、宝永年間まで冨永兵右衛門とコンビを組んでいた。彼が城代になって四年目のこと、御本丸の視察に出かけたところ、同心の佐々は番所の後ろの土居に上って元結《もとゆい》（「もっとい」とも）を扱《しご》いていた。脇差は土居下の李《すもも》の枝に掛けたままで、ご城代の姿をみて驚き土居から飛び降りたとき大刀は指していたが、脇差は忘れていた。埒《らち》もないことだ。そのほか細工をしたり謡《うたい》を唸ったり、市川伝兵にいたっては城代の来たのも知らず、袴も着けずに北の端の方で小便をしていた。ほかにも着流し姿の輩が多数いた。以後慎めと、御城代から言い渡しがあった。

御本丸・御深井丸の警備の弱点は、他人の目がないということだろう。誰も見ていなければ、異変が起きない限り何事もなく過ぎていく。ただし事件が起きたときはこれまでの緩みのすべてがさらけ出され、言い訳のできない事態になる。

たとえば盗人が入った日の夜明け方のこと、ご本丸警備の同心から盗賊に入られた旨の報告を受けた御城代成瀬修理が、血相を変え、直々に見回りして事実の把握に努めていた。

○正徳五年八月三日　修理殿御深井へ来られ、番所にて変わる事はなきやと、両度まで申され候えども、今朝の明け番、申し次ぎこれ無きゆえ変わること無きと申す。跡にて赤堀次郎兵衛、おもえらく只今申され候ことば、且つ顔色甚だ不審と云々。之によって御足軽庄左衛門、繰り番にて残り居るゆえ、再三詰りて其の状を得たり。之によって昨日の番衆に件々を通じよとて、庄左衛門昼代わりて、喜十郎へ行き件々を述ぶ。それより甚左、儀兵と談合し、修理殿へ達するゆえ、時刻甚だ遅々せり。修理殿遅く達することを責め、且つ此の事はや今朝聞きたりと申され候と。是は明け番の御足軽金左衛門、頭へ参りて申すと云々。

昨夜の変を聞いたご城代が、視察に訪れた。外郭にあたる三の丸の五門にはそれぞれ門番がいて、深夜の通行はむつかしい。仮に濠を渡り石垣をよじ登って侵入したとすれば、御深井丸に隣接した塩蔵の堀が怪しい。そこで御深井丸の同心たちに異常がなかったか確かめた。今朝交代したばかりの同心たちは、引継ぎ時に何の報告も受けていないから「異常はありません」と答えた。答えたあと同心の赤堀次郎兵衛は、御城代の質《ただ》し方や顔つきが尋常でないのに気づき、繰り番として前夜から残っていた足軽の庄左衛門を問い詰めたところ、「三つの門の錠前が外され、捨てられていた」と告げた。驚いた赤堀は「昨夜の同心に連絡し、すぐにご城代に報告せよ」と命じた。庄左衛門は昼番を代わって貰い、山田喜十郎の家へ駆けつけ、云々《しかじか》と伝えた。喜十郎も驚き浜嶋甚左衛門、田島儀兵衛と話し合い、「実は…」と修理殿へ報告した。昨夜の番衆の報告としては余りに遅すぎる。そのことを修理殿は責めたうえ、「その話なら今朝聞いている」と撥ねつけた。この様子は、明け番の足軽金左衛門が小頭の処へ来て語ったという。

錠前が外されていたことを、同心の山田や足軽の庄左衛門も認識はしている。しかし自分たちの前に見回った番衆がもとに戻すのを忘れたと思い、同僚を庇う気持ちから、見て見ぬ振りをし、誰にも報告しなかった。本丸番から「昨夜賊が入った」と聞かされた直後でさえ、はずされた錠前の事を思い出さなかった。仮に山田の召仕が未明に番所を訪れ、錠がはずれていたと告げた時点で小頭に報告していれば、卯の刻の見回り前に事件は上司に報告され、日の出を待って調査は開始されたであろう。本丸番側からの報告は、卯の刻（早朝六時）の見回り後行われたはずで、すでに二時間程度の遅れが生じ、さらに御深井丸の調査はそれから数時間遅れたと思われる。この遅れのせいで犯人が捕まらなかったとは言えないが、御深井丸番同心の手際の悪さだけが目立つ。事件後当然のことながら、城の警備は厳重になった。

○（正徳五年八月）六日より、小天守御金蔵へ入口の鉄の扉鎖をおろす。其のうちの御天守へ行く処の扉も同断。毎朝西鉄御門より御足軽来たり両方とも開け、また申ころに来たり錠おろす事なり。鍵は御本丸番所に置く。

事件の四日後から、ご金蔵がある小天守入口扉が鎖錠で閉じられた。小天守から大天守に渡る扉も同様に鎖錠がかけられた。以後毎朝西　鉄《くろがね》門の足軽が出向き、その両所を点検しながら開き、また午後四時ころに元通り錠をかけていくことになった。鍵は広場北東にある本丸番所が預かる。

○御深井御番所、加番という事もなし。御本丸は夜に御足軽二人ずつ来たり、寝ずして時々廻る（提灯ともし廻る、蠟燭は上よりでる）。上番衆も人により、同じく廻る者あり。

お深井丸番所は、とくに員数を増やす措置は取られなかったが、ご本丸の方は、夜に二人の足軽が加わって不寝番をする。さらに提灯を掲げ、深夜の見回りをする。ろうそく代は上司から与えられるらしい。同心の中にも、足軽とともに見回る者がいるという。

○廿一日、今度の儀につき、成瀬藤太夫（お側同心頭）、中西甚五兵衛（大御目付）、箕形善左衛門（お国奉行）、堀勘兵衛（町奉行）、長井藤左衛門（お目付）御僉議仰せ付けらる。

○頃日江戸より申し来たる。今度の儀上聞に達し候処、お留守油断ゆえ、御要害の程、此の如きの儀、もっての外ご不快に思召される。甚だご機嫌宜しからずと云々。手当てなしに、急度僉議致すべしと云々。ご城内の守備等、御物入りかまいなく候間、厳密に致すべしと云々。

事件後二〇日経って、お側同心頭の成瀬藤太夫、大目付の中西甚五兵衛、お国奉行の箕形善左衛門、町奉行の堀勘兵衛、お目付の長井藤左衛門が調査に加わることになった。

そのころ殿様のいる江戸から使者が遣わされ、このたびの事件を継友《つぐとも》公がお聞きになり、「留守を預かる者たちの大いなる油断である、本来警備が厳重である筈の城で起きたことは、不愉快千万」と仰せられ、すこぶる機嫌が悪い。藩士たちはたとえ勤務の範囲を超えても調査を優先し、また警備に足らぬものがあるなら、費用を惜しまず万全を期せ、との仰せである、と伝えた。

あらためて殿様から叱責をうけた国元の家老、ご城代は、今までになく頻繁に城を見廻るが、しかし相変わらずピリッとしないらしい。

〇九月上旬の事にや、両ご城代衆、御深井へ行かれ、透かし御門の拍子木三度まで打ち、漸くにして御足軽来たり、何者じゃと咎むと云々。赤堀次郎兵衛と加藤紋左は、御塩蔵へ廻りに行くとて帰り、御番所前にて逢う。村瀬弥兵衛蚊帳を吊り寝て居りしが、やれご城代衆よと騒ぎ、蚊帳も外さず、木綿寝巻の上に袴、横筋違いにして慌てて立ち出づ。甚だ見苦しかりしと。新左衛門殿、修理殿へ申され候は、昼さえあれにては夜は心もとなしと申され候。且つ今日のこと、我ら方なれば存じ寄り有りと申され候と云々。修理殿も、新左衛門殿のために甚だ恥らると云々。

事件からひと月後の九月上旬に、渡辺新左衛門、成瀬修理二人のご城代が御深井へ視察に行かれたときの話。吹き抜け門から大門通りを経て、御深井丸大手の透かし門に至り、門番を呼ぶための拍子木を打ったが、なかなか出て来ず、三度目でようやく足軽が現われ、何者だと居丈高に誰何する。ご城代の顔も知らぬらしい。同心の赤堀と加藤紋左は、御塩蔵を見てくると出掛けており、御番所前でご城代に会った。もう一人の同心村瀬は蚊帳を吊って寝ていたが、ご城代と聞きびっくりして起き上がり、蚊帳も外さず寝ぼけ顔で寝巻の上に袴をはき、それも横筋を違えて締め、慌てて飛び出してきた姿は何とも見苦しい限り。新左衛門殿が修理殿へ「昼でさえあれでは、夜はもっと心もとない」と言われ、さらに「今日のこと、我らの内々の話にしておきましょう」と申されたという。修理殿も、先任の新左衛門殿の前で甚だ恥入られたという。

こうしたことを踏まえて、翌月からいよいよ警護体制の刷新が図られることになる。

○正徳五年十月廿三日　御本丸御天守際の新規の番所に番人勤む。ご城代足軽二名ずつ。夜ばかり。○御深井丸すかし御門際と、塩蔵御門際と両所に、新規に番所でき、ご城代足軽二名ずつ、両所に四名、夜ばかり番す。○頃日下御深井にも新規に番所でき、御庭御足軽これを勤む。夜ばかり（御弓矢多門の北の方、西の御釣り場より少し東寄り、御堀の端南向き）。

事件から二か月半後、本丸と御深井丸に新しい番所が設置され、ご城代直属の足軽二名ずつが夜専門の勤務につくことになった。また、御深井丸入口の透かし御門の際と、塩蔵御門の際に、新たに番所ができ、ここにもご城代の足軽二名ずつ計四名が、夜の番に加わることになった。四か所の番所が新設され、八人の足軽が新たに任務に加わったのである。

また、下御深井にも新たに番所ができ、御庭番の足軽が夜間の警戒に当たることになった。下深井《しもふけ》と呼ぶのは、御深井丸の東境の塩蔵門の辺りで、門のすぐ東に入り込んだ堀が下御深井御堀である。その南岸から堀へわずかに突き出た台があり、「水汲み棚の旧跡」（『金城温古録』御塩蔵構部）とし、「広さは如何程の場にや凡そ六畳敷きばかりも有らんか」と記している。これが『日記』の言う「釣り場」であろうか。ただし御弓矢多門は御深井丸北辺にあり、その北側というのは解せない。

奥村の図には、塩蔵門の西側に「不寝番所」が描かれているが、これは透かし門際とセットで置かれた塩蔵門脇の番所のことで、さらに塩蔵の敷地内にも設けられたのであろう。なぜなら塩蔵がある一角は石垣の上に多門や高塀がなく、石垣を上ってすぐ城内に侵入しやすい、要注意の一角だったのである。『金城温古録』の「御塩蔵構《かまえ》」の項に、次の記載がある。

〇お国初めより御囲いなし。古図、現当の姿とを考えれば、北のほうは御多門台の趣にて、ご普請未成の箇所なるべし。正徳の盗賊、またそれ以前、乱心者もここより入るという。甚だ大切の所なり。

〇大公（光友公）の御時、御塩蔵の前のお堀のうちに、二つ杁の百姓、夜ル水を泳ぎ石垣を越えて来たり臥てこれあり。乱心なり。追放せらる。

築城の当初から、塩蔵のお堀沿いには囲いがなかった。古図や現状の地形を考えると、北の堀に沿った台状の場所には、本来ご多門が建てられる予定だったらしく、普請が未完成のまま終わっている。正徳年間の盗賊もそうだし、それ以前にも乱心者がここから侵入した。甚だ注意を要する場所なのである。

光友公の時代に、御塩蔵の前のお堀を夜に二つ杁の百姓が泳いで渡り、石垣をのぼって入り込み、寝ていたという。乱心者ということで追放に処せられた。二つ杁は、西枇杷島町の土器野近くに今も残る地名で、名鉄電車の二ツ杁駅がある。

○同十月廿一日、仲満御番人へ左の書付渡る。廿二日より、御番隔日になる。

覚え

一、御城内番所幷びに御足軽どもに、向後両組申合せ、隔日に相勤め、御番代り合う時刻は、只今までの通り。

一、ご本丸、ご深井丸当番の同心中一人宛て、御足軽二人召連れ、一夜に三度見廻る。同心中、二人宛ては御番所明けぬ様に相心得べく候。

前の記事と同じ頃に出た通達で、お城の番所に勤務する同心、足軽に対し次のような指示がなされた。まず番人の足軽は、今後一日おきに勤務すること。交代の時刻は今まで通りとするが、本丸、御深井丸の当番の同心は、一人につき二人ずつの足軽を連れ、夜に三度見廻ること。残る二人の同心は、番所が空にならないよう、注意せよ、と。回数は変わらないが、連れて行く足軽の数が一人増えている。
ほかにも、次のような通達が行われている。
○榎多門に夜中勤務する足軽は、亥の刻（午後一〇時）から卯の刻（午前六時）まで、本丸西拍子木門から御深井丸透かし御門まで一夜に五度見廻り、各回ごとに透かし御門の足軽番人へ異常のない旨を報告、同心は見廻りのとき報告の有無を確かめること。
○足軽も同心も、変わったことがあったら見捨てることなく、ご城代に報告すること。
○御深井丸に勤める足軽は、二人ずつ申し合わせ、一夜に三度ずつ見廻りせよ。その際、足軽目付は各門の鍵を渡し、返却時には異常のなかったことを確かめよ。各足軽番所での火の取り扱いは禁止、勝手に火を扱った場合、厳重に吟味を行う。
○ご本丸・御深井丸の同心・足軽は、夜に三度見廻るきまりだが、同心の平役は鍵を持ち足軽一人を連れ、塩蔵御門の番所で足軽一人を加え、三人で見廻る。足軽だけで見廻るときは、同心目付け役が塩蔵の門前で足軽二人に鍵を渡し、自分は番所を守り、足軽が門を開いて見廻り、再び施錠したのち鍵を受取る。そのとき施錠を再度確認して透かし御門へ戻ること。さらに二人の足軽は、矢来の内を見廻り、別条ないことを確認してすべて終えたのち、鍵を同心のいる番所へ戻すこと。
このあとも、榎多門の番人、東鉄門、西鉄門の番人に対する細かな指示が続くが、あとは省く。これまでにない面倒な手続きが定められ、一度読んだだけではとても覚えきれない。

この正徳五年一〇月の一連の通達が、その後どれだけの期間続いたかわからないが、喉元を過ぎたころには、少しずつ簡略化されたのだろう。

事件のあと

名古屋城の不祥事を、藩としてはあまり知られたくない。しかし何百人も取り調べれば、当然噂になる。探索が一年以上つづく間、芝居に取り入れられたという話が伝えられ、芝居好きの文左衛門は真偽のほどを確かめるべく、大坂へ問い合わせた。

○正徳六年（一七一六）一月晦日　尾州の御城盗人の事を京大坂にて狂言にし、ご家中の名も一字二字ずつかえて用い、仕廻に簡彫の事もあり、見たものありと専ら申すにつき、大坂八郎右衛門へ聞きに遣わし候処、其の返事に、大成虚誕なり。さらに左様の事なし。大坂嵐三右衛門狂言、二月十六日より三月二日まで、大名今手暦と申すを致せし中のはじめに、丹後国遠山修理守やしき出来仕り、其処へ京関白よりの使者とて偽り来り候処、吟味の上あらわれ行方不知と云々。桜山四郎三郎　儀、修理惣領遠山左近が家老となり、左近悪人にて候えども主人の事ゆえ是非無く、幕盗み候を、竹中藤三郎せんぎ仕りいたし、早速知らる。此の段少しもおもかげらしき事斗に御座候。残り三番は曾て、おもかげもなきさま男事にて候。下心を含み気をつけ見候えば、中の初一番ばかり少しおもかげらしく候と云々。

正徳五年八月の事件が、半年後の翌年一月にもう歌舞伎狂言（劇を中心とした演目）になっていたという噂。実在の御家中の名前も少し変えているという。「簡彫」は不明だが、筋の抜粋刷りのことか。実際に芝居を観たという者もいるので、芝居好きの文左衛門は、大坂の備後屋八郎右衛門に手紙で確かめてみた。備後といえば昔は畳材のイグサ生産で有名であり（いまは熊本）、文左衛門の役職からも、畳卸業者と考えてよいだろう。

八郎右衛門は、文左衛門の上方出張のおり必ず接待役をつとめている。元禄一四年五月の出張でも、「申半より八郎右衛門・半七と共に石垣町よつぎ屋茶屋遊び」の良からぬ記事が謎字で記され、「廿九日昼過ぎより八郎右衛門、三左衛門とともに心斎橋にかかり天王寺へ行く」と、連日のように名前が出てくる。その八郎右衛門に、真偽のほどを手紙で問い合わせたところ、大方は噓話であることが判明した。

当時大坂では、嵐三右衛門の狂言が上演されていたという。嵐三右衛門は初代が有名で、「元禄歌舞伎の基礎を築いた一世の名人」（渡辺保『江戸演劇史』）といわれる。元禄三年に大坂で亡くなり、跡を継いだ二代目も元禄一四年に四一歳の若さで亡くなっているから、ここでいう三右衛門は三代目であろう。

その嵐三右衛門が二月から三月まで「大名今手暦」を演じていたが、その話の筋は「丹後国の遠山修理守の屋敷が落成し、そこへ京の関白殿から偽の使者が訪れたが、吟味により偽物とバレ、行方知らずになった」というもの。修理の惣領左近の家老となった桜山某は、左近が悪人と知りつつ、主人の命に逆らえず仕方なく幕を盗む。しかし竹中某の取調べで直ぐに露見した。この幕を盗むという話は多少名古屋城の盗難を連想させるが、残りの三番はまるで関係のない間男《まおとこ》がらみの話である。中の初めの一番だけ、その積りで注意深く見ればそれらしい処もあるという程度、というのが手紙の報告の内容である。

○竹本座国姓爺《こくせんや》、大いに当たりはやり申し候。○大坂にて所々に心中これ有りと云々。

歌舞伎の世界で正徳五年といえば、「国姓爺合戦」が大当たりした年として記憶される。

これより一二年前の元禄一六年四月に、大坂曽根崎の森で心中事件があり（醤油屋の手代徳兵衛と、新地天満屋お抱えのお初の心中）、一か月後竹本座で浄瑠璃「曽根崎心中」が上演され大当たりをとった。近松門左衛門の戯曲、義太夫の語りに加え、女形《おやま》人形の遣い手辰松《たつまつ》八郎兵衛、竹沢権右衛門の三味線が生んだ前代未聞の大ヒットであった。それに匹敵するのがこの正徳の国姓爺で、享保二年まで三年越しのロングランとなる。日記の正徳六年一月はブームに火がついてこれから燃えさかるという時、文左衛門の問合せに答えるついでに、八郎右衛門が大坂歌舞伎界の最新情報を伝えてきたのである。

先の曽根崎心中上演のあと、たしかに上方の市中では心中が流行った。「京大坂、去る午の年（元禄一五年）より当七月（宝永元年）まで心中の男女、京の町奉行帳におよそ九百人余と、これを記す」（宝永元・八・二〇）とあり、二年半で九百人（四五十組）、一日二件弱の勘定になる。

いくら流行《はや》りといって、理由もなく心中はしない。その後も心中事件は続くが、大坂ばかりではなく、名古屋でも頻発した。『鸚鵡籠中記』に載る心中は三〇件以上ある。ここのテーマから外れるので詳細は省くが、いずれ時代の世相を語るうえで、取り上げたい問題ではある。

第四章　藩主生母「本寿院」のスキャンダル

綱誠の子供たち

尾張徳川家四代目の吉通《よしみち》は綱誠《つななり》の九男で、幼名を五郎太といい、元禄二年（一六八九）九月江戸四谷《よつや》の別邸に生まれた。元禄八年に元服し将軍綱吉の一字をもらい吉通と改めた。その四年後に一一歳で封《ほう》を継ぎ、以後一四年間の治世は、朝日文左衛門が御畳《おたたみ》奉行を務めた時代にほぼ重なる。

※藩主幼名の「五郎太」は、義直、光友、綱誠、吉通、その嫡子に共通する。

【尾張徳川家系図】

家康―①義直―②光友
- ③綱誠《つななり》
  - ④吉通（九男・本寿院）―⑤五郎太
  - ⑥継友（一一男・泉光院）
  - ⑦宗春（二〇男・宣揚院）
- 義行《よしゆき》（四谷《よつや》家高須藩初代）
- 義昌《よしまさ》（大久保家梁川《やながわ》藩初代）
- 友著《ともあき》（川田久保家初代）

【坂崎家系図】第七三

勘左衛門義高（福住弥右衛門同心二百五十石）
- 勘左衛門義兼（石河大和守同心、元禄九御供番三百石、同一〇御側足軽頭四百石、元禄一三小普請組頭、宝永四致仕）
- 伝五左衛門（元禄五大道寺玄蕃同心二百石、正徳元没）
- 女子（奉号本寿院夫人、円覚公「吉通」実母）

系図に、吉通の実母「本寿院《ほんじゅいん》」は坂崎勘左衛門義高の娘とある。祖先の家譜記載はなく、父勘左衛門からはじまり「義直に召出され福住《ふくずみ》弥右衛門（二千石、鉄砲頭・兼同心頭）の同心に採用」された。召出された年もわからない。坂崎の娘福子が綱誠の側室となり、吉通を生んだため、あわてて父親を藩士に採用したようにも思われる。似た例がある。

※『名古屋市史』政治編一は「坂崎勘左衛門兼信の女福子」、『編年大略』は「坂崎勘左衛門義信女下総御方」とする。

坂崎家のひとつ前に載る吉田家は、やはり由緒や先祖の記載がなく、いきなり「於上《おじょう》」からはじまる。於上は「瑞公《ずいこう》（光友）の実母乾《いぬい》の御方《おかた》と号す。寛永十一年二月十二日逝去、歓喜院殿と号す」と解説され、二代藩主光友公の生母なのにまるで素性がわからない。旧版『名古屋市史』には「父親は春日井郡大森村の百姓で庄介といい、鶴を撃って磔刑《たっけい》に処せられた」とある。要するに「おじょう」という女性が藩主の子を生んだため、急きょ実家に「吉田姓」を与え、士分に取立てたのであろう。

【吉田家系図】（『士林泝洄』より）

┌女子　諱於上（瑞公実母、乾方。寛永一一・二・一二逝去、歓喜院殿）
├某（甚兵衛、寛文五卒）―守清（手島家養子・加左衛門、城代組同心）―手島忠清（杢内、城代組同心、享保四没）
├公忠（都筑太兵衛、寛文八卒）―泰昭（都筑九右衛門、綱義奏者番七百石）―泰昆（都筑留之助、黒門頭）
└女子―某（都筑加兵衛、御供番三百石、延宝二乱心）―某（半四郎、御書院番、元禄八卒）

名古屋市と合併する以前の『守山市史』（一九六三年刊）は、次のように記す。

〇元和《げんな》の年、藩祖義直公の狩りの列が大森村を通りかかったとき庭先で麦を搗《つ》いていた娘がおどろいて、麦の入った臼《うす》を持ち上げて家に運び込み、つづいて盥《たらい》で行水していた父を盥ごと抱えて家の中に運んだ。それを見た義直公は《驚くべき膂力《りょりょく》》と感激し、藩邸の湯屋女《ゆやおんな》に採用した。それが於上で、のちにお手が付き光友を産んだ。

義直の正室は浅野幸長《よしなが》の女《むすめ》「春姫《はるひめ》」（一六〇二～三七）で、慶長二〇年（七月元和改元、一六一五）大坂夏の陣直前に新装なった名古屋城の本丸御殿で挙式している。しかし一〇年経っても嗣子に恵まれず、案じた幕府は寛永元年（一六二四）老中の土井利勝を市谷邸につかわし、側室を勧めた。翌年ようやく義直も折れて、側室に佐井《さい》殿（貞松院。後水尾天皇の中宮東福門院に仕える）を迎えたが、生まれたのは女子（鶴姫、京姫・糸姫とも）で、待望の男子を生んだのは湯殿掛かりの女中於上（お尉）であった。当初、義直は正室や側室らを憚《はばか》ってわが子とは認めず、母の相応院が近臣の山下氏勝や義直の乳母（矢崎左京の母）らとはかり、ひそかに養育して、二歳のときようやく父に逢わせたという。

於上の子はやがて二代藩主光友となるが、母親譲りの大力《だいりき》は有名だったらしく、運ぶのに七、八人要する石の手水鉢《ちょうずばち》を、ひとり両手で回して正しい向きに据え直し、その間一滴の水もこぼさなかったという。さらに「琵琶」の新糸を四本束ね両手で断ち切ったが、誰も真似ができず、弓の名手星野勘左衛門がやっと一本断ったという話を、『昔咄《むかしばなし》』は記している。

綱誠の側室「坂崎家の本寿院福子（下総《しもうさ》）」の話に戻る。

福子が吉通を生んだのは元禄二年（一六八九）で、そのためか福子の兄勘左衛門義兼《よしかね》は元禄八年に御馬廻、九年に御供番、一〇年に御側足軽頭、一三年に小普請組頭（四五〇石）と出世している。福子が生んだのは吉通の外に七女の蔦《つた》、一〇女の立《たつ》、一五男の岩之丞《いわのじょう》の二男二女だが、綱誠は二二男一七女の子沢山《だくさん》で、養女の「貴姫《たか》（馨香院《けいこういん》、異母妹）」を加えると四〇人になる。このうち尾張藩主になったのは、吉通のほかに一二男継友《つぐとも》（二二歳で六代藩主を襲封）と、二〇男宗春《むねはる》（三五歳で七代藩主を襲封）である。

三九人の実子を持つ綱誠は承応《じょうおう》元年（一六五二）の生まれで、没年が元禄一二年（一六九九）、享年の四八歳は当時でも決して長命とは言えない。ちなみに長子「五郎八」は二五歳のときの子であり、その後の二三年間に三八人の子をつくったことになる。すべての子が順調に育っていたら、名古屋城の二の丸御殿は、藩主の子供で溢れかえる。そうならないのは、ほとんど早世してしまったからだ。

『尾張徳川家系譜』（名古屋叢書三編の一）で調べると、早世した幼児は予想をはるかに超える。継友までの二一人は吉通を除いてすべて六歳までに没し、とくに誕生直後に亡くなる一歳児（今のゼロ歳児）が多い。これでは何十人産まれようと成人するのは数人に過ぎず、世上の「色好みの殿様」の評言は、少々改める必要がありそうだ。うかうかしていると世継ぎがなくなる。近代医学の発達がいかに乳幼児の死亡率を低下させたか、改めて理解される。

［綱誠の実子］（名前、生没年、数え／実母）の順に記載。○内数字は男子、●内数字は女子の生まれ順。

①五郎八（延宝二〜延宝九・六歳／円照院）②源之丞（延宝六〜同・一歳／光周院）❶悦姫（延宝七〜延宝九・三歳／河野氏）
③鶴丸（延宝八〜同・一歳／梅昌院）④松之助（天和二〜天和三・二歳／梅昌院）⑤某（天和三〜同・一歳／玉渓院）
❷女子（天和三〜同・一歳／真乗院）❸八代姫（　？　・？　／　？　）❹清姫（貞享元〜同・一歳／花庭槿栄）
❺菊姫（貞享元〜貞享二・二歳／梅昌院）❻春姫（貞享三〜同・一歳／蓮乗院）⑥喜太郎（貞享四〜同・一歳／梅昌院）
⑦亀太郎（貞享四〜元禄四・五歳／泉光院）❼蔦姫《つたひめ》（貞享五〜同・一歳／本寿院）⑧内膳（元禄元〜元禄四・四歳／智照院）
❽猶姫（元禄二〜同・一歳／宝池院）⑨吉通《よしみち》（元禄二〜正徳三・二五歳／本寿院）⑩勝之丞（元禄三〜同・一歳／清遊院）
❾光姫（元禄三〜元禄四・二歳／真如院）❿立姫《たつひめ》（元禄四〜元禄九・六歳／本寿院）⑪常三郎（元禄四〜同・一歳／泉光院）
⑫継友《つぐとも》（元禄五〜享保一五・三九歳／泉光院）⓫綾姫（元禄五〜元禄七・三歳／梅昌院）⑬某（元禄六胎死・〇歳／梅昌院）
⑭義孝《よしたか》（元禄七〜享保一七・三九歳／卓然院）⑮岩之丞《いわのじょう》（元禄七〜宝永二・一二歳／本寿院）⓬伊羅姫（元禄七・一歳／了智院）
⑯石松（元禄七〜同・一歳／清遊院）⑰城次郎（元禄七〜元禄一〇・四歳／宣揚院）⓭政姫（元禄八〜同・一歳／梅昌院）
⑱繁之丞（元禄八〜九・二歳／蓮養院）⑲通温《みちまさ》（元禄九〜享保一五・三五歳／卓然院）⑳宗春《むねはる》（元禄九〜明和元・六九歳／宣揚院）
㉑千代丞（元禄十〜同・一歳／利清院）⓮喜知姫（元禄十〜十一・二歳／卓然院）⓯女子（元禄十一〜同・一歳／宣揚院）
㉒増之丞（元禄十一・一歳／おしん）⓰松姫《まつひめ》（元禄十二〜享保五・二二歳／利清院）⓱副姫（元禄十三〜同・一歳／利清院）

※西暦年への換算：延宝元年（一六七三年）〜天和元年（八一）〜貞享元年（八四）〜元禄元年（八八）〜元禄一三年（一七〇〇年）

綱誠、江戸市谷邸に没す

元禄一一年の暮に綱誠の生母千代姫（将軍家光長女、光友公正室、綱誠、義行生母）が、六二歳で尾張藩江戸下屋敷の戸山《とやま》荘に没し、増上寺に葬られた。法名は霊仙院殿長誉慈光松月大姉。気位《きぐらい》が高く名古屋へは一度も来なかったが、それでも建中寺で四日にわたり仏事が執り行われ、実子の綱誠《つななり》は毎日参拝している。喪が明ける翌年二月まで年末、年始の行事は中止され、音曲はもちろんのこと、スス払い、門松飾りなど一切行われなかった。

明けて元禄一二年の三月五日、すべての仏事を終えた綱誠公は名古屋を発ち、東海道を江戸に下った。それから三月《みつき》も経《た》たない五月末、今度は綱誠自身に異変が起きた。『尾藩世記』の記事を発病から死に至るまで、日を追って並べてみよう。細字は幕府正史『徳川実紀』の関連記事で、幕府側の対応を示すため併記した。

□元禄一二年（一六九九）

○五月廿七日、公疾《やまい》を発す。近習ら秘して之を発せず。聞云、食傷のち痢病《りびょう》（赤痢の類）に変ずと云う。

○六月朔日《ついたち》、是の日、江戸より飛信を以て、公の疾を上申す。疾は食傷という。本日より、公、疾倍《ますます》篤《あつ》し。よって、大樹（将軍綱吉）、医師三名を遣《つかわ》し、毎日使を遣して、慰問あり。

○三日、公、疾倍漸《すす》む。

○四日、危篤。大樹、水野重矩越前守を遣さる。

○四日　尾張中納言綱誠卿病臥によて、御側水野越前守重矩して問わせ（見舞）給う。［実紀］

○五日朝、閣老小笠原長重佐渡守を遣さる。午後に至り、若年寄秋元喬朝但馬守を遣し、側用人柳沢保明出羽守らを遣し、我が邸に在勤せしめらる。尋ねて閣老ら、亦《また》来臨。未下刻、終《つい》に市谷邸に薨ず。年四十八。

○五日　綱誠卿病、危篤のよし聞こえければ小笠原佐渡守長重もて問わせ給う。柳沢出羽守保明幷びに宿老、昵懇・少老の輩及び奥医師曲直瀬養安正珍・曾谷長順玄鳳・木村春湖某など遣わされ、治療の事沙汰せらる。昼は戸田山城守忠昌を遣わされ、又少老秋元但馬守喬知お使いし、人参・魚物給い、右兵衛督吉通朝臣はじめ庶流の輩にも懇《ねんご》ろの仰せ事あり。又名古屋には奉書をはせて致仕の大納言光友卿をも問わせ給う。暮れかけて猶覚束なく思召しよしにて、お側青山伊賀守秘成お使いせしに、いまだその門にも至らぬまに黄門易簀《えきせき》のこと聞こえければ虚しく立ちかえる。よて土屋相模守政直お使いし、吉通朝臣を吊せらる。［実紀］

※吊《ちょう》は「弔」の俗字、弔問。※黄門は中納言の唐名、綱誠のこと。※易簀《えきせき》は死ぬこと。孔子の高弟曾参《そうしん》が危篤時に簀子《すのこ》の床が身分に過ぎると取り替えさせ、死を早めた故事から。

○六日、公疾《こうのしつ》、危篤の旨を名古屋に告す。

○六日　家門はじめ諸大名、諸有司参《まい》のぼり、（将軍の）御けしき伺う。音楽は七日、営築は二日停廃せらる。また奏者番黒田甲斐守長重は尾州、使番荒木十左衛門政羽は紀州、杉浦兵九郎政盛は水戸の御使奉わり、おのおの暇給い、大納言光友卿・大納言光貞卿・中納言光圀卿・松平出雲守義昌を問わせ給う。［実紀］

○十四日、黒田、名古屋に着す。○廿二日、黒田、尾張から帰り謁す。［実紀］
○七日、正公（光友）、楠《くすのき》道二（医師）らを遣さる。
○七日 右兵衛督吉通朝臣の許へ阿部豊後守正武使し、香銀千枚賜う。御台所より五十枚、三の丸より三十枚、五の丸・鶴姫・八重姫の御方々より二十枚ずつ、各執事お使して遣し給う。［実紀］
○八日、凶報名古屋に達す。是日、二の丸君、落飾、梅昌院と号す。
○十三日、家令成瀬正信織部等、遺体を奉じて江戸を発す。
○廿一日、柩《ひつぎ》建中寺に着す。
○廿四日、建中寺に葬る。
一読して、幕府側の手厚い対応がわかる。綱誠の母千代姫は将軍綱吉より九つ年上の異母姉であり、綱誠は将軍の甥にあたる。御三家という家格以上に親密さが示されたのは、そのためだろう。一方、尾張側の動きは妙にまどろっこしい。病の原因は「食傷」と繰り返し記されるが、近臣たちは当初それさえも隠そうとした。

『徳川実紀』に綱誠の病が記録されたのは、死の前日の六月四日である。しかし『尾藩世記』は「発病三日後の六月一日に綱吉から三名の医師が派遣」と伝えており、『鸚鵡籠中記』も次のように記す。
○今朔日《こんついたち》、公方（将軍）の医師数人、御様躰《ごようたい》の窺《うかが》い（診察）、叶い難き由を申し上《あ》ぐ。然れども其のうち三人御名指しにて、お薬差し上ぐ。今日より毎日上使。（元禄一二・六・一）

日記の内容は、『尾藩世記』と同じである。発病の三日後、早くも幕府の知るところとなり、三名の医師が派遣された。診察の申し出は尾張側からやんわり断られたものの、医師団から薬が処方されたとある。二日前の日記には「ご不快により登城をとりやめ」とあり、この時将軍は綱誠の病気を知ったはずである。つまり『実紀』の記事より三日早い六月一日に、幕府から医師団が派遣されていた。『尾藩世記』は「六月三日になって病状は悪化した」と伝え、文左衛門の日記も「公の疾、益々漸《すす》む」と記し、つづけて次のような状況を伝える。

○然れども、深くお隠し、御老中らも亦《また》これを秘す。

○津守様、推（押）して公の御病牀に入り給い、ご対面遊ばさる。津守様出て織田宮内に向かい「何と公の御病を心得、秘するや」と。宮内赤面すと。

○大公へ御病躰詳らかに申し来たらず。のちに大公「医者は此等《ママ》なり、老中ら何ぞ心を付けざるや」と。

病状の悪化を老中らはなおもヒタ隠し、しびれを切らした実弟の義行《よしゆき》が押して公の病床を見舞った。津守とは摂津守の略で、光友の二男義行（一六五六〜一七一五）のこと、高須藩初代で綱誠の弟にあたり、生母は同じ綱吉の姉千代姫である。綱誠の信頼が非常に厚く、兄の死後は甥の吉通の訓導にあたった。

その摂津守が綱誠の近臣筆頭である織田宮内《くない》に「綱誠公の病状をなぜ内密にするのか」と詰問したが、宮内は赤面するだけで、何も答えられなかった。父親の光友にも詳しい病状は告げられなかったとみえ、のちに「老中らは何故もっと気を配らなかったのか」と嘆かれたという。こうした側近たちの一見不可解な行動を、どう理解したらよいのか、『鸚鵡籠中記』の記事から考えてみよう。

まず、「食傷（食中毒）」の原因は、次のようなものだ。

○五月廿六日お成り、御振廻《おふるまい》に鴨《かも》めし幷《ならび》に饂飩《うどん》及び覆盆子《ふくぼんし》を沢山に召上り、御食傷の気味あり。

普段の食事でなく、お振舞でのご馳走である。鴨めし、うどんをたくさん召上ったことはさて置き、問題は覆盆子《ふくぼんし》だった。大野一英氏は覆盆子を「とっくりいちご」のこととされ、「うどんや鴨めしを食べ過ぎて、当たっては死なぬ。綱誠は草いちごに当たったのである」とされる（『尾張大奥物語』）。

元禄の頃刊行された『本朝食鑑』の菓部に「苺《いちご》」が載る。「本草綱目に云う覆盆子《ふくぼんし》のこと、和名は以知古《いちご》」とある。著者の人見必大《ひとみひつだい》は「イチゴの種類には草《くさ》苺・黒《くろ》苺・木《き》苺・蛇《へび》苺などがあり、むかしの『延喜式』内膳の部にのる覆盆子は、昔から上饌《じょうせん》（貢納品の「上」）とされていた」と解説、以下四種の苺について詳しく述べている。

このうち黒苺と蛇苺は有毒で、食用の草苺と木苺では草苺の味が優《まさ》ると記す。草苺は四月に紅熟し、サクランボに似て味も甘味だが、畔《あぜ》を作り肥料を施し苦労して栽培しても収穫量は少ない。その点木苺は「挿し木で簡単に増やせ、実も多いので近頃は専らこれが栽培されている」とする。いまの辞書には「野イチゴのうち、木に生るイチゴを覆盆子という」とあるが、文左衛門が草イチゴ、木イチゴを区別した上で「覆盆子」の語を用いたのか、それはわからない。

とにかく綱誠の食べたイチゴは草苺か木苺のどちらかだが、おそらく高価な草苺の方だろう。将軍から下賜されたこともある。覆盆子には「腎を益し、陽（男性の精力）を壮《さかん》にする薬効」があり、三九人の子沢山《こだくさん》の綱誠にはぴったりのデザートだった。大野氏は覆盆子を「とっくりいちご」とし、続けて草イチゴとも記されている。しかし一般に「とっくりいちご」は「木イチゴ」の別名とされ、果実の形を徳利に見立てたことからの命名である。氏もまた木イチゴ、草イチゴを区別されておらず、話が混同している。

覆盆子は、通説では「木イチゴの実が熟して柄から離れたあと、果実のクボミが伏せた盆に似ること」が語源とされる。しかし盆に似るといわれても、平らなお盆のイメージからはピンとこない。中国の盆はもう少し深い甕形の容器を指すのだろうか。ほかに「イチゴを食した翌朝、男の尿の勢いが凄過ぎ、盆（尿甕《にょうがめ》）を引っくり返したので覆盆子と呼んだ」とする説や、「イチゴの薬効により頻尿が治ったので、不要になった尿甕を伏せ置いたのが起源」という説もあるらしい。俗説だろうが、こちらのほうがわかりやすい。

『枕草子』（一五四段）の「見た目には何ということはないのに、文字に書くと仰々しいもの」の筆頭に、この「覆盆子（いちご）」が挙げられている。「鴨頭草（つゆくさ）」や「虎杖（いたどり）」も槍玉に挙がっている。たしかにイチゴを食べながら、「伏せた盆（甕）」を連想する人はいない。

語源の話はともかく、大野氏は「イチゴの食べ過ぎ」が食傷の原因だったとする。※『本朝食鑑』元禄一〇年刊、人見必大著。中国の『本草綱目』の形式をとり、国産の食物四四二種を解説。食傷とは「食中毒」のことだ。大腸菌などによる感染型、ブトウ球菌による毒素型があるが、いずれにせよ犯人は細菌である。

発病した五月二六日は新暦の六月二三日にあたり、梅雨の真っただ中である。一緒に食べた鴨肉が古かったか、イチゴの実に菌が付着していたのかわからないが、細菌の最も繁殖しやすい梅雨時である。少量なら格別のこともないが、綱誠公の食欲は普段からいささか異常だったらしい。

『鸚鵡籠中記』には、驚きをもって次の記事が記されている。

○（綱誠公は）平生《へいぜい》御大食なり。是より先の年、御不食の事あり。津守様御見廻り遊ばされ、御膳召上らる時ゆえ物の隙より御窺《おうかが》いあるに、大椀に高く盛りて五杯。御肴に鮑《あわび》の田楽を廿四五あがり給う。津侯驚きて御次へ出、ご老中を詰《なじ》りて御不食の事をのたまう。皆申して云う。平生は只今のようなる事になかなかあらずと。

綱誠公の食事が進まないというので、実弟の摂津守義行が心配し、公の食事の様子を密かに物陰から窺っていると、公は大椀に大盛りメシ五杯と、オカズにアワビの田楽二四、五をペロッと平らげている。義行は驚き、老中を呼んで「何が食欲不振なものか」と詰《なじ》ると、老中以下皆々が「平生は、とてもとてもあんなものではございません」と答えた。

この大食がいつものことであれば、織田宮内を筆頭とする近臣たちが綱誠の「食傷」を最初は大事《おおごと》と考えなかったかもしれない。テレビでも「大食い女性」にお目にかかるが、いわゆる「大食漢」特有の胃袋なのである。殿様で大食漢というのはあまり聞かない話で、近臣としては大騒ぎして欲しくないし、じっさい軽い食傷は今までに何回もあったのだろう。

文左衛門自身も「予食傷、吐瀉《としゃ》三度あまり、医師山田京安。然れども早《はや》その晩より快復す」（元禄四・十一・五）と、日記にみずから食傷のことを記している。現代でも食中毒はしょっちゅう起きていて、集団の場合はニュースになるが、家族内なら「食中《あた》り」で済まされ、ほとんどは数日で治る。しかし綱誠公の場合は違った。「食傷、のち痢病《りびょう》に変ず」とある。

江戸時代に「痢病」あるいは「シブリバラ」と呼ばれたのは「赤痢」のことである。下痢症状の病のうち、便に血や膿がまじるのが赤痢であり、原因は志賀潔が明治三〇年に発見した赤痢菌である。抗生物質のない当時は、かなり死亡率が高かった。記事だけから「赤痢に変じた」と断定はできないが、仮にそうなら特効薬はなく、治癒は体力頼みだったろう。ここに来て、平素の大食いの不摂生が祟った。

将軍家に次ぐ御三家筆頭の殿様であり、なるべく内輪で収めたかった。しかも病の原因は近臣たちがとくに気を配るべき「食」である。織田宮内らは「いつものような食べ過ぎか、軽い食中《あた》りであって欲しい」と願っただろう。しかし情報はいち早く幕府側へ漏れ、しかも容態は予想以上に重篤であった。織田宮内は、主君のお気に入りの近臣であったが、決して無能の吏ではない。織田信長の血を引く名門である。

【織田家系図】

信貞（信長九男）――信次――貞幹（宮内、周防守、綱誠小姓百石、五十人頭、書院番頭、元禄七御側同心頭三百石、同九御国老中千三百石、宝永四従五位下周防守、同七二千三百石、享保三致仕）
┗長恒（享保一一老中、同二〇致仕）

織田信長の子女は、伝えられるところでは十一男十女だが、名前が浮かぶのは長男信忠《のぶただ》、次男信雄《のぶかつ》、三男信孝《のぶたか》あたりまでである。じっさい信長も、四男以下は家臣の養子に出したり捨扶持《すてぶち》の扱いだったという。そのひとりに九男の織田信貞がおり、秀吉から近江国神崎郡、蒲生郡内に千石を宛行《あてが》われていた。関ヶ原の戦いのあと信貞は家康に謁見し、本領を安堵されている。寛永元年（一六二四）に五一歳で亡くなった。（谷口克広『尾張・織田一族』）

この信貞の孫の貞幹が、のちに綱誠に召出され小姓として百石を賜った。織田宮内である。五十人頭や書院番頭を経て、元禄六年には御用人に出世、翌七年、御側同心頭として三百石を賜わり、九年には千三百石の国家老にまで出世した。さらに綱誠没後の元禄一三年に千石を加増され、宝永四年には従五位下周防守《すおうのかみ》に任官、同七年さらに千石を加えられた。享保三年に致仕し、同六年に亡くなっている。この出世ぶりを見ると綱誠にかなり気に入られていたようだが、綱誠没後の加増や任官から推して人物としてもなかなかだったようだ。

○公の訃《ふ》、出雲守様まで告げ来る。今朝、出雲守様早駕籠にて、大公の御下屋敷へお入り（或いは云う、御乗物に縄を付けて引かしめたまうと、虚なり。余りの早さにかく云うか）。江戸よりの御状を市正《いちのかみ》に御渡し、市正御前へ持参して其の場に居ず立て入る。大公ご覧あり。ころいたはと仰せらる。哭泣《こくきゅう》の御哀言うべからず。

出雲守は光友の長子松平義昌《よしまさ》（一六五一～一七一三）のことで、庶出のため扱いは綱誠、義行に次ぐ三男とされた。生母の勘解由小路《かでのこうじ》（松寿院）は、まだ子供のなかった正室千代姫（霊仙院）を憚り、ひそかに現在の津市一志町小山《おやま》の清巌寺《せいがんじ》（貞松院の甥「津田十郎兵衛」縁故の寺）で生んだという。寛文四年（一六六四）、一四歳になった義昌は名古屋城三の丸の広幡幸丸（忠幸）明屋《あき》敷へ移り、二年後に従五位下出雲守に任じられ、納屋裏《なやうら》（内屋敷町）の江川端西《えがわばたにし》の間宮大隅守の明屋敷を賜った。また江戸の大久保にも邸宅を賜わり、奥州伊達の梁川《やながわ》に三万石の封を受けた（梁川家初代）。

※寛文三・一二・九　幸丸君、精華に列し源姓を給う。明年京に帰り伏見邸に住。室京姫名古屋に住、上京せず。

※寛文四　是年、東鉄門外なる広幡君明け邸を出雲君に進ぜらる。

※寛文六・七　是月出雲君に別野を納屋裏江川西に給う。元間宮大隅邸、後年広井御小納戸屋敷と称す。（或云、出雲君に下邸を給う）

以上『尾藩世記』より

納屋裏は当時の「納屋町」西側を指し、納屋橋を西へ渡った左手の「名駅南一・二丁目」、白龍神社から蓮華寺あたりになる。「元禄七年名古屋城下図」で確かめると、納屋橋近く江川《えがわ》ぞいの西側に「出雲守様御屋敷」と記されている。

綱誠公の訃報を受けた義昌は、ここから三キロ東に離れた「大曽根御下屋敷（いまの徳川園）」へ駕籠を急がせた。記事に早駕籠とあるが、藩主クラスが早駕籠に乗ることはないし、縄で引っ張る超早駕籠など論外で、文左衛門も「虚なり」と付記している。義昌が下屋敷に着いて江戸からの書状を渡したとき、光友公へ取り次いだのは「市正《いちのかみ》」とある。「市正」は律令制下の「市《いち》の司《つかさ》の長官」を指し、この官職名を用いた藩士は松井氏や玉置《たまき》氏など何人もいるが、ここは玉置直連《なおつら》のことであろう。光友の小姓から出世し、最後は光友付きの家老（三千石）にまでのぼった人物である。

手紙を見て息子の死を知った光友は、「ころいたは」とつぶやき哭泣したとある。「ころいたは」とは聞かない言葉で辞書にも載らないが、強いて推測すると「子ら」を慈《いつく》しんでいう方言の「ころ」と、「労《いたわ》し（気の毒だ・可哀そうだ）」の意味の「いたは」の合成語で、「親より早く亡くなり、可哀そうなことをした」という意味になろうか。

○翌日三の丸様お入り、大公仰せらるは「長生きして大《おお》いなる耻《はじ》を見たり。その方にも何の面目ありて見《まみ》えんや。早く皈《かえ》りたまえ」と仰せらる。

三の丸様とは光友の側室勘解由小路《かでのこうじ》（松寿院、宝永二年没）のこと、松平出雲守義昌《よしまさ》（大久保家祖）の生母である。樋口宰相信孝《のぶたか》卿の女《むすめ》で、当時三の丸に住み（元禄六〜宝永二年）、三の丸様と呼ばれていた。訃報の翌日見舞いに訪れた彼女に対し、光友は「子供より長生きしてしまった私が、どんな顔をしてそなたに会えようか、早くお帰りください」と告げたという。

樋口宰相信孝については位階が二位あるいは三位と記され、あまり触れられることのない人物である。参考までにその家柄について記しておく。


【藤原北家、高倉家、樋口家】

藤原北家……範昌《のりまさ》―┬―永康《なかやす》
　　　　　　　　　　　　　　└―永経《ながつね》―永賢―永忠―範賢―┬―範康
　　　　　　　　　　　　　　　　　　　　　　　　　　　　　　　　　└―永季《ながすえ》（高倉家始祖）―（五代）―永家《ながいえ》―┬―永相《ながすけ》―永孝―永慶
　　└―親具《ちかとも》―┬―康胤《やすたね》（堀河家）
　　　└―信孝《のぶたか》（樋口家）

樋口家は、公家の高倉家から分かれた家である。高倉家は藤原氏北家、長良《ながら》家庶流の家系で、南北朝時代の藤原永季《ながすえ》にはじまる。家格は低く、代々蔵人《くろうど》を務める半家《はんけ》（鎌倉以降成立の最下位の公卿）であった。

系図のうち鎌倉中頃の藤原永康《ながやす》・永経《ながつね》兄弟は、朝廷儀式の「衣紋・装束」に通じた人物として知られ、その子孫永季《ながすえ》は、後光厳、後円融、後小松天皇三代（一三五二〜一四一一）に仕えた功により、正三位に叙せられて堂上に加わり、高倉家を創始した。

以後高倉家は足利将軍家、織田信長、豊臣秀吉など時の権力者に「衣紋道《えもんどう》」をもって仕え、江戸時代には幕府行事における装束、衣紋を担当する専門職として八百石余を給された。その後高倉家は嫡流の永家、永相、永孝が継いでいくが、永相《ながすけ》の弟親具《ちかとも》の子康胤《やすたね》、信孝《のぶたか》らは、嫡流の高倉家に対しそれぞれ堀河、樋口の別家を立て独立した。

『公卿補任《くぎょうぶにん》』を参考に、もう少し詳しく見てみよう（系図参照）。

後奈良《ごなら》天皇の弘治三年（一五五七）、正二位・権大納言の高倉永家《ながいえ》（六二歳）は出家して職を退き、正親町《おおぎまち》天皇の永禄三年（一五六〇）、嫡子の永相《ながすけ》（三〇歳）が従三位・非参議として登場する。その永相も天正一三年（一五八五）権大納言を極官として職を退いたあと、翌天正一四年、嫡子永孝《ながたか》が従三位・非参議として堂上末席に連なった。

一方永相の弟親具《ちかとも》は庶流のため任官はなかったが、その子康胤《やすたね》（三九歳）は寛永七年（一六三〇）、従三位・非参議として堂上に連なり、遅れて弟の信孝《のぶたか》（三九歳）も寛永一四年従三位・非参議となった。信孝はその後寛永一九年（一六四二）の正月に正三位、慶安三年（一六五〇）に従二位となり、明暦四年（一六五八）六〇歳のとき参議への昇進を最後に退官している。

この信孝の女《むすめ》が光友の側室となり、勘解由小路《かでのこうじ》（「かげゆこうじ」とも）と呼ばれた。それがいつのことか正確にはわからないが、彼女が義昌を出産したのは二五歳の慶安四年（一六五一）で、光友は二七歳であった。前年の五月に藩主義直が亡くなり、光友が襲封している。おそらく輿入れはそれより先の、慶安二年頃だろう。側室とはいえ御三家筆頭の尾張徳川家に入ったことで、間もなく父親が正三位から従二位へ昇進したと考えられる。信孝が三位とも二位とも記されるのは、この微妙な時期のせいだろう。
○二の丸様、公の訃を聞き給いご剃髪《ていはつ》、梅昌院と申す。
○上使前に二の丸を御あけ、早速中御屋敷へ御移り、上使以後御下屋敷へ御移りの筈なり。

三の丸様の次は、二の丸様のご様子である。二の丸様は綱誠《つななり》側室の「梅小路《うめのこうじ》」のことで、多くの子供を生んだがいずれも早逝した。しかし二の丸に住していたことから、側室の筆頭だったことがわかる。綱誠の没後すぐに髪をおろし、梅昌院《ばいしょういん》と称した。「ご剃髪」とあるが、「剃《そ》り髪」には文字通り髪を剃る場合と、肩あたりで切り揃える二通りがある。前者は頭巾を被り袈裟を纏った比丘尼姿となるが、後者は後ろ髪だけをカットした「切り髪」髷《まげ》を結い、地味な小袖を着る。尼僧姿とは異なり、身分のある武家の後家などは、ほとんど後者である。「落飾」とあればまず後者を連想するが、梅小路の「剃髪」ははたしてどちらであろうか。

この梅小路、名前から公家の娘のように思われるが、どうも出生がはっきりしない。『尾張徳川家系譜』の綱誠の項に「京都ご出生の由《よし》に候えども、御父知らず。ご家中酒井文五左衛門は、ご由緒《ゆいしょ》の者の由《よし》」とあるのがわずかな手がかりで、『士林泝洄』（続編）は次のように記している。

○酒井忠時（弥太郎・庄介）、元禄十年、成瀬隼人正同心に属し召出され、二百五十石を賜う。享保二年寄合と為し、十五年梅昌院夫人に附属し御傅《ごふ》と為す。同年十月職を免じ、寄合と為す。享保二十年卒。

酒井が梅昌院の傅役《もりやく》だったのは享保一五年（一七三〇）の二月から一〇月までと短く、その間の七月に梅昌院は亡くなっている。つまり亡くなる前の数か月間、縁者だった酒井忠時が老婦人の「介護役」を仰せつかったように推測できる。

酒井忠時の父勘左衛門は「土井大炊頭《おおいのかみ》に仕える」とあり、祖父利左衛門は「神君（家康）に奉仕、武州に居住」とあるだけで、ともに詳しい記載はなく、藩主側室の縁者が藩士に採用されるときのパターンを思わせる。忠時の通称が「文五左衛門」でない点が少々引っかかるが、梅昌院にかかわる人物は、恐らくこの忠時であろう。

※酒井姓は『士林泝洄』に三家あるが該当しない。

話を進めよう。梅昌院は幕府からお悔やみの上使を迎えるにあたり、それまでの二の丸の住まいを引き払って中屋敷へ移り、さらに上使お迎えが済んだあと、御下屋敷に移る手筈だという。六月一八日の『日記』には「二の丸様、公の御下屋敷へお移り。此の間、長持数百運びけるなり」と、引っ越しの記事が記されている。

綱誠（泰心院）の死によって父光友はかつての剛毅さを失ったようにもみえる。将軍綱吉から吉通の後見を命じられたが（七月）、長く光友を支えてきた家令の玉置市正も致仕し（九月）、年が明けてからは大曽根邸に引きこもることが多く、弓や槍の演武を観て過ごした。元禄一三年の一〇月一三日に発病し、わずか三日後に、ご逝去となった。

綱誠側室の本寿院

綱誠の側室はたくさんいるが、殿のご寵愛を受けた筆頭は坂崎氏の娘下総《しもうさ》（「お福」とも）であろう。綱誠没後本寿院と呼ばれた女性で、継嗣吉通の生母でもある。『婦女伝略稿』の「泰心公側室坂崎氏（本寿院）」の項は、驚くべき暴露記事からはじまる。

○（下総・本寿院は）資性軽薄、美にして淫、その家に在るや傍隣《ぼうりん》の田島新兵衛安雄と私《ひそか》に通じ、事、覚《さ》むるや之《これ》と出亡し、幾何《いくばく》も無く還る。その人と為りを知る可し。

お城勤めに上がる前から下総《しもうさ》は近所の男と情を通じ、周りに知れると駆け落ちし、しかもほとぼりも冷めぬうちに又のこのこと帰って来た。その性情《せいじょう》推して知るべし、というわけだ。相手の男とは田島新兵衛安雄であり、朝日文左衛門も満更縁がないわけではない。

田島（嶋）家は新左衛門が松平忠吉に召出され、鉄砲玉薬奉行として百五十石を賜っている。その子供が二流に分かれ、長男の系統からは朝日文左衛門の同僚である城代組の田島儀兵衛が出、もう一方の鉄砲玉薬奉行を継いだ系統から、問題の新兵衛安雄が出ている。

綱誠の側室に召されてから下総は、吉通、岩之丞、蔦姫、立姫を生み、順調に奥の生活を

【田嶋家】（『士林泝洄』第六六）

- 新左衛門
  - 助十郎（長野同心・百五十石）── 助十郎（同・二百五十石）
    - 新左衛門（同・嗣無し）
    - 儀兵衛（御城代組）── 権太夫
  - 八右衛門（鉄砲玉薬奉行）── 八右衛門（鉄砲玉薬奉行）── 新兵衛安雄（元禄八継家領・御馬廻）

送っているように見えた。かっての駆け落ちも「若気の至り……」と人々が忘れ去ろうとする頃、逆に記憶を甦らせる件が起きた。

〇元禄十一年（安雄）、公に従いて江戸に在り。ときに公、安雄を擢（とりたて）て以て崇厳君（弟・松平義行）の小姓とす。安雄、因って江戸に至る。坂崎氏（下総）其の来たるを喜び、託するに通家旧好を以てし、後庭に招き入れて之を饗す。人すこぶる怪しむと。

この年は、三月に麹町邸《こうじまち》へ大樹（将軍綱吉公）を迎えるという「藩を挙げての大行事」を控えていた。昨年七月に尾張邸来臨の旨が伝えられ、八月に御成り屋敷建設のため麹町邸に添地を賜り、光友も木曾の木材と金二万両を綱誠に贈った。九月に立柱式、一二月に新邸が完成、明けて二月には光友も江戸邸に到着し、将軍を迎える準備に入った。一方、御馬廻の連中が多数江戸へ動員されることになり、一月六日以降、連日二〇人の御馬廻に小頭一人が付いて、江戸へ下った。そのなかに「田島新兵衛」の名があった。さらに三月一八日の将軍御成りの当日、「麹町お屋敷・御居宅・表御門・御番所」を警備するメンバーの中に「田島新兵衛」の名がみえる。『略稿』の「田島江戸詰め」の記事が確かめられたわけだが、警固の任が解かれたのち、田島が崇厳院様（義行）の小姓となる話までは、『日記』に記されていない。しかし以後江戸詰めが続いていれば、下総と会う機会は十分にあった。

翌元禄一二年に綱誠公が亡くなった。『略稿』は「これより恣《ほしいまま》に淫すること殊に甚だし」と記し、綱誠没後に本寿院が「忌憚なく（憚ることなく）通じた男」として「荒川惣左衛門・

飯沼林左（右）衛門・佐治新二（次）郎」の三人を挙げている。

筆頭に挙げられた荒川家はなかなかの名門で、先祖義弘が三河国吉良に住み、松平広忠の女を娶って弘綱、家儀の兄弟を儲けた。家儀の系譜は、弘秋（忠吉・義直に仕える）―吉政（義直に仕え大番頭）―吉任（寄合触流れ頭、千五百石、寛文四没）とつづき、その子が頼廉、頼久の兄弟である。二人の経歴は、『士林泝洄』に次のように記されている。

【荒川家】 第三七

吉任
- 頼廉（三弥）　父家領継ぎ寄合、延宝元大番頭、延宝五綱誠傅二千石、天和元寄合、元禄五致仕。
- 頼久（主馬）　綱誠小姓、延宝八歩行頭、貞享元五十人頭、元禄元書院番頭、同四御用人五百石、同一一吉通奏者番、同一四大番頭千石、正徳二 五郎太君傅、同三没、六三歳。

系譜中の荒川主馬が問題の人物であるという（『尾張大奥物語』）。六月五日に綱誠公が亡くなり、二一日にご遺体が建中寺に到着し、二四日に葬儀が行われた。七月一一日に吉通が襲封、そのあと七月一六日、「六七《ろくしち》の御忌《ぎょき》・施餓鬼《せがき》法要」を以て一連の法事を終えた。その二日後に江戸で人事の発表があり、奏者番の荒川主馬が二百石加増の大番頭並となり、飯沼林右衛門と佐治新次郎がともに御側寄合入りしている（『日記』元禄一二・七・一八）。

『婦女伝略稿』は、本寿院の房事をさらに具体的に記す。

○潜《ひそ》かに内臣を浴室に召し、親しく房術の巧拙、陽勢の利鈍を試し、中より選べる者、以て寝に侍る。故に與《とも》に姦せる者、其の数を知る莫《な》し。醜声、中外に施し、後庭の乱れ、前代未《いま》だ有るところなし。

【飯沼家・佐治家略系図】（『士林泝洄』第六七・第一七）

○飯沼林右衛門守明（弓頭、三百石）—林右衛門光和（元禄五吉通御傅、同一二御側寄合、同一四小納戸、宝永二辞職）

○佐治金右衛門重治（智姫御傅、百五十石）—新次郎某（元禄六年五郎太御抱守、同一三年寄合、享保六年故有て暇）

荒川、飯沼、佐治らは、こうした房事を通じて取り込まれていったのだろうか。房事の内容を具体的に記すのは憚られるが、寛政年間に書かれた『趨庭雑話《すうていざつわ》』は聊《いささ》かも憚ることなく、次の話を載せている。

○円覚公（四代吉通）ご生母本寿院主（於福の方、坂崎氏）は、すぐれて淫奔に渡らせ給う。就中《なかんづく》、其《その》けやけき（異様さ）を挙ぐれば、お付き御用達抔《など》は始めて江戸へ下りし者は、時にふれてお湯殿へ召され、女中に命じてはだかになし、陰茎の大小を知り給い、大イなればよろこばせ給い、よりより交接給うこともありき。又、お湯殿にても、まま交合の巧拙を試み給う事ありしとなり。是のみならず、淫行多くあれども、余り猥褻《わいせつ》に至れば、さすがに言い難くと窃《ひそ》かに其の一、二を御物語なり。

尾崎久弥氏の解説に「尾張藩君臣の逸事を集録した『趨庭雑話』は、尾張藩士安井某の編。成立年代は寛政十一年後」とあり、「この本寿院に関する伝聞を載せていることを以て、他の記事の真実性を証するもの」としている。「藩の恥をしのんで、伝え聞いた内容を曲げずに記しているから、この書は信用に足る」という意味だろう。宝永のおよそ百年後に書かれた冊子だが、「それだけ長く記憶にとどめられた醜聞」ということにもなる。上記のつづきに、本寿院が生んだ四代藩主吉通のことが記される。

〇円覚公（吉通）淫酒におぼれ、早世し給う根元は、本寿院主母、則《のり》なく姑息に溺れ、悪しき事のみを見習わせ給えるによれり。しかのみならず、石川兵庫、院主の意を迎え其《ママ》に悪しく守り立て奉り、其の後は奥田兄弟・守崎が徒、皆、君の明を覆いしによれりとなん。

吉通公が酒色に溺れたのは、母親の悪いところだけを見習ったせいだ、とある。さらに取り巻きの石川兵庫、奥田主馬兄弟、守崎頼母らが、主君に備わっている明徳を曇らせている、というのである。先の『略稿』が真っ先に挙げた荒川主馬は、『雑話』の方には含まれていない。荒川家の家譜を丹念に見たが、主馬が果たして本寿院に通じていたか、経歴からは断定できない。

本寿院様「蟄居」

奥田主馬らの「奸臣ぶり」はあとでまとめて記すとして、夫の死と実子吉通の藩主就任、その後の義父光友の死によって重石《おもし》が取れたのか、元禄一三年以降は男性関係以外でも、本寿院の我儘が目に付くようになった。元禄一五年正月六日の『鸚鵡籠中記』に、「一色伝右衛門お役御免（はじめ御用人）。ご加増二百石召上げられ、寄合となす」とあり、次のような事情を記している。

○津侯江戸にて伝右衛門御免を聞き給い、不審し給うと。然れば御心より出ず歟。岩之丞様をご養子に成されざる事を本寿院様ご立腹なり。かつて津侯、万三郎様ご養子につき、ご道中は公より御物入りにて、市谷へ先ずお入り成され、其の上にて御引取なされたく、お願いといえども本寿院様の御含みにより叶わず。津侯ご不快なり。津侯と本寿院様との間、ご老中も折衷しがたき事多しと。之によって伝右衛門一人に咎を課せ此の如しと。

一色伝右衛門佳孝《よしたか》の先祖は公卿飛鳥井《あすかい》家の出で、曽祖父が義直の蹴鞠《けまり》の師範として三百石で召出され、代々三百石の家領を継いでいた。当の伝右衛門は光友の御用人となり二百石を加増されたが、光友の死により寄合《よりあい》入りし二百石を減じられた。しかし翌一四年、再び御用人として召出され二百石加増、日記にあるように翌一五年に又寄合となり二百石減じられた。出たり入ったり増えたり減ったりと、何とも奇妙な人事だが、この話を摂津守義行《よしゆき》様（光友二男、四谷家、高須藩初代）が耳にされ、ご不快に思われたという。その背景はこうだ。

かねて本寿院は実子岩之丞（綱誠一五男）を義行の養子とし、四谷家の二代目を継がせることを目論んでいた。実現すれば尾藩と支藩高須の藩主を、ともにわが子が握る。しかし高須藩主義行は、同じ甥でも卓然院《たくねんいん》（唐橋・里見伝兵衛女）が生んだ万三郎（綱誠一四男）を養子とし、高須藩二代目「義孝《よしたか》」として、跡を継がせた。

決定後、義行は万三郎を名古屋から江戸へ呼ぶ費用を節約するため、江戸藩邸（市谷上屋敷）まで尾張藩の費用で来て貰い、正式に養子縁組したあと、道（いまの靖国通）を隔てた高須藩邸に移ってもらうことを考えた。しかし藩主の生母本寿院が一人反対して、道中費用がすべて高須藩の負担となり、以来、摂津侯と本寿院様との間は、「老中も折衷しがたい不仲」となった。

高須藩三万石は創設以来、毎年本家尾張藩の援助を受け続けるほど、財政が苦しかった。一色伝右衛門の加増分召上げと寄合入りのイザコザは、養子をめぐる騒動の責が、御用人の一色ひとりに押し付けられた結果らしい。

これだけではない。吉通が藩主になって以来、生母本寿院の生活の乱れは「江戸中の噂」になっていた。一色の件が話題になった同じ年の初冬、尾張藩家老の鈴木伊予守重長は幕府の老中に呼び出され、注意を受けている。

〇元禄十五年十月二日　頃日《けいじつ》江戸にて大樹の御老中、鈴木伊予守に謂《い》いて曰《いわ》く「尾張の御家中へ町人出入り憚《はば》からざる躰《てい》に見ゆ。事《こと》長じなば御家のため汝らまでも悪《あ》しかりなん」と咄《はな》しこれあり。本寿院様貪婬絶倫《どんいんぜつりん》なり。或いは寺へ行きて御宿し、また昼夜あやつり狂言にて諸町人役者ら入り込む。

単なるわがままや浪費癖とは違い、男狂いとは穏やかではない。寺へ出かけて泊まったり、気に入った町人や役者を屋敷に引き込んでいるという。文左衛門の言う「貪婬絶倫」の噂が、幕府の老中にまで届いていたとすれば、家中の者も当然知っていたはずだ。お側に仕えていた綱誠《つななり》公が三年前に亡くなったとき、下総は髪をおろし「本寿院」と称したが、未亡人として日々夫の菩提を弔うには、若すぎた。

『金府紀較抄《きこうしょう》』（作者不明、享保頃）によれば、彼女は元文四年（一七三九）七五歳で亡くなっている。逆算すると寛文五年（一六六五）の生まれで、綱誠が四八歳で亡くなったとき未だ三五歳、幕府から注意を受けたのは三八歳頃だろう。この先亡くなるまでの三七年間、独り身の躰を持て余すことになる。

藩家老の鈴木伊予守を中心に、本寿院様を「お諫《いさ》め申上げる」策が話し合われた。しかし誰も猫の首に鈴をつける役を引き受けない。『日記』はその「策」の中身を記していないし、ひょっとすると、そのまま口を噤《つぐ》むことにしたのかもしれない。なぜなら、彼女のご乱行はその後も一向に収まらず、藩も対処しなかったからである。『日記』から追ってみよう。

○元禄十七年二月廿三日　頃日江戸に於て、針医奥田伯仙三十石五人扶持にて仕えられ候。

本寿院様の針医に。

奥田伯仙の素性は不明である。「江戸においてー」とあり、有名な針医でない限り調べようがない。大野一英氏は、針医奥田伯仙を推挙したのは本寿院ご家老の永井金左衛門とし、さらに『皇国名医伝』を紐解いて、一七世紀の京都の針医「松岡意斎」の門に奥田某がいることを調べられている。しかし時期的に見て直接結びつかないらしく、或いは普通の町針医かも知れない。

永井金左衛門は綱誠部屋付きの五十人組（小十人組、雑役・護衛役）として出仕、のち御屋形奉行を経て貞享元年奥御番、元禄六年小納戸として三百石、元禄一三年鉄砲頭と順調に出世している。元禄一四年の日記には「本寿院様ご家老に永井金左衛門。二百石ご加増」（一一・一五）とあり、大野氏の言われるように、或いは永井が、「針医の紹介（元禄一七・二）」に関わったのかも知れない。直後の元禄一七年三月一三日に改元があり、宝永元年となった。

○宝永元年（一七〇四）九月廿七日　頃日、本寿院様御好みにより、江戸にて相撲取一人御抱え。

この相撲取りがどういう役割なのか気になるところだが、まさかボディガードとして雇ったわけではあるまい。

○宝永二年正月二日　昨年山本道伝江戸へ下らず。自今以後も参らず。埒《らち》は本寿院様、たびたび艶書お付け候ゆえなり。去年も堕胎し給う。

芥子川《けしかわ》律治氏は「山本道伝というのはおそらく尾張藩の藩医であろう」（昭和五四年）とし、それを受けて神坂《こうさか》次郎氏も、「ある時はまた、ふと見た典医に心を動かし恋文をおくることもあった」が「藩医の道伝は硬骨漢であった」（昭和五九年）と、医者であることを前提とされている。道伝という名前や、うしろに堕胎の語があることから医者と思い込みやすい。『士林泝洄』にも光友の時代に二百石で召出され、京都に住む「山本道恂《どうしゅん》」という医師のことが記されている。その子供の「恂庵」が跡を継いで綱誠、吉通、継友に仕えているが、しかし「道伝」を名乗ってはいない。

同じ『士林泝洄』の別な個所に「山本姓」の御茶道《おさどう》（「おちゃどう」とも）頭《かしら》が出てくる。家康、秀忠二代に仕え三百俵を賜っていた「山本道勺《どうしゃく》」で、その子「道伝政之」を秀忠が推薦して弟義直の茶道の師とした。光友のときに藩の茶道頭になり、三百石を賜っている。その甥の政儀が養子となり「道伝」の名を継いだ。正徳五年致仕《ちし》（退職）とあり、彼が『日記』に出てくる道伝であろう。本寿院から再三送られる恋文に辟易《へきえき》したとみえ、本寿院のいる江戸へは頑として下らなかったのである。

幕府ご老中が尾張藩家老に注意を促してから二年余り、一向に素行の改まる気配がないことにしびれを切らし、遂に幕府は、「本寿院様蟄居」の断を下した。公儀から「蟄居の内意」を受け取った藩の重臣たちは、ようやく重い腰を上げた。本寿院に気づかれないよう、周到な策が練られた。まず本寿院様の居場所を移さなければならない。

○宝永二年六月十五日　江戸において本寿院様、四つ谷屋敷へお入り（岩之丞様ご同道、これは半途より態《わざ》とお帰り）。即刻河村九郎右衛門（御国御用人）嶋沢代右衛門（御用人）お使いにて、

「じかにご逗留なさるべし」と云々。お道具等、則ち持ち運ぶ。本寿院様をはじめ女中ら大きに興を醒《さ》ますと云々。

本寿院は藩主吉通のご生母として、市谷《いちがや》の尾張藩上屋敷に暮らしていた。五万坪の広大な藩邸敷地を、今はそっくり防衛省が占めている。上屋敷は藩主の居屋敷であり、政庁である。そこに本寿院を閉じ込めるわけにはいかない。まずは隠居所や世継ぎの住まいとして利用される中屋敷へ移すことになった。尾張藩の中屋敷は、上屋敷に近い麹町《こうじまち》にある。かつて綱吉が御成《おなり》になった御殿と同じ敷地だ。四谷御門を入ってすぐ右側、南北に長い一万坪の土地で、いまは聖イグナチオ教会と上智大学の構内になっている。

上屋敷と中屋敷は中央線の市ヶ谷から四ツ谷駅まで一駅分《ひとえきぶん》離れていて、この七百メートルの距離を駕籠で移動する。駕籠の列には本寿院の警戒心を解くため、当時一二歳になる実子岩之丞の乗物も加わった。しかし中屋敷が近くなると岩之丞の駕籠だけ行列からそっと離れ、もと来た道を戻っていった。この岩之丞、年の暮れに亡くなっている。

一行が屋敷へ着いて間もなく、藩命を帯びた御国御用人河村九郎右衛門と御用人嶋沢代右衛門が現われ「このまま麹町邸にとどまること」「道具類はこのあと運び込まれること」を伝えた。ここに至って本寿院と奥女中たちは、はじめて事の次第を理解した。

使いに立った河村九郎右衛門長秀は、綱誠の小姓にはじまりこのときは御用人だが、のちに八百石の御国御用人に出世している。この孫が国学者の河村秀根《ひでね》で、蟄居生活を送った七代藩主宗春に献身的に仕えたことで知られる。もう一人の嶋沢代右衛門往長も河村と同様、綱誠の小姓を振出しに吉通の時代には御用人となり、当時八百石を給わり、のちに大番頭《がしら》に出世している。

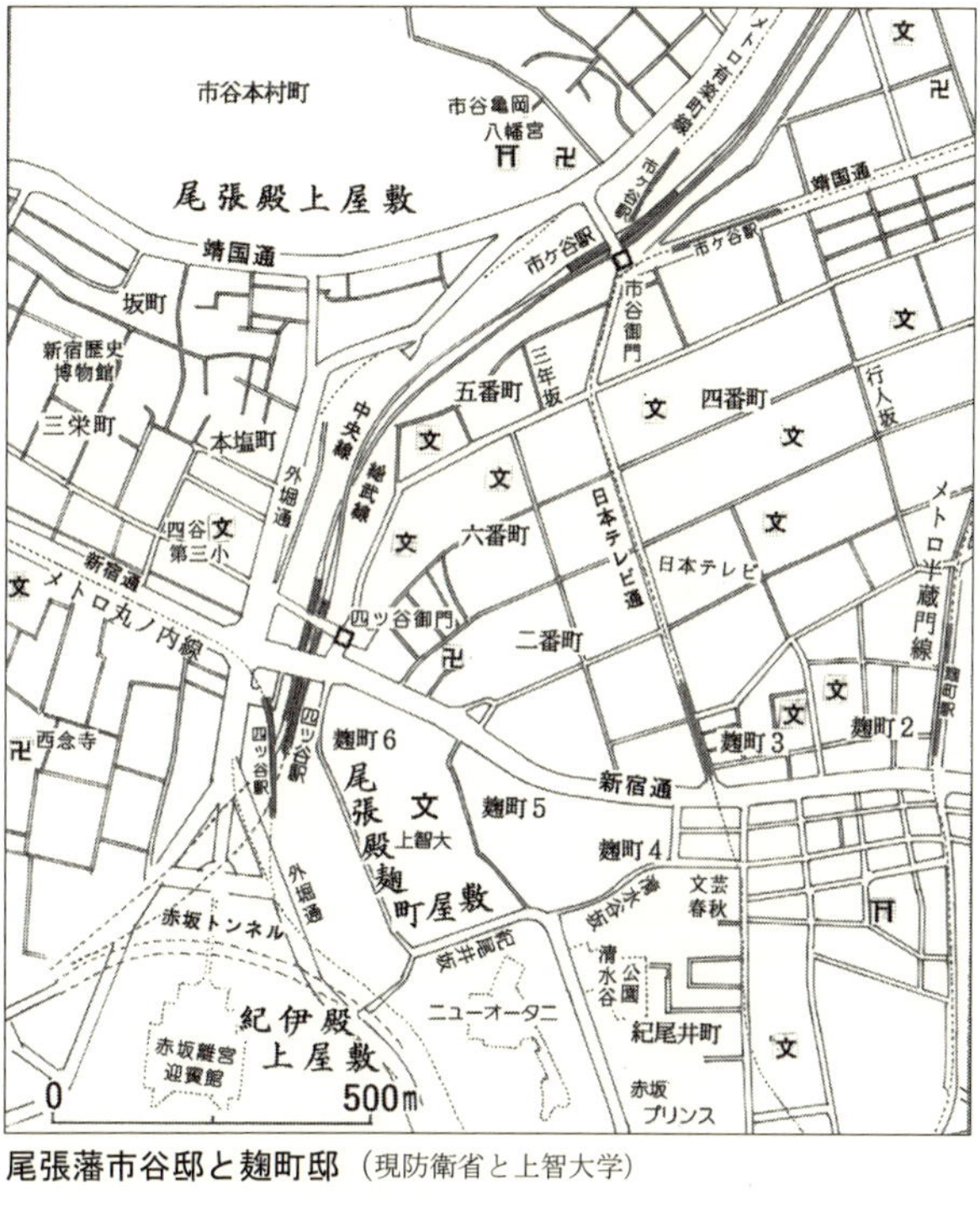

尾張藩市谷邸と麹町邸（現防衛省と上智大学）

【河村家系図】

秀久―秀政―秀信
　　　　　└長秀（九郎右衛門、吉通御国御用人、八百石）―秀龍（秀世《ひでよ》、六百石、五十人組頭）―秀穎《ひでかい》
　　　└秀根《ひでね》―殷根《しげね》
　　　└益根《ますね》

河村秀根は、秀龍の二男に生まれた。享保一八年（一七三三）一一歳のとき宗春の長子国丸《くにまる》君（享保一五誕生）の小姓に採用され、江戸勤めになった。しかし三年で国丸が没したため、今度は宗春の小姓として仕えた。元文四年（一七三九）宗春が幕府から謹慎を命じられると、数人の者と麹町邸に退いて宗春に侍し、名古屋へ送還されたのちもこれに従った。宝暦二年（一七五二）宗春の奥番となり、幽居の御下屋敷《おしたやしき》に仕えた。宗春没後は寄合入りし、神道、故実、歌学を学んで蔵書家としても広く知られた。のち安永六年に蘇森子桂という医学生の讒言《ざんげん》により、幕府転覆を企んだとして益根とともに捕えられたが、翌年疑いが晴れた。その著書は『書紀集解』をはじめ、古典全般の注釈に及ぶ。

本寿院は四ツ谷麹町邸へ蟄居のあと、当然のことながら門は固く閉ざされ、警固は厳重をきわめた。公儀からの内命による移徙《いし》（引越）と蟄居は藩主吉通も納得しており、当分は対面の機会もないらしい。

○年来本寿院様、甚だ荒淫不法なり。公儀より御内意の移りこれ有りて、このごとく蟄《ちっ》し給う。自今、殿様ご対面もこれなきはずなり。頃日も一位様ご気色悪しきにつき、公儀

役人中一位様お変わりこれなき内に急ぎお移り候えと内意これありと云々。お慰みにお越し候えと仰せ出だされ、お越しの跡よりお道具参り、追っ付け年寄中お移りのご祝儀に参られ候由。

○御門は午前より足軽頭野呂瀬文蔵（足軽召連れ）之を固く引き越す。

○御目付両人五十人目付両人（柴山百介）相詰める。

ちょうどこの頃将軍綱吉の生母桂昌院（元禄一五年三月従一位に昇任）の体調がすぐれず、公儀役人から「一位様にもしものことがあると、本寿院様の件もウヤムヤになってしまう、なるべく早くお移り頂くように」とせかされた。そこでとりあえず「本寿院様の気晴らし」を口実に麹町邸へお移りいただき、道具を運びこんだあとご家老が移徙の祝いに駆けつける、という慌ただしい段取りであった。桂昌院様のご容態が優れないというのは本当で、この一週間後七九歳で亡くなっている。

蟄居後の麹町邸には、足軽頭の野呂瀬が足軽たちを引連れ常駐した。目付も四人が詰め、誰も屋敷にはいれないようにした。目付の一人に、朝日文左衛門の従弟にあたる柴山百介がいて、こまかな情報はこのあたりから仕入れたと思われる。

○公儀より此方ご老中へ内意これ有り。本寿院様新屋敷へお入り候につき、御門かたく相守り、諸商売人ら一切入れ申すまじき由、堅く仰せられ候由。本寿尼を汚《おぼら》す輩《やから》、役者・町人・寺僧および御中間《ちゅうげん》らまで甚だ多し。軽き者は御金を拝領するもの多し。去年ごろ、中条主水家来御気に入りたるとて、御もらいご寵愛なり。これより先石川七郎右衛門らもこれを犯す。公儀お局右衛門督どの御気に入りなり。これ悪性のすすめてなり。園姫様も御仲よしなり。共に悪性したまうと云々。（ここまで「宝永二・六・一五」記事）

公儀からは「本寿院様を藩邸から新屋敷へ移したあと門を固く閉じ、役者・町人・寺僧らを一切近づけるな」という厳しいお達しだった。本寿院の男遊びにかかわって何人もの名前が挙がっており、お金を貰い口止めされている小者もいるが、なかには大物もいる。名前が出ている石川兵庫（七郎右衛門）がそうだ。途中で「石河《いしこ》」姓に表記が変わる老中職の家柄である。

七郎右衛門正相《まさすけ》は養父（叔父）忠昌の家領千石を継いで大番頭だったが、元禄六年に吉通公の御傅《ごふ》となり、一三年には二千石の御側同心頭、日記にある宝永二年の本寿院蟄居直後には、何故か三千石の家老に出世している。

さらに調べてみると、本寿院には「遊び」の指南役のいたことがわかった。

その一人が、江戸城大奥のお局《つぼね》「右衛門督（実際は右衛門佐）」だという。お局は「お年寄」と呼ばれる大奥の権力者で、「表《おもて》」の世界の老中格にあたる。「右衛門督《うえもんのかみ》・佐《すけ》」は古代律令制の官職名で、それぞれ正五位上・下に相当する上級官人である。こうした官職名が大奥へ持ち込まれることに違和感があるが、宮中から大奥入りした女性たちに官職名を付すことは、よくあったらしい。

五代綱吉の正室鷹司信子《たかつかさのぶこ》（一六五一〜一七〇九、浄光院）は左大臣鷹司教平《たかつかさのりひら》の姫で、寛文四年に輿入れしたが（一三歳）、長く子供ができなかった。綱吉の生母桂昌院は、身近に奉公していたお伝（黒鍬者小谷の娘）を側室にすすめ、やがて鶴姫、徳松を生み、大奥に権勢を張ることとなる。これに対抗するため信子夫人は京都の姉房子《ふさこ》（霊元天皇中宮・新上西門院《しんじょうさいもんいん》）に人選を頼み、結果、水無瀬《みなせ》中納言の姫常盤井《ときわい》が選ばれ下向した。類《たぐい》まれな美貌と教養でたちまち綱吉に気に入られ、大奥取締りとしてあらためて「右衛門佐《うえもんのすけ》」を名乗った。右衛門佐は上臈《じょうろう》年寄だが、綱吉の側室となった大典侍《おおすけ》、新典侍《しんすけ》（典侍《てんじ》は天皇に近侍する内侍司《ないしつかさ》の次官）も京都から下向した公卿の姫で、いずれも官職名を名乗っている。文左衛門は日記で右衛門佐を「悪性の女」と難じているが、大奥の女性をどの程度知っていたか疑問で、「佐」を「督」とするなどの誤記もそうである。おそらく単なる噂話を書き留めたのであろう。

もう一人本寿院の「悪性友達」と指摘する「園姫《そのひめ》」（妙園院、一六六〇〜一七二五）の方は、案外本当かも知れない。綱誠の正室「新君《にいぎみ》」（瑩珠院《えいじゅいん》、一六五四〜九二）の妹で、一六歳で備後の三次《みよし》藩主浅野長照に嫁している。本寿院にとっては「五歳年上の姉貴分」であり、いろいろ相談しやすかったのかも知れない。宝永二年には園姫も寡婦となり、江戸の青山邸に住んだ。青山は、浅野家本家の安芸広島藩下屋敷（神宮前四丁目）があったところで、今の表参道ヒルズ辺りになる。「新君」「園姫」に定姫、智姫、清姫を加えた五姉妹はすべて広幡《ひろはた》大納言忠幸の女《むすめ》であり、たどれば皇族につながる止《や》ん事無《ごとな》き女性である。

近松茂矩は『昔咄』（第五巻）の中で「智《とし》姫様、其姫《その》（園姫）様、此のお二方は至極美人なりと申せし由、殊に其姫様は甚だ派手なる御生質なりし由……（夫の）式部大輔殿（長照、一六五二～一七〇五）ご病気にて引込養生あり……その後死去にて、本家但馬守殿（安芸広島藩四代綱長）次男土佐守殿（長澄《ながずみ》、一六七一～一七一八）養子にて家督相続ありしが、土佐守殿ご子息主珍殿（長経《ながつね》、一七〇九～一九）早世にて潰れぬ。分地ゆえ知行は安芸守殿（浅野家五代吉長《よしなが》、一六八一～一七五二）へもどりぬ。それより其姫様は江戸青山に御座なされ、妙園院様と申し奉りぬ」と記している。園姫については、わざわざ「甚だ派手なる御生質なり」と書いており、相当噂にのぼった女性のようだ。

その後の本寿院

本寿院の麹町邸蟄居が宝永二年（一七〇五）六月一五日のこと、以後御門は足軽頭野呂瀬文蔵配下の足軽たちが、固めている。また目付と五十人目付たちも邸内の見回りに余念がない。

○宝永二年七月三日　本寿院様お屋敷へ、永井金左衛門に指添《さしそ》え相勤むべしと。大塚幸右衛門小納戸と為し、（奥番より百石御足米、御庭足軽御預）服部斎（改四郎右衛門）御供番となる、御加増之《これ》有り。行方作左衛門御弓之衆（五十人目付より星野勘左衛門弟子）。

永井金左衛門は、元禄一四年一一月に本寿院付き家老（五百石）になっている。本寿院が蟄居となり、新たに大塚幸右衛門と服部四郎右衛門の二名が、補佐役として永井に付けられた。

大塚は二百石の小納戸役だったが、百石を足米《たしまい》して御庭足軽頭を兼務させた。また服部斎は四郎右衛門と改名して御供番となり、家禄の百五十石に百石と役料が足米された。翌四日にも「本寿院様御用」という理由で、広瀬助太夫（目付）、小笠原与一兵衛、酒井某（五十人目付）といった藩士が、江戸へ下っている。いずれも本寿院邸（麹町屋敷）の警護のためだろう。

翌宝永三年（一七〇六）に、妙な事件が起きている。

○三月廿一日　去る比《ころ》江戸本寿尼公のお館、放火三度。（お台所・お雪隠・長局と云々）　皆云う。これには仔細あるべし。広瀬助右とおりものゆえ、僉議ざっとして済ましけるとぞ。火を包みたる反古に、三度ながら広瀬助右衛門と云う名あり。

本寿院の蟄居する屋敷で、三度放火事件があったという。火が付けられたのは台所、便所と女中が住む長局《ながのつぼね》で、広瀬助右衛門は「通り者の仕業だろう」と簡単な調べだけで終わっているが、三度の付け火に用いた紙にはいずれも広瀬助右衛門の名が書かれていたという。

江戸へ目付として下った広瀬助太夫と、調べに当たった助右衛門が同一人物であるか問題が残るが、その役職から考えおそらく同じ人物であろう。事件が屋敷を監視する広瀬らへの嫌がらせなら、犯人は本寿院側つまり内部の仕業となる。広瀬は事を荒立てず、無視を決め込んで鎮静化を図ったと思われる。

広瀬家は敬公の時代から作事・普請奉行を務めた家柄で、助右衛門は隠棲後の光友に御供番として仕え、その後御目付として三百石を給されている。江戸から帰番ののち熱田奉行を拝命しており、なかなかしっかりした人物のようである。
○九月廿九日　頃日江戸において野呂瀬文蔵御小納戸に帰番（御庭御足軽お預け）今まで（御先手。足軽頭なり）。
六月の蟄居以来三か月が経ち、ようやく麹町邸も落ち着いてきた。門を固めていた警護責任者の野呂瀬文蔵（分蔵）も任務を解かれ、もとの小納戸役に戻された。ただし御庭方は兼ねていて、配下の足軽もそのまま残されている。一方、本寿院に近侍していた永井金左衛門は、再三にわたって辞意を申し入れていたが、ようやく後任が決まり解放された。
○十月晦日　頃日江戸にて永井金左衛門御役御免。寄合と為す（御加増初の如し）。頓而《にわかにし》て登る。跡役真鍋茂太夫仰せ付けらる。二百石御役料。
永井の後任となった真鍋茂太夫正陳《まさのぶ》は先々代光友のもとで五十人目付、上松《あげまつ》奉行、材木奉行を歴任した茂太夫助寿《すけとし》の子で、隠棲後の光友に仕えて御内証役人、さらに光友没後に御供番、御側寄合を務めた。宝永二年一〇月の移動で本寿院様の御傅《ごふ》となったが、宝永四年には病気を理由に辞職している。『日記』では病気の「裏事情」に触れている。
○宝永四年（一七〇七）十一月十二日　真鍋茂太夫、病気お役御免を願い、五百石のうち三百石を召上げられ、御馬廻となる。茂太夫江戸において本寿院尼より大分お金くださる。お気に入るゆえ、その身は勤め度き所存なれども、表の役人らこれを知るゆえ、御さそいにて、病気と称し願うと。

永井の後釜となった真鍋は、本寿院に相当気に入られたようで、内々にお金なども貰っているらしい。或いはそういう噂話が漏れたのであろうか、表の人事を扱う役人からいわゆる肩たたき（お誘い）があって、本人は続ける気十分だったが、病気を理由に辞職願を書かされたらしい。宝永二年の蟄居以来、屋敷への出入りもは検問が厳しくなり、町人どころか藩士も自由には出入りできない。したがって本寿院の記事も『日記』を賑わすことが少なくなった。

宝永八年（一七一一）の四月二五日、「正徳」に改元した。それから二年が経った正徳三年七月、本寿院の生んだ四代藩主吉通がわずか二五歳の若さで急死した。このとき本寿院の蟄居は解けていない。

〇正徳五年七月十八日　本寿院様にいちご進められ候ところ、詰めよう前に変わりたるとてお返し。この段を上野小左聞き、それならば遣らずにおけという也。

本寿院のワガママに対し、家臣たちの対応も変わってきた。以前は藩主ご生母ということで相当の無理も通ったが、蟄居に加え藩主も亡くなったとなればそうはいかない。いつものように本寿院の好きなイチゴを差し上げたところ、「イチゴの詰め方が前とは違う」と返された。係からこの話を聞いた上野小左衛門は、「返されたのなら、そのまま放っておけ」と突き放した。

芥子川氏はこの記事を評して「吉通は二年前に亡くなり異母弟の継友が藩主となったいま、本寿院の権勢も失せて、百石内外の下級武士から《いやならやめとけ！》とまで言われるようになった」（『尾張の元禄人間模様』）、と記されている。文章の流れから自然な表現と思うが、上野小左衛門は決して百石前後の下級武士ではない。

上野家の家譜には「そのむかし、日本武尊の東征に従った道臣命《みちのおみ》後孫の大伴武日《たけひ》が祖先で、近江の甲賀郡上野郷に館を築き上野氏と改称、将軍義詮《よしあきら》に属し、代々江州甲賀に住み、室町将軍家に仕えた」とある。

【上野家系図】

○上野資守（中務少輔）―資元（若狭守）―小左衛門資景（仕秀次・秀秋、尾張忠吉に三百五十石・御弓役、敬公足軽頭）

―小左衛門資行（三百五十石・御弓役）

―小左衛門資宗（正保二瑞公小姓、三改易、慶安元召返、御供番三百石、万治二御目付、延宝二御弓頭、元禄四没）

―小左衛門師資（元禄四家領二百五十石相続、小姓、同一三御目付三百石、宝永五御用人五百石、正徳二 六百石、同四 八百石、享保二 千石、同年千三百石 同一二寺社奉行、享保一六没）

大伴氏の末裔云々はともかくとして、上野氏の祖は甲賀《こうか》の上野城主あるいはその一族で、室町幕府に仕えた甲賀衆だったらしい。松平忠吉、徳川義直の時代に三百五十石の尾張藩士として採用され、代々小左衛門を名乗った。日記に登場する師資《もろすけ》は、正徳五年に御用人となり八百石を給わっている。このあと千三百石の寺社奉行にまで出世しており、なかなかの人物らしく、決して下級武士などではない。

同じく七月一八日の項に次の記事が載る。

○本寿院様、お花見の時、酒を少しにてももてこいと仰せられ候《そうらえ》ども之れ無し。大いに御機嫌損じ、引きかぶり御寝と云うなり。ご乱髪なんどにて、お屋敷の大モミの木なんどへ、のぼり給う事有りと云うなり。

お花見といっても、邸内の庭である。女中を通じて酒を所望したところ、あっさり断られた。よほど癇に障ったらしく花見は取りやめ、頭から布団を被って不貞寝《ふてね》を決め込んだ。聞くところによると、気持ちが高ぶったときなど、髪を乱して庭の樅ノ木によじ登るという。見たくないし、想像もしたくない図である。

このような記事を読むと、かつて栄華を誇ったご生母様がずいぶん冷遇され、零落しているように思うが、そうとも言えない。

○正徳五年十一月廿五日　瑞祥院様只今まで御飯米入り次第の処、来申年より三百石ずつに成り、御金六千両の処四千両になる。外百両御手金。○本寿院様御飯米入り次第の処、三百石になり（始め六百石か）、御金七千両の処三千両になる。

瑞祥院様とは、四代吉通の正室で輔《すけ》姫（九条関白輔実《すけざね》の娘）のこと、吉通は二年前に二五歳で亡くなっており、二歳下の室はこの年に二五歳になったはずである。来年からの手当てが玄米三百石、現金四千両に減らされたとある。

一方吉通の母本寿院の方は、六百石が三百石に減らされ、現金支給は三千両に減らされたという。コメは玄米支給だから、知行高に換算すると千石の大身に近く（三割五分の免と換算）、別に三千両（両・一五万円換算で約四億円）が支給される。蟄居中の身でありながら大した額である。

○享保九年（一七二四）四月十二日　本寿院江戸御立ち、尾州へ御登り、木曽路ご旅行。

（奥村得義『国秘録、御続帳』）

本寿院は六〇歳になった享保九年、ようやく故郷名古屋への帰国が許された。しかしまだ蟄居は解けておらず、名古屋での新しい住まいは、建中寺の南西スグにあった「御下屋敷《おした》」（現東区代官町から葵一丁目）である。朝日文左衛門重章はすでに六年前に亡くなっており、むろん『日記』に記されることもない。しかし話を途中で打ち切るわけにもいかないから、『尾藩世記』や市橋鐸氏の『尾藩異色聞人考』で、その後を辿っておく。

○享保一六年（一七三一）四月十二日　本寿院様御事、ご蟄居御座成され、御玄関お目付衆相詰め候ところ、右の役人中御引上げ、此れ以後お心のままに御他出成され候事。（『夢の蹤《あと》』）

※『遊女濃安都《ゆめのあと》』（『日本庶民生活史料集成』一五巻所収、異本に『夢の後』など）

享保一六年のこの日は、七代藩主宗春《むねはる》が東海道を経て名古屋に着城した日である。ときに公の装《よそお》いは「大いに世人の意表に出、異様なりければ国民等大いに驚くに至る」（『尾藩世記』）ものであった。「異様」と映ったのは「浅黄《あさぎ》の頭巾を着し、上に鼈甲《べっこう》にて作れる端反《はしぞ》りの異様なる笠を冠し、衣服、足袋に至るまで悉く黒色を用い」ていたからである。城に着いて間もなく、これまでの禁令、壁書がすべて廃止され、「本寿院先代放蕩《ほうとう》の聞こえありて蟄居せしめ、監察をして監守せしめしも、また解かれる」(『同前』)とある。以後目付の監視は外され、彼女は心のままに名古屋の街に出られるようになった。

○八月十二日　本寿院様お屋敷へ、町々より躍り召され、夜半までの筈……。(『同前』)

同じ日付の『尾藩世記』には「本寿院君邸に、盆踊りを為さしむ」とあり、さらに翌日も「また市中子女を召して、下邸に踏舞せしむ」とある。町を挙げての盆踊り大会が、御下屋敷で開催され、「子女を出した市街の一町ごとに銀五枚、一組の子女へ金二両宛を賜い、これを賞した」とある。蟄居が解け、自由の身になったことが余程嬉しかったのであろう。

新藩主の宗春もまた「家令以下御国奉行以上を召して参観せしめ、酒肴を賜う」とあり、公自身、近侍のもの一、二名を連れお忍びで群衆の中を歩いたという。派手好きな宗春公と本寿院様、気が合いそうだ。

宗春の若かりしころ、まだ万五郎様と呼ばれていた時代に、朝日文左衛門は自宅の近くで御目見したことがあり、『日記』にそのことを書き留めている。

○四月六日　卯半(午前六時頃)、万五郎様、予が町お通り木曽路御下りなり。中村又蔵御供馬二疋、借り鑓一本、養父碩雲一昨日死けれども、今日又蔵発せし跡にての死する分にす。御歩行《おかち》衆御やとい。五十人目付関留市兵衛と舎人《とねり》浅之右衛門と二人御やとい。御小納戸野呂瀬文蔵も御供。

○予、門外少し東の方へ御目見に出る。定右衛門折角息災《せっかくそくさい》でと御意あり。御笠御馬に御したまう。（正徳三年『鸚鵡籠中記』）

七代藩主宗春は、元禄九年（一六九六）綱誠の二〇男として名古屋に生まれた。御生母は側室の宣揚院様（三浦故太次兵衛女）。その年譜を『尾張徳川家系譜』から抜書きしておく。

○幼名万五郎。正徳三年（一七一三）初出府。正徳六年（一七一六）八代将軍家継に初御目見。享保元年（一七一六）主計頭《かずえのかみ》に改め。享保一四年（一七二九）梁川藩《やながわ》（福島県伊達市）三万石を拝領。

享保一五年（一七三〇）五月四谷大久保にお屋敷拝領。同年一一月継友《つぐとも》没。尾張藩を相続。

享保一六年（一七三一）吉宗の一字頂戴、徳川宗春と称す。同年四月一二日、名古屋着城。

享保一七年（一七三二）中納言。元文四年（一七三九）一月謹慎・隠居。同年九月名古屋に隠居。

宝暦四年（一七五四）六月渡辺主馬を老中に御附。同年一〇月、郭外の御下屋敷に隠居。

明和元年（一七六四）ご逝去。六九歳。葬建中寺。法名「章善院殿厚誉孚式源逞大居士」。

年譜の最初に、正徳三年の初出府のことが記されている。名古屋に生まれ名古屋に育った部屋住みの万五郎少年は（一三歳以降通春《みちはる》）、数えの一八歳のとき初めて江戸へ下った。それから三か月後に藩主吉通《よしみち》が江戸で急逝、翌月嫡子五郎太《ごろうた》君が襲封したが彼もまた二か月余で没し、一一月に吉通の弟継友《つぐとも》が六代を襲封する。正徳三年は尾藩にとって波乱の年であった。

万五郎君は前藩主吉通とは、在国の折城内で夕食の相伴をすることが有ったという（『昔咄』）。しかし庶子同士の継友とは、ほとんど接触がなかった。同じ庶子であっても、当主と部屋住みとは大違いで、家臣たちの扱いもまるで違う。その雲泥の差を万五郎は体験することになるが、いま初めて江戸に向かう彼は、部屋住みの少年であり、お供の数も驚くほど少ない。

　万五郎君より二〇歳余り年上の朝日文左衛門は、自宅の近くをお通りと聞き、朝六時か

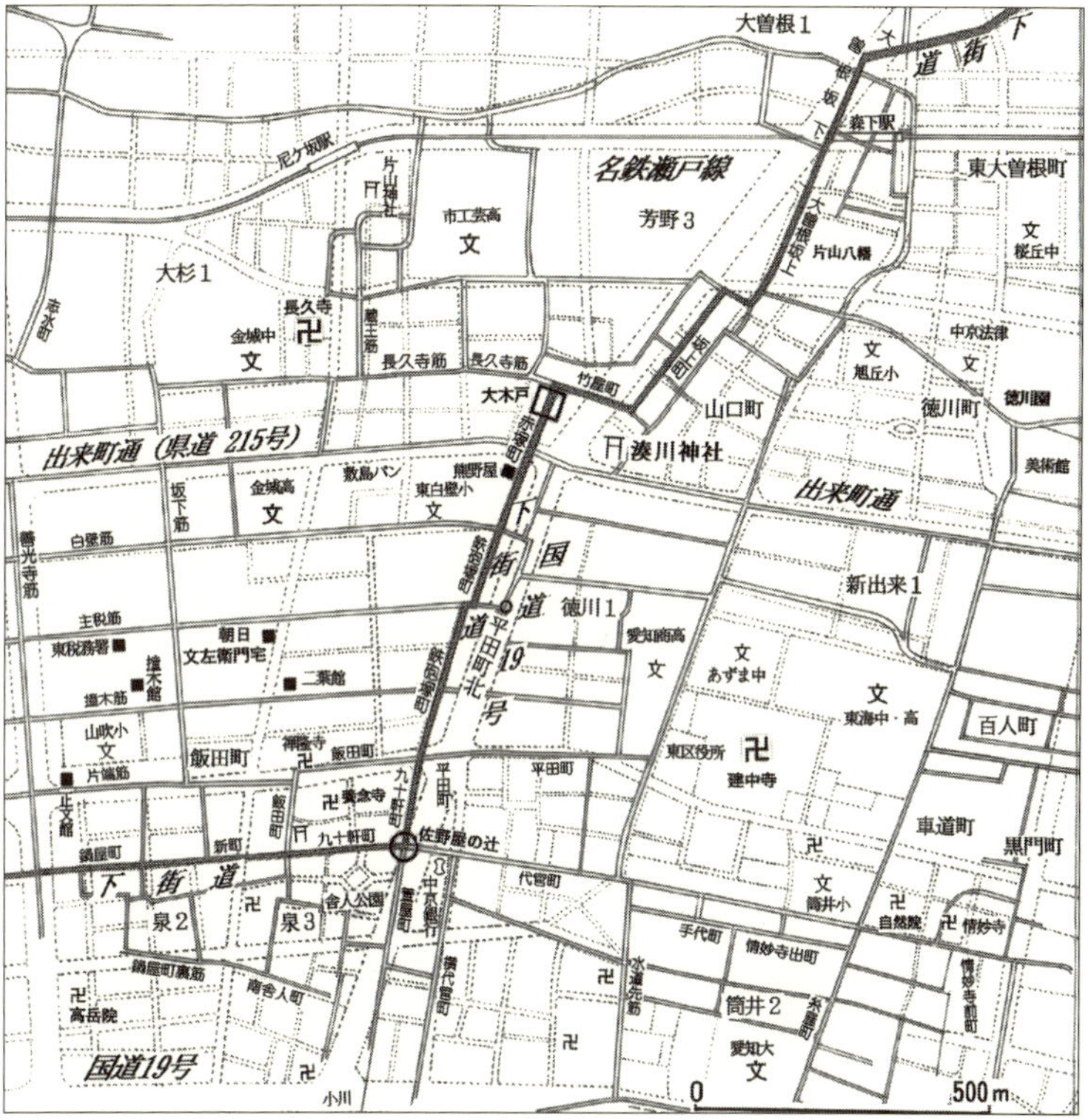

朝日家屋敷と下街道の位置関係

らお見送りに出た。自宅より東とあるから、一行は現国道一九号に沿った下街道《した》ルート（大曽根から勝川・篠木・内津を通る）を選んだようだ。仮に上街道《うわ》なら清水口から北へ進み、文左衛門宅からは西にあたる。

お城を出られた万五郎様は、二の丸正門の西鉄門《にしくろがねもん》を出て大名小路を南へ下り、三の丸正門の本町門《ほんまち》を出て左折し、片端《かたは》通りを東へ直進して正文館前を通り、今の「平田町《へいでんちょう》交差点」から北へ向かう「下街道」に入ったのだろう。そうであれば、文左衛門がお見送りに立った場所は、主税町《ちからまち》筋をまっすぐ東に進んだ今の「平田町北交差点」辺りと思われる。

お供の騎馬侍「中村又蔵勝時《かつとき》」は山下家からの養子で、家領を継いで二千石の家柄、代々大番頭を務めた。折悪しく出発の直前に養父又蔵勝親《かつちか》（号碩雲《せきうん》）が亡くなったが、出発後の死亡扱いとし、そのまま木曽路をめざしたとある。槍持ちや徒行《かち》衆は臨時雇いで、正規の藩士は、中村又蔵以外五十人目付と御小納戸の野呂瀬文蔵だけらしい。野呂瀬はかつて本寿院蟄居のとき、屋敷の警護責任者であった。

万五郎は見送りの文左衛門に気づき、「定右衛門か、折角息災で（体に気をつけ達者で）…」と声を掛けられた。「御馬に御したまう」とあり、駕籠ではなく馬上の若殿であった。ただしその前の「定右衛門か…」が問題で、「ことし八〇歳になる父定右衛門のことを気遣って…」（矢頭純『宗春』）ととるか、「定右衛門の名を継いだ文左衛門のこと」（千田龍彦『尾張なごや傑物伝』）と取るか分かれる。ここまで重章のことを便宜的に「文左衛門」の通称で通してきたが、正確には元禄五年（一九歳）から宝永五年（三五歳）までの通称が文左衛門で、それ以前は亀之介、以後は定右衛門である。五年前に「定右衛門」改名を藩へ届け出ていて、「定右衛門」と呼びかけられても不思議はない。ここでは父親（翌年没）ではなく、本人のこととしておきたい。

おそらく御畳奉行としての文左衛門（或いは定右衛門）を、万五郎君は記憶にとどめていたのだろう。当代の識者天野信景《さだかげ》や吉見幸和らと親しく交わり、『塵点録』編者としての朝日重村・重章父子の名は、我々が想像する以上に広く知られていたのかもしれない。

年譜に戻る。

享保一六年という年は、新藩主宗春が本寿院の蟄居を解いた年として記憶される。加えて盆踊りを御下屋敷一角の本寿院邸で催させるなど、粋な計らいもあった。

しかし皮肉なもので、それから八年後の元文四年（一七三九）正月一二日、幕府は尾張藩家老を呼び出し、七代藩主宗春に対する「謹慎」の内命を伝えた。成瀬隼人正、竹腰志摩守は帰邸後ただちに邸内諸門を閉じて通行を禁じるとともに、邸内長屋の窓戸を閉ざして謹慎の意を表した。翌日宗春も市ヶ谷上屋敷から麹町邸へ移り、謹慎の意を表した。この日将軍吉宗は改めて松平大学頭らを遣わし、「宗春の家督相続以降の不行跡」を糾弾して隠居、謹慎を命じ、松平但馬守（光友の一〇男友著《ともあき》の長男義淳《よしあつ》）への相続（八代藩主宗勝）を伝えたのである。

突然の藩主謹慎という一大事件のひと月後、二月一四日に本寿院は七五歳の生涯を閉じた。

法名は「本寿院殿馨誉慈観性英大禅定尼」とある。相応寺住職による命名であろうか。大野氏はこの法名のなかの慈観性英《じかんしょうえい》を「慈悲深きこと観世音のごとく、性は英（花ぶさ）のごとく」と解し、本寿院の人生を偲ばせる好法名と感心されている。かつて山口町にあった相応寺の墓地に葬られ、のち建中寺へ移葬、さらに戦後定光寺へ移された。郷土史家の市橋鐸氏曰く、「一代の女傑」と。

吉通と奥田主馬

ここから本寿院と同じ時代を生きた奥田主馬《しゅめ》の話へ移る。

綱誠が亡くなり、翌年祖父の光友が亡くなったとき、新藩主の吉通はまだ一二歳の少年、それから四年後の宝永元年になってようやく前髪が取れ、やがて奥田主馬への異常な寵愛ぶりが人々の噂にのぼりはじめる。文左衛門の日記にもしばしば奥田主馬は登場するが、奥田の名前の初見は、先代綱誠公の晩年にさかのぼる。

○正月九日、奥田安之進、多羅尾又四郎、ともに御小姓となる。（元禄一〇・一・九）

この記事からは、綱誠公がとくに安之進（主馬）を引き立てたようには見えないが、奥田家の系譜によると、元禄一〇年の小姓採用以前に「泰心公（綱誠）に召出され、御内証《ないしょう》詰と為し、扶助を賜う」（『士林泝洄』）とある。このくだりを大野一英氏は「御内証詰（奥詰）の小姓として俸禄を得た」と解釈されている（『尾張大奥物語』）。「何々と為し」の文脈からは確かにそうとれるが、原文にある「誥」を「詰」の誤字と決めつけてよいか、若干疑問も残る。「誥《こう》」は滅多に使わない漢字でわざわざ作字しているから、翻刻原稿の段階では「詰」ではなく、「誥」とあったのだろう。「誥」とは「上から下へ告げる」意味で、辞令と同じである。

名古屋城に即していえば、御内証は側室が住む「二の丸御殿の大奥」を指し、出入りの門は「御内証門」と呼ばれている。男性役人で御内証に勤めるなら「お広敷」勤務しかないが、少年時代の来歴にそこまで記したであろうか。

一方、内証を「内々」の意味にとれば「内々の辞令」で扶持《ふち》を貰っていたことになるが、こうした使用例はほかにもある。『編年大略』に「吉通、奥田主馬亭へ渡御（御内証分）、御相伴《ごしょうばん》（石川兵庫、阿部縫殿）也。辰の中刻帰御」（宝永六・一二・一一）とあり、内証を「内々」の意味で使っている。『鸚鵡籠中記』にも「頃日《けいじつ》川口三右衛門が弟甚五右衛門（御内証）、八三郎様衆に召出され（金十五両のあてがい）御目見もせぬ者也。これ三右衛門が妹松尾の執奏によれり」（元禄一一・七・二二）とあり、同心仲間の川口三右衛門の弟が、お目見えも済まないのに八三郎（継友の幼名）様のお相手として「内々に召出され」、給金を貰っていることが記されている。

どちらが正しいかという問題は残るが、主馬が藩から何某《なにがし》かの配慮は受けていたわけで、はたしてそうした配慮があって然るべき家柄なのか、奥田の家系を調べてみよう。

【奥田家系譜】（『士林泝洄』第三二「辰巳家」家譜より）

○平岩弥之助（忠吉に仕え冨永丹波守同心・四百石）―平岩弥之助（義直に仕え竹腰山城守同心）
（養子）―辰巳弥之助（実は竹腰山城守家人奥田忠右衛門の子、養父家領二百五十石、元禄一四没）
　辰巳弥之助玄光（父の家領を継ぎ同組、元禄一六没）―辰巳弥五郎玄辰（父家領継ぎ同組、宝永二没）
　奥田弥左衛門玄賢（父の本姓奥田に復す、瑞公に召出され竹腰筑後守同心二百石、宝永二没）
　　奥田忠雄（頼母《たのも》・主馬《しゅめ》／元禄十小姓、宝永二中奥支配並・側用人、宝永三御側同心頭、同六老中、正徳元没）
　　仲雄（実は忠雄の弟、宝永三奥御番・小姓、四御側御用人、正徳元大寄合、同二老中並・正徳三没）
　女子（新見彦右衛門妻）

奥田主馬の家系は、祖父弥之助までしかたどれない。それ以前は竹腰《たけのこし》家の家人《けにん》であり、陪臣は藩士名簿には載らないからである。藩士の系譜を記す『士林泝洄《しりんそかい》』は奥田主馬の祖父辰巳弥之助を竹腰山城守の家人「奥田忠右衛門の子」とし、竹腰家の同心「平岩弥之助の養子となって、外姓（母方の姓）の辰巳を名乗った」と記す。

尾張藩士となった辰巳弥之助は二男一女に恵まれ、長男玄光《のりみつ》は父の姓「辰巳」を継いだ。次男玄賢《のりかた》は昔の「奥田」姓にこだわって「奥田弥左衛門」を名乗り、あらたに竹腰筑後守友正の同心として二百石を給わっている。この弥左衛門の子が「奥田主馬忠雄」で、吉通に大抜擢された人物である。祖父より前は竹腰家の家臣で系図はたどれないが、主馬の曾祖父にあたる

「奥田忠右衛門」の名前には見覚えがあった。以前に竹腰家のルーツを調べていたとき、一家人に過ぎない忠右衛門の名が繰り返し家譜の中に登場し、大いに称賛されていたからである。

御付家老「竹腰家」のルーツ

そもそも竹腰《たけのこし》家は、成瀬家とならぶ尾張徳川家の御付家老《おつけかろう》である。

初代正信《まさのぶ》の母お亀は、尾張藩主義直《よしなお》の実母であり（相応院）、正信と義直とは異父兄弟になる。

美濃国の今尾（現、海津《かいづ》市平田町今尾）に三万石を領し、幕末まで藩の別格年寄であった。その正信の経歴を『士林泝洄《しりんそかい》』はくわしく記しているが、概略はこうだ。

〇正信は天正一九年（一五九一）に石清水《いわしみず》八幡宮のある山城国八幡《やわた》に生まれたが、父が国を捨てたのち、母相応院は家康に召され、実子正信は祖父重時（意休と号す）のもとで育てられた。慶長五年（一六〇〇）夏、家康が会津征伐に向かったおり石田が豊臣秀頼を奉じて挙兵、正信が八幡に居ることを知り将二人を遣わして人質とした。その場に居なかった従者の奥田仙勝は大坂まで追いかけ、正信に扈従した。

九月になり、関ヶ原の合戦に勝利した家康は大坂へ凱旋し、枚方《ひらかた》で正信主従に会った。家康は正信を守り抜いた奥田仙勝の忠節をほめたたえ、「奥田忠右衛門」と名乗らせた。竹腰正信はのちに尾張で一万石を賜い、従五位下山城守に叙された。さらに慶長一七年（一六一二）尾張に赴き、五〇騎の同心を与えられた。竹腰の邸宅がまだできていなかったとき、奥田忠右衛門が名代《みょうだい》として尾張の味鋺《あじま》村へ来て、橋爪八右衛門の宅で同心衆の礼を受けた……。

旧版『名古屋市史』人物編は、さらに多くの史料を用い、次のように解説している。

○正信の父光昌は美濃の斎藤氏に仕え、斎藤家滅亡後は山城国紀伊郡八幡山に隠棲して志水宗清《むねきよ》の女《むすめ》亀（相応院）を娶った。のちに離別して秋田城介実季《さねすえ》の招きで奥州に赴き、文禄三年（一五九四）当地において自殺した。妊娠していた相応院は正信を生み、祖父の重時が引取って養育した。文禄二年に母は家康に仕え、正信も又家康から厚く遇され七人の従者を付けられた。

慶長五年に石田三成が兵を挙げたとき、増田長盛に仕えていた志水善三郎（正信の従弟）の密告で竹腰正信は大坂方の人質となった。従者たちが正信を見捨てるなか、奥田松若だけは一命を顧みず主人に従った。この奥田について「竹腰先祖書」に、「松若の働きは限りないもので、食事も十分でない主人のために餅を買ったりしたが、金も尽きたので再び八幡へ帰って親類中を回り、出奔するので路銀を合力し給えと鳥目一貫文を集め、正信に買い求めた餅などを差し出した。こうした奥田の働きに敵側も心打たれた」とある。

やがて家康が関が原に勝利し大坂へ向かうと、正信、松若も大坂城を抜け出て、淀川辺で家康に拝謁した。六人の従者は追放となり、志水善三郎は捕えられ正信に討たれた。このとき従者の松若は「忠右衛門重政」の名を賜わり称賛された……。

ともに似た話であり、とくに「忠臣」の奥田に「忠右衛門」の名が与えられた事情は共通している。つまり竹腰家の先祖伝承の中で、家人奥田忠右衛門の名はしっかり記憶されていたのである。

一方、奥田家の系譜には「奥田主馬の祖父辰巳弥之助は、竹腰山城守家人奥田忠右衛門の子」とある。仮に系譜の忠右衛門が上記逸話中の「忠右衛門」と同一人物であったとすれば、恩人の奥田を竹腰家が預かる五〇騎の同心の家と養子縁組させ、陪臣から藩の直臣《じきしん》へ格上げするのはたやすいことだったろう。同心は下級武士とはいえ、れっきとした「藩士」である。二百五十石の竹腰山城守同心「平岩（辰巳）弥之助」誕生の経緯にこうした過去があったのなら、その孫にあたる奥田主馬に対し、藩主（綱誠）から若干の配慮が働いたとしても、とくに不思議はないだろう。

奥田の名は、二年後の江戸へ下る一行の中にもみられる。

○元禄十二年三月五日、未半過ぎ（午後三時ころ）、公（三代綱誠）、尾府を発す。御供の輩、兼松猶右衛門・石川外記・奥田頼母《たのも》・成田他宮・河村平蔵・小川弥平……。

綱誠公が江戸に着いて三か月後の六月五日、公は四八歳で市谷《いちがや》邸に没し、それから一か月後の七月一一日、嫡子吉通が数えの一一歳で四代目を継いだ。いまなら小学五年生の齢だ。将軍綱吉は、祖父の光友に後見役を命じている。

翌元禄一三年（一七〇〇）二月七日、名古屋の巾下信行院《はばしたしんぎょういん》近く（現、那古野一丁目）から出火した火事が「猛火虚空《もうかこくう》に湧き百千万の雷のごとく町を包み」（『鸚鵡籠中記』）、千七百軒の家と二万人分の借家を焼いた。堀川両側の町と碁盤割の伝馬町から伏見通り北西側は、すべて焼き尽くされたという。火元は中橋《なかばし》の西詰近く日用取《ひようとり》（日雇い）長助の借家で、日記に「これまで三度火を出した男」とある。この元禄一三年の大火は、四〇年前の万治《まんじ》三年の大火に匹敵するもので、翌日の深夜まで丸一日燃え続けた。

この大火の始末もようやく一段落した十月、藩主後見の祖父光友が七六歳の生涯を閉じた。初代藩主義直と並び称される名君で、一六〇〇年代の尾張藩はこの二人により御三家筆頭の面目をよく保ったと言える。

奥田主馬の履歴書

はじめに奥田主馬の出世ぶりを家譜から年譜で記しておこう。（『士林泝洄』より）

○宝永二年（一七〇五）六月十四日、中奥支配並と為し三百石。
○宝永二年（一七〇五）九月廿二日、御側御用人と為し五百石。
○宝永三年（一七〇六）正月廿一日、御側同心頭と為し、千石。同心七騎。
○宝永四年（一七〇七）、千村平右衛門次座と為し、千五百石。
○宝永五年（一七〇八）正月三日、御城代次座と為し、二千石。
○宝永六年（一七〇九）正月四日、老中と為し三千石。石川靫負《ゆげい》次座。
○正徳元年（一七一一）八月十七日卒。※正徳三年（一七一三）七月廿六日 吉通卒、廿五歳。

宝永二年に中奥《なかおく》支配・御側御用人に任用され、五百石を給わったとある。中奥は普段殿様が過ごす場所で、その責任者になったという意味である。藩主が御殿「表」で政務を執ったのち、私邸にあたる「中奥」で休息し食事をとり夜もここで寝ることが多い。病気で臥せるのも中奥であり、世話は中奥小姓や小納戸など男性が行う。中奥は「表」に属するので女性は一切置かないし、中奥支配になれば藩主に接することが多い。なお尾張藩では寛文元年、小姓組が書院番組と改められた。

次の御側御用人は所謂《いわゆる》「側用人」のことで、従来からあった御国御用人《おくにごようにん》（万治二～寛政三年常置）や用人（公武儀礼を掌る、千石級）が公的な役職であるのに比べ、藩主との私的なかかわりが強く、時に恣意的な政治の象徴とされる。綱誠の宝永二年（一七〇五）に藩主側近の取次役としてはじめて置かれ、用人より上位に格付けされた。

翌宝永三年に任じられた御側同心頭《おそばどうしんがしら》は、同心頭のうち藩主の身近に仕えるもので、元和九年（一六二三）に置かれた役職。千五百石前後の家臣が多く出世コースとされ、年寄（老中）に昇進した間宮正綱や長野政成などの例がある。

宝永五年に奥田は御城代《じょうだい》に次ぐ席に昇任した。城代は藩主の留守を預かる職で、石河《いしこ》、志水、渡辺三家から臨時に任じられていたが、寛永三年（一六二六）から常置となり、千石から二千石の用人クラスが任じられる。万治二年（一六五九）からは年寄同列とし、対外的には家老と称した。「城代家老」とも呼ばれる。

老中は尾張藩では年寄《としより》ともいい、別格の両家年寄（成瀬、竹腰）につぐ席次で、元和三年（一六一七）滝川と阿部を任じ、のちに寺尾を加え三人体制となった。ほかに石河《いしこ》、志水、渡辺家も万石以上の家格として、年寄を出すことが多かった。次第に員数が増え、正徳年間には一一名にも達した。他藩に対しては「家老」と称した。

宝永二年の中奥支配になった翌日に本寿院は蟄居となっていて、この二人の関係がよくわからない。奥田の栄華は短く実質六年で、正徳元年には悲惨な最期を迎えることになる。

吉通の側近とされる家

【石川家】　第三三　※石河家とは別

石川外記利久（月俸十口、元禄六小姓、同一二奥組、宝永六御供番二百五十石、享保二御目付三百石、享保一〇馬廻小頭、同一三信受院附属〈三千君、吉通女・宝永三誕生・実母おさん・九条関白輔実男幸教簾中・宝暦七没〉、同一三辞職）

【成田家】

成田多宮内藤重亮（外姓を冒し成田を称す。元禄一一小姓、同一二年御供番二百五十石、同一三目付三百石。享保元通春の傅。同一四家老六百石。同一八信受院夫人の傅）

『鸚鵡籠中記』が描く奥田主馬

先の奥田主馬の履歴は、『士林泝洄』から抜書きしたが、今度は文左衛門の『日記』から年を追って、奥田の出世の跡をたどってみよう。

□宝永元年

○十二月十五日　奥田頼母ご加増五十石下され、二百五十石代。

宝永元年の一一月に吉通の前髪がとれ（一六歳）、権中納言に任官した。それからひと月後、奥田主馬の禄高は父の代の二百石から五十石増やされ、二百五十石となった。

□宝永二年

○六月十五日　年来本寿院甚だ荒婬不法なり。公儀より御内意の移りこれ有り。此の如く蟄し給う。自今、殿様のご対面もこれ無き筈なり。

○九月十八日　江戸に於いて奥田頼母二百石ご加増、ほか五十石代お足米、〆て五百五十石。上田織部二百石ご加増、〆て五百石。共に御側御用人になる。新役なり。頼母は近江守組の子。織部、実父は御賄なり。上田宅左衛門養子になりて、段々立身。

○十二月五日　岩之丞、歿す（十二歳）。大樹、使を遣わして弔喪せしめらる。（法雲院と号す）

この年三月に石河《いしこ》兵庫（七郎右衛門正相）が老中職に就き、いわゆる「執政」の仲間入りをした。兵庫は石河総領家正光《まさみつ》の次男に生まれたが、正光の弟忠昌が病弱であったため、その跡を継いだ。元禄六年に吉通の傅となって千三百石を賜り、元禄一三年に二千石、そして宝永二年に念願の老中職に就いた。すでに正光の嫡子隠岐守章長《あきなが》は一万石の老中であり、石河家から二人が老中職に就いたことになる。兵庫は三年後に四千石に加増されたが、奥田と並ぶ吉通の寵臣のひとりである。
六月になって幕府の内命があり、吉通の生母本寿院が「荒淫不法」につき蟄居となった。しかし吉通の側近たちに影響はなかったようで、九月には江戸で側近の奥田頼母と上田織部が各二百石の加増、ともに五百石の側用人となった。「側用人、新役なり」が注目される。

本来の藩政は、城代や奉行らの報告を受けた年寄が藩主に直接上申したり、藩主の御下問に答えるかたちで行われるものであった。しかし新たに側用人（側大寄合）が登場し、次第に年寄たちの上申の可否まで左右するようになる。いわゆる「側用人政治」の出現である。そのはじまりが宝永二年の奥田・上田両名にあった。

奥田頼母は父（辰巳弥之助）が竹腰近江守（初め筑後守を称す）友正に属していたが、上田織部の実父は賄役《まかないやく》で、上田宅左衛門の養子となり以後出世の道を歩むことになる。両者とも似たようなコースである。この年一二月には本寿院の実子岩之丞が亡くなり、本寿院にとって「宝永二年」という年は、最悪であった。

【上田家略系図】

上田作右衛門吉重（瑞公代御国奉行、代官）―宅左衛門照重（延宝七　五十人組小頭、元禄四　百五十石、同六没）―織部軌重（実は平山半左衛門男、元禄六養父百石継ぐ、宝永二中奥支配並三百石、同年御側御用人五百石）

□宝永三年（一七〇六）

○一月廿一日　江戸に於いて、奥田頼母五百石ご加増千石と為し（四十石御足米召上）御側同心頭となる。同心七騎付く（足軽も付かずは虚なり、此の暮来春段々に付く）。渡辺新左衛門三百石ご加増ご城代並、今迄の同心付く。

○七月廿三日　奥田主馬御出頭相変わらず。当春より只今まで自分御長屋にて支度一度も仕らざる由。先日少し風邪気味の処、御前に臥して薬を飲み、養生仕るべき旨。御成り度々《たびたび》これ有り。家老へお盃下され候由、主馬常に御殿に相詰め、御長屋へ帰ること、ひと月に一度もあるか无《な》きかのよし。

江戸藩邸でも奥田主馬へのご寵愛は相変わらずで、片時も殿のお側を離れることがない。今年の春から藩邸内の長屋へは一度も帰っていないという。先日少々風邪気味のときは殿の私邸の中奥に床を取り、そこで養生を命じられた。しかも殿自身が頻繁に見舞われたという。常軌を逸した扱いである。

○十一月九日　頃日聞く、公（吉通）度々外山御屋敷へお成り。半夜すぎにお帰りなり。また赤坂より女お召抱え、甚だ寵したまう。その弟を主馬処に御差置くなり。角前髪と。

○頃日、於江戸野呂瀬内記四百石ご加増、御用人となす。始めての御側御用人なり。

初冬になって吉通公がしばしば外山の下屋敷（戸山荘とも、現新宿区戸山）へ出かけ、夜半過ぎにお帰りになるという。この外山屋敷行きと、「赤坂で目に留まった女性をご寵愛」の話がどう結びつくのか、よくわからない。あるいは外山下屋敷に住まわせているのであろうか。彼女には成人前の弟がいて、これは奥田主馬が面倒を見ているという。

これに続く「野呂瀬内記、始めての側用人」の記事は、すでに前年奥田と上田が側用人になっていて不審である。このあたりの記事は日付も一部錯綜しており、未整理のまま書きつけられたように見える。

【野呂瀬家】

- 勘之丞
  - 主税助直自（敬公代勘定奉行）
  - 半兵衛直畠（敬公代小姓頭五百石）
    - 半兵衛直重（瑞公代歩行頭三百石）
      - 分蔵英尚（綱誠小姓、元禄六足軽頭三百石、宝永二小納戸・庭方）
      - 内記直盛（元禄一二中奥支配三百石、宝永三側用人四百石、正徳二大番頭並、享保一四御用人千石）

□宝永四年（一七〇七）

○三月二十日　頃日聞之、奥田主馬家来分に浅尾数弥（十八歳小姓役）とて半元服にて公へも御目見仕り候。此の妹いくよ赤坂に一家これ有り。此のいくよを御呼び寄せ公甚だご寵愛なり。

○三月廿一日　於江戸、五百石ご加増奥田主馬。神谷分助（十石ご加増四十石と為し御側御祐筆）。

○四月六日　頃日奥田主馬、座上がり、竹腰民部の上、千村平右の次。

「奥田主馬家来分の浅尾の妹いくよ」が、前年一一月の「赤坂で女お召抱え」記事に結びつくのであろうか。そうであるなら、主馬の子分の少年数弥の妹が、吉通ご寵愛の女「いくよ」で、さらにその弟を主馬は手元に置いていることになる。何とも不得要領な感じで、頁を繰っていると、宝永四年の末尾にある記事が目に留まった。

〇頃日、奥田主馬組に外岡清兵衛と云う者百五十石にて相済む。これは公の愛妾「いくよ」が父にて、江戸赤坂辺にところてんなど売り、また町料理を仕り候者なり。頃日、尾州へ到着。

これでようやく輪郭が見えてきた。「いくよ」の実家は、赤坂あたりで「ところてん」売りをしたり、料理屋を営んでいたという。誰の世話か知らないが、「いくよ」が吉通の側室に上がると、父親の「ところてん」売りは、外岡清兵衛尚勝といういかめしい名のお侍になり、百五十石を貰って奥田主馬の同心に加えられた。日記では「安く済んだ」と皮肉っぽく記している。

前出の「浅野数弥の妹いくよ云々」も怪しげな記事で、児小姓として浅野少年を採用した事と、「いくよ」を側室に入れた事を重ねた記載である。「いくよ」は家譜に「林光院夫人」と記載された女性らしく、兄弟には三右衛門と清八がいる(『士林泝洄』続編)。落語の「妾馬《めかうま》」同様に、彼ら兄弟も士分に取立てられた。

【五味、守崎、外岡、高橋家の関係図】

五味所左衛門重次
- 三之右衛門重利百五十石京都買物奉行
- 所左衛門延貞三百石御国奉行
- 六郎右衛門某渡辺半蔵に仕える
- 伝左衛門貞久附属吉通、奥御番・賄頭、二百石、妻は守崎頼母の妹
- 弾右衛門重権瑞公召出、宝永六大代官
  - 重長瑞公菟裘、正徳三附属本寿院、元文四奥御番
  - 升勝伯父伝左衛門養子
  - 平馬真秀吉通卿小姓、御側御用人六百石のち千石
  - 行幸正徳四宝蓮院（三姫・吉通女・宗勝室）御用達
  - 女子長岡庄太夫妻
  - 女子岩田市郎左衛門妻
  - 女子守崎頼母妻 ＝ 頼母
- 女子　坂崎勘左衛門妻
- 女子　山本只左衛門妻

守崎もとは一志民部少輔
祖は伊勢外宮権祢宜

正次――次郎左衛門正吉
- 正辰
- 頼母三右衛門祐正、宝永三奥御番二十石、五御小納戸三百石、正徳二　八百石礼剱寄合
- 清水院《せいすいいん》夫人（尾上《おのえ》、吉通側室、三姫《さんひめ》生母、宗勝正室）
- 女子中根健右衛門妻

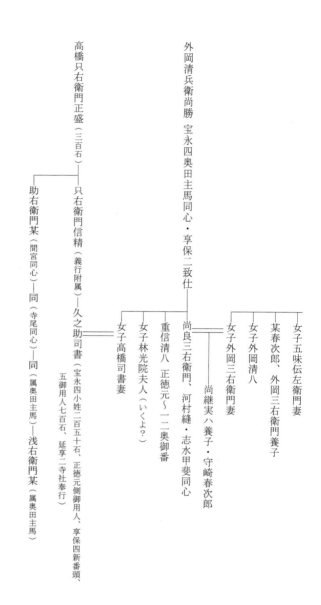

女子五味伝左衛門妻

某春次郎、外岡三右衛門養子

女子外岡清八

女子外岡三右衛門妻

外岡清兵衛尚勝　宝永四奥田主馬同心・享保二致仕

尚良三右衛門、河村縫・志水甲斐同心

尚継実ハ養子・守崎春次郎

重信清八　正徳元～一二奥御番

女子林光院夫人（いくよ？）

女子高橋司書妻

高橋只右衛門正盛（三百石）

只右衛門信精（義行附属）―久之助司書（宝永四小姓二百五十石、正徳元側御用人、享保四新番頭、五御用人七百石、延享二寺社奉行）

助右衛門某（間宮同心）―同（寺尾同心）―同（属奥田主馬）―浅右衛門某（属奥田主馬）

外岡家でもうひとつ目につくのは、「いくよ」の妹が高橋司書の妻になっていることである。司書は宝永四年六月一五日に吉通の小姓に召出され二百五十石を貰っていて、次の日記の記事に合致する。

〇六月十五日　お屋敷にて高橋助右衛門子久之丞、お小姓に召出される。助右衛門は奥田主馬と縁これ有り。久之丞江戸支度等取持ちことの多し。近松孫兵衛も大小を拵え遣わす。其外多く助右衛門に甚だ取入り諛媚《ゆび》て、主馬へ少なりとも届く様にと願う輩、不可為枚挙。

『士林泝洄』の系図には、高橋久之丞ではなく「久之助」とあり、また「助右衛門」は叔父の系統で、父は「只右衛門」を通称とする。叔父の助右衛門が奥田主馬と「縁がある」のはその通りで、二代にわたり奥田主馬の配下にあった。高橋の周辺の連中が何かと伝手《つて》を求め主馬に近づこうとする様子を、文左衛門は苦々しく記しているが、司書は四年後の正徳元年、吉通の側用人に出世している（正徳二・七・晦、高橋主殿《とのも》を司書に改）。

参考のため「五味、守崎、外岡、高橋家の関係図」を作成してみたが、あらためて張り巡らされた姻戚関係に驚く。しかし頂点に君臨している奥田主馬の名は、何処にも出てこない。奥田の同心に名を連ねる者はいるが、女性関係が見当たらない。奥田の親族に女性が少ないのは事実だが、四家の女性とも関わりを持たない。穿った見方をすれば、女性を世話するだけで自分は距離を置き、そのことが吉通の信用を得ているとも言える。

【奥田家系譜】（『士林泝洄』第三二「辰巳家」家譜より）

―奥田弥左衛門玄賢（父の本姓奥田に復す、瑞公に召出され竹腰筑後守同心二百石、宝永二没）
　忠雄（頼母《たのも》・主馬《しゅめ》／宝永二中奥支配並・側用人、同三御側同心頭、同六老中、正徳元没）
　安雄（矢左衛門／宝永二竹腰同心百五十石、同七奥御番、正徳二御馬廻、享保一四没）
　仲雄（主馬・右門、宝永三奥御番・小姓、四御側御用人、正徳元大寄合、同二老中並・正徳三没）

尾張藩士の中に、寵臣奥田主馬とは別にもう一つの「奥田家」が存在したらしく、この年の日記に、次のような風刺記事が載る。

○同年六月廿三日　頃日奥田彦九郎門外に落首。

「奥田にもよいとわるいと二つ有る　ひっこく（彦九郎）られて知行しめ（主馬）取り」

最近、主馬とは別の「奥田彦九郎」の屋敷の外に落首が掲げられていた。いわく「奥田にも良いと悪いとの二種があり、奥田彦九郎はお勤めをクビになり、奥田主馬は知行を独り占めしている」と。「ひっこく」の「こく」を「転く」「倒く」「痩く」とすれば「こける」意味になり、お勤めをしくじったというのだろう。少し前の日記に次の記事がある。

○宝永元年七月十七日　頃日、鳴海宿の出女三十六人を捕えて牢に入れる。淫女不法によってなり。

○宝永元年九月十四日　申《さる》ころ星野七右衛門宅にて御代官奥田彦九郎お役召放され小普請となす。手代内詰迄残らず御扶持召放たる。仰せ渡しに「彦九郎儀、鳴海女の義に付不調法御役儀麁抹」と云う。（彦九郎当役一九年）。
○頃日、鳴海の女残らず、それぞれへ始のごとく御返し。鳴海庄屋金右衛門篭《ろう》に入る。

代官の奥村彦九郎を解任する申渡しは、上役にあたる国奉行星野七右衛門宅で行われた。国奉行は、領内の検見、土木、追捕、訴訟、収税等の民政を掌る仕事で、手代二、三〇人を率い代官を指揮する。ご城下の市街地と町続きは町奉行の管轄、それ以外は国奉行の管轄となる。星野は、元禄一三年から享保六年まで国奉行を務めた。

解任は「淫女不法」とあり、鳴海宿の飯盛女雇い入れを、庄屋の金右衛門と代官奥田が黙認したのが理由らしい。二〇年近くその役職にあればいきおい地元とのつながりを重視し、宿主や庄屋の言い分はなるべく聞いてやる。しかし奉行になってやる気十分の星野にそんな余裕はなく、不正は断じて許さない。星野といえば「通し矢日本一」の勘左衛門が有名だが、この七右衛門則章は、勘左衛門茂則の従弟にあたる。

そこで改めて落首の意味を考えてみると、作者のいう「良し悪し」は、善悪というより運の良し悪しの対比で、お代官彦九郎の側に同情の思いが寄る。

【奥田彦九郎系図】

- 奥田源右衛門（浪人）
  - 彦九郎（延宝四濃州郡奉行、天和元尾州郡奉行、貞享元三か村代官、同二大代官、宝永二罷免職・小普請）
    - 仙右衛門（元禄一二年御祐筆、宝永二御届方、同四留書奉行、元文四町奉行）

もう一つ宝永四年の日記から、殿様のご機嫌取りにしくじった話を紹介する。

○八月廿一日　頃日。江戸において石川兵庫・奥田主馬申上ぐ。水（泳）お稽古のために巾三間に長さ十五間の水船を造る（八百両の御物入）。水つめたきとて、大釜八口かけて、ぬる湯にわかす。薪大分入りと云々。一度お入り候後そぶ生じて御用にたたず。之に仍て両人少しくご機嫌に違《たが》うと。その当座ばかりなるべし。

これは割に知られた話で、石川兵庫と奥田主馬が提案し、殿様の水泳稽古のため江戸藩邸に大きなプールを作った。三間に一五間、つまり幅五メートル余、長さ二七メートルという大きな水槽で、八百両（一千万円）かかったという。ところが殿様は水が冷たいから嫌だと言い出したので、温水プールにするため八つの大釜でぬるま湯を沸かし、相当の薪代を費やした。しかし一度入っただけで「そぶ」が生じ、以後プールを使うこともなく当座は殿のご機嫌がよろしくなかったという話。

「そぶ」を「すき間」と解するほかに、「渋《しぶ》の転」とし鉄分の溶けた赤い水とする解釈もあるが（『東海の言葉辞典』）、一般の辞書にはない言葉ではっきりしない。加賀樹芝朗氏は『鸚鵡籠中記』（江戸時代選書Ⅰ・雄山閣）の中で原文を「いりたし生じて」と直したうえで、「スキ間」と訳されている。この箇所の原文を見ていないので誤写かどうかわからない。又「いりたし」の語も知らない。

□宝永五年（一七〇八）
○一月四日　於江戸、御側御用人五味平馬・奥田右門、百石宛てご加増。
○一月八日　頃日、荒川主馬、式部に改む。奥田主馬を憚る。
この年は新年早々側用人五味平馬と奥田右門の加増が発表された。前年に四百石の側用人になっていた五味平馬真秀は、今回のご加増で五百石になった。その後も順調に加増され、翌年六百石、四年後八百石、五年後千石になった。

奥田主馬の弟右門は（主馬後継）は五味同様前年に四百石の側用人、この正月に五百石になり、翌年六百石、三年後の正徳元年、兄の死により三千石の家禄を継いだ。

もう一つ、荒川主馬が奥田主馬の名をはばかり、通称を式部としたことが記されている。この年の正月三日、奥田主馬が二千石の御城代次座に昇任したことに、関連するのだろうか。
○十月廿二日　去るころ、奥田主馬の母に主馬若党の若山元右衛門密通し、甚だ露見に及ぶなり。之に仍って三輪七左衛門暇を出さしむ。然れども夜々ひそかに来たり通ずと云々。主馬母は本重町と大津町の間、ふと物や小間物売り彦兵衛と兄弟なり。
○小関定右衛門と云うは、彦兵衛の子にて母の甥なり。主馬所にかかりて居る。
○頃日聞く、三輪七左衛門（父の名是休）が妹ふじのと云う女、公（吉通）のご寵女なり。
スキャンダル記事である。奥田主馬の若党（奉公人の最上位）若山元右衛門が、奥田主馬の母親と密通したのがバレて、奥田家の家老三輪七左衛門がクビを言い渡した。しかしその後も密かに通って来るらしい。主馬の母は、本重町と大津町（錦通大津の北西側か）で綿織物や小間物の店を出している彦兵衛と兄弟らしい。その彦兵衛の子供、つまり主馬の従弟の小関定右衛門は、いま奥田主馬の家に居候しているという。

奥田家の家老三輪七左衛門は、少し前の『日記』に登場している。

○宝永五年二月廿六日　去るころ主馬家老、三和七左衛門ご紋付の熨斗目を拝領し着す。隼人正在江戸にて是を聞く。或るとき御直に申上げ候は、先年山城・隼人両家の家老に御紋付拝領願い奉り候ところ罷り成らず候由、当時は又者も苦しからず由承り候と申され、七左衛門の事申出により、公御こまり、御座を御起ち御入りと云々。これに仍り、七左衛門御紋付を着す事、成らずなり。

七左衛門、始めは当地ぐだの五郎兵衛と云う町人の僕にて、三太郎と云う。それより五郎兵衛甥の、長嶋町下、竹屋町西南角、酒屋岩井屋喜平治が僕となる。是より主馬へ出て、斯の如く立身す。

奥田家の家老三和（輪）七左衛門が、吉通公から紋付の熨斗目《のしめ》（裃の下に着る小袖、腰回りに模様がある）を拝領し、着ていた。これを見た成瀬隼人正正輝が殿にじかに申し上げた。「先年竹腰・成瀬両家の家老にご紋付拝領をお願いしたところ、却下されました。当時陪臣でも拝領は可能と伺い、お願いしたのですが、いま奥田殿の家老七左衛門が拝領できたというのは、どういうことでしょう」と。殿は返事に困りそのまま奥へ引っ込んでしまわれた。このため、七左衛門は拝領熨斗目を着ることができなくなった。

そもそも七左衛門という男は、当地の町人の召使で三太郎と呼ばれていた。その後町人の甥で長嶋町下、竹屋町西南角で酒屋を営む岩井屋喜平治の召使となった。このあと主馬に雇われ、家老にまで立身した男である。

細かなことだが、酒屋の所在地の記述がよくわからない。碁盤割の長嶋町と赤塚の出来町通り一本北にあたる竹屋町では、ずいぶん離れていて結び付かない。あるいは両所に店を出しているということか。

○十二月十三日　去る頃、奥田弥左衛門橘町にて廿両ばかり道具を取り来たり、主馬風を吹かせ、代を遣わさずと云々。亭主子を連れて来たり、奥田忠太夫側の辻番にて脇差をぬきて我が子に差させ、我は子細ありて弥左衛門殿へ入るなり。汝、門に立て居て、吾声をたてば急に此の家へ走り入り、彼の書付を捧げよと、忠太夫家を教え、態と辻番の聞く様にす。辻番、之に仍て急に忠太夫へ告ぐ。忠太夫、則、弥左衛門へ内証これ有り、先ず先ず半分ほど、相済むと。

この話に出てくる「奥田弥左衛門」は、主馬の父弥左衛門玄賢ではない。父は三年前に亡くなっており、奥田家系図に矢左衛門として出てくる弟の安雄のことだろう。宝永二年に竹腰筑後守友正の同心となって百五十石を貰っており、宝永七年には奥御番に採用されている。

その安雄が、古道具屋街の橘町で廿両ばかりの買い物をし道具を運ばせたはよいが、その後兄忠雄の威光を嵩《かさ》に一向に金を払おうとしない。ある日道具屋の亭主が子供を連れ、奥田安雄の家近くへやってきて「わしは今から安雄様の家へ入る。お前は門の所へ立ち、もしも中で大きな声が聞こえたら、隣の奥田忠兵衛様の屋敷へ駆け込み、この書状を奉ぜよ」と、自分の脇差を子供の腰につけさせながら、わざと近くの辻番に聞こえるように言った。驚いた辻番は急いで忠兵衛の家に駆け込んでコレコレ云々《しかじか》と告げ、忠兵衛は道具屋を宥めすかせて、半分を内金として持ち帰らせた。

ここから宝永六年（一七〇九）の記事になる。奥田主馬の絶頂期である。

○宝永六年一月十六日　於江戸、四日に奥田主馬千石ご加増、三千石と為す。座は（石河）靫負《ゆげい》殿の次。森（守）崎三右衛門百石ご加増にて（四百石）、礼劔寄合と為す。

宝永六年正月一〇日に将軍綱吉が六四歳で崩じたが、ちょうどその頃奥田主馬が年寄（家老）の仲間入りをしている。席は石河靫負《いしこゆげい》正章の次だという。靫負は三〇年以上老中を務めた石河隠岐守《おきのかみ》の嫡子で、享保四年に出羽守に任じられている。成瀬、竹腰に次ぐ万石以上の名門年寄の石河惣領家で、それに次ぐ席を得たというから大変な出世である。

同時に昇任した守崎三右衛門裕正（頼母《たのも》）は、妹の尾上《おのえ》が吉通の側室（清水院《せいすいいん》）となり、二年前の宝永三年に二十石の奥御番として召出された。それが宝永五年に四回の加増を受けて三百石に、翌六年正月早々には四百石、さらに同年暮れに八十石が足され、側用人に出世している。ついでに記しておくと、三年後の正徳二年（一七一二）には八百石の加増になり、さすがに怖くなったのか、吉通が亡くなったのちに俸禄を辞退し職を退いている。しかしそれなりの才覚はあったらしく、享保二〇年に寄合に復し、寛保三年（一七四三）に川並奉行として百石の采地をもらっている。

○宝永六年十一月十八日　申前、主馬殿居間棟上げ。町大工平右衛門上下にてこれを祝いて餅を抛げて日用《ひよう》等に拾わしむ。金壱分下さる。公より御樽・のし等出ず。主馬より丹左へ斗樽二・なよし五、手代へ手樽二・まだか五これを出ださる。予、弥次右・丹左・小一并びに六郎左衛門とこわめし給う。神酒及び酒給う。先日の棟上げには日用まで残らずこわめし・酒出づ。おびただしき事なり。今月二十三日地鎮なり。

家老クラスには、それにふさわしい屋敷が必要となる。大概は隠居した者との屋敷替えで済むのだが、急にのし上がってきた奥田主馬には新しい屋敷が必要となった。当時の作事奉行河村丹左衛門冨秀に、直々のお声がかりがあったらしい。作事奉行は大工の取締役のような立場にあり、彼の指示で腕の良い町大工が造作に当たったと思われる。

河村家は、代々長子が九郎右衛門を名乗り、鉄砲頭を務める二百石の家柄である。丹左衛門はその四男だが、綱誠の奥御番として召出されたのちに奉行となり、奥田家造作の功績であろうか百五十石の采地を賜り、このあと二百五十石の足軽頭に昇っている。上棟式の祝いとして、とくに丹左衛門に酒樽・なよし（名吉、ボラの異名）を下された。手代への「まだか」は鰒《あわび》のこと。アワビにはオガイ、メガイ、マダカの三種があり、マダカはもっとも大きく肉厚で柔らかく、身の表面に斑点がある。

丹左は御畳奉行の文左衛門とも親しく、建築が終われば次は畳屋の出番である。その繋がりもあってか「予、こわめし・酒を給う」と、末尾に少し恥ずかしそうに記している。

○十一月三十日　主馬殿御物見の下の町屋（木挽町と云う）四軒（十二間と云々）御用にて召上げられ候。替地は水道小屋の向かいにて、間口一倍宛て増し、引き料は一間に八両宛ての積りに下さる。

○十二月二日　奥田主馬御園新宅に移徙。御小姓高橋左門を御使として遣わされ、御酒・御肴を下さる。大身小身その他出入りの輩、家に盈《み》つ。酒肴・宝貨、棟に及ぶ。奥田忠右衛門妻、待ちうけに先立って行く。　※予娘、婚礼につき賀する衆多し。

奥田の屋敷地は、今の丸の内一丁目一番地と五番地の北半分、およそ三千坪（百メートル四方）と広大である。五条橋筋にある美濃忠と伊藤忠の裏手で、片端筋までの全部を含む。南北筋の御園筋にも面しているから「御園新宅」と呼ばれたのだろう。二階から西に堀川が望めるが、間《あいだ》にある木挽町の民家が眺望の邪魔になるというので、四軒の民家を堀川対岸の巾下に近い水道作事場の敷地へ引っ越しさせた。一二間の間口を一六間に割り増し、一間に付き八両、計一三〇両近くを立退料として支払ったという。

一二月にいよいよ奥田邸は完成し、引っ越した。吉通公は、小姓の高橋に酒、肴を持たせ祝った。祝い客と祝いの品々が家じゅうに溢れ、一族の女が応対に努めた。

〇十二月四日　奥田主馬・中根新六・奥田右門・五味平馬・石川理右衛門・守崎三右衛門・今泉佐左衛門・鈴木安太夫・天野四郎兵衛、何れも定御供に仰せ付けらる。（詰め金等多く増す事なり）

〇十二月十一日　辰半、茅庵より御馬にて御出。惣河戸より主馬殿へ御成り。御内々ということなれども、急度したる事なり。酉半過ぎ、御帰り。ご老中にて兵庫殿お迎え。兵部殿・縫殿は寄合より来られ、此の両人ご相伴なり。御囃、高砂・東北・養老・後に又、五番あり。永昌院へちりめん、主馬殿へ黄金一枚・時服・樽肴、御内証より三十二色下さる。其のうちに定家の筆のかけ物等、これ有り。

外出時、或いは江戸下向時のお供のメンバーが定められ、奥田兄弟を筆頭にいずれも吉通お気に入りの側近九名である。このあと、新築なった奥田邸へはじめて御成りになる。お忍びということで、城の北庭（御深井御庭、いまの名城公園）南西角の茅庵《ぼうあん》御門を馬で出て、城の堀から堀川沿いを南下し、奥田の屋敷へ入ったらしい。茅庵は義直公の命名で扁額も掲げられていたが、この頃残っていたか不明。ただし茅庵御門はその後も長く残っていたという。

夕方六時過ぎに帰城し、老中の石川兵庫殿の出迎えを受け、そこへ兵部殿、縫殿が寄合から駆けつけて、今度は城内で能を鑑賞した。このあと陪席した永昌院（万松寺の塔頭）に縮緬、奥田には大判をはじめ様々な贈物が下賜された。側室からも贈り物があったという。
○十二月廿六日　御連枝様御三人、昼過ぎ主馬殿の屋敷へ御成り。夜に入りお帰り。
○十二月廿七日　公、御しのびにて茅庵より御馬にて出、主馬殿へ御成り。御船に召し為され、裏門よりお入り。
藩主の御成りのあと半月ほどして、吉通の叔父にあたる出雲守義昌、摂津守義行、但馬守友著ら一族の方々が奥田邸を訪れ、数時間歓待を受けられた。その翌日再び吉通が、例の茅庵御門ルートから堀川に出て用意の船に乗り、奥田邸の裏口から入ったという。
○十二月十九日　主馬殿より内祝の餅一襲来る。
○十二月廿八日　主馬殿やしき御畳御用相勤め候ため、ご褒美銀弐枚下さる。
○十二月三十日　主馬殿より羽二重弐匹・島ゑび十三来る。

奥田家から内祝いとして、文左衛門の処へ餅一襲《かさね》が届けられた。一二月二日に文左衛門の娘「おこん」の婚礼があり、親類や友人、知人からたくさんの祝い品々が贈られ、それを文左衛門は逐一記録している。しばらくして奥田家から餅が贈られてきたが、これは新築の内祝いで婚礼とは関係ない。

その後奥田邸の畳を調達したことに対し、藩から銀二枚（銀一枚は四三匁）のご褒美が出、別に主馬殿から羽二重二匹（四反）と島エビ（イセエビ）一三匹が届けられた。普段は奥田主馬についてかなり辛口の書き方をしているが、この贈り物についてはとくにコメントしていない。

○宝永七年（一七一〇）正月四日　奥田弥左衛門、奥御番と為す。

○同年三月二日　下方源左衛門弟、二百五十石にて民部組。辰巳弥五郎名跡相続。是は民部殿へ主馬殿頼みなり。民部組に成り難く候はば、私組にいたさんかと申されしと云々。

宝永七年の正月早々、主馬の弟弥（矢）左衛門が奥御番になった。続いて三月に下方源左衛門の弟が二百五十石の禄で老中竹腰民部正武の同心に加えられた記事が載る。竹腰民部は前年の三月に父正英の跡を継ぎ、三万石の家禄と屋敷・同心を賜わっているが、宝永四年記事に「主馬は民部の上座」とある。その民部に下方源左衛門の弟源蔵の就職を頼み、もしダメなら源蔵を自分の同心に加えるつもりだ、と押したらしい。民部は致し方なく引き受けたが、主馬には源蔵を「奥田本家の辰巳家養子に迎える」心づもりがあり、部屋住みの源蔵に箔をつけておきたかったと思われる。

奥田主馬の最期

つづく宝永八年（一七一一）の四月二五日、正徳に改元した。改元して三か月が経った七月二〇日（新暦の九月三日）にとんでもない事件が起きた。
○七月廿日　奥田主馬、気色大いに悪しく、御下屋敷よりふとんに裹、乗物にて漸く帰宅。公の女中之を刺すと云々。翌日、公しのびにてお入り。夜は平馬等相詰める。
血の気の失せた奥田主馬が、布団裏にくるまれ、乗物にのせられて、自宅へ運ばれてきた。うわさでは吉通公の女中に刺されたという。翌日公はお忍びで見舞いに訪れ、夜は側用人の五味平馬が枕元に詰めた。
○八月十七日　主馬殿、気色昨日より大いに漸々《ぜんぜん》（険しい）。未頃《ひつじ》死去。轟竹隠がほか診脈等する医もなく、看病も右門・平馬の外見る者なし。左あれば刃傷弥《いよいよ》疑いなき歟。
○八月十八日　昼ころ主馬殿死去。御耳に達し候由にて、表向き露見。
ひと月近く主馬の看病は続けられたが、八月一七日にから悪化し、翌一八日の午後二時頃遂に亡くなった。この間轟竹隠《ちくいん》のほか看る医者もなく、付き添いも弟の右門と五味平馬だけだった。このことからも、女中による刃傷の話はまず間違いない。主馬死去の話は殿のお耳にも達し、公けにされた。

最後までひとりで看病にあたった医者の竹隠は、光友公に二百石で召出され、元禄六年には隠棲した光友公の専属医師となっている。光友没後の元禄一六年、吉通の命によりそれまでの外山から轟姓に改め、宝永三年に五十石加増された。主馬が亡くなって間もなく致仕している。

○八月廿日　暮れ前東月院へ行く。主馬葬礼に付きてなり。万人踵《きびす》を続く。いずれも断《ことわり》ありて、予等も帳に付け帰る。戌ころ相応寺東月院へ着棺。右門と野呂瀬内記、馬と乗物にて供す。見物多し。至山院殿岬誉円道居士。

奥田主馬が亡くなって二日後に、山口町北の東月院で葬儀が行われた。東月院（浄土宗鎮西派）は相応寺の塔頭《たっちゅう》で、竹腰正信の父助九郎正時の法名でもある。助九郎はかつて八幡山に住んで志水宗清の女《むすめ》「亀」を娶り、竹腰家の祖となる正信が生まれた。亀（相応院）は離別後家康の側室となり、尾張藩主となる義直を生んだ。奥田は竹腰家の家士の出であり、そのつながりで東月院が菩提寺となったのだろう。時の権力者の葬儀だけに、参列者は後を絶たない。葬儀は関係者だけということで、文左衛門は記帳だけを済ませ、そのまま帰った。主馬の跡継ぎの右門（実は主馬の弟）と側用人の野呂瀬内記は、馬・駕籠でそれぞれ葬列に加わった。

○八月廿二日　奥田右衛門に主馬家督三千石。居屋敷并同心共に相違なく下さる。大寄合に仰せ出ださる。

葬儀の二日後、後継ぎの右門（主馬の弟、主馬の通称を継ぐ）に家禄、同心、屋敷がそのまま与えられた。役職は当面なく、大寄合入りである。

○十一月廿九日　頃日、間宮造酒娘を石黒三郎左衛門養育にて、津田兵部の娘にして、主馬へ縁組仰せ出さる。頃日巾下の成瀬竹之介屋敷へ主馬移る。

二代目主馬の結婚の話である。造酒《みき》は間宮正等の子で、のちに御城代となる造酒允《じょう》之政のこと、その娘をいったん津田兵部の娘とし二代目奥田主馬のもとに嫁した。しかしこの主馬も、二年後の正徳三年に亡くなり、彼女はその後、朝比奈三郎左衛門に再嫁している。なお先に辰巳家の養子となった下方源蔵の叔母が、間宮正等の甥孫兵衛に嫁していて、奥田家と間宮家はわずかながら繋がっている。

〇十二月廿六日　密かに主馬へお成り。

正徳元年も押し詰まった師走の二六日に、吉通公は主馬の邸へ御成りになった。斯くして二代目主馬とも親密な関係が保たれていく。

翌正徳二年、朝日文左衛門は三度目の上方出張で二か月余りを京、大坂に過ごし、帰宅して間もなく、離縁した妻「お慶」の父朝倉忠兵衛が亡くなった。一〇月には六代将軍家宣が亡くなったが、尾張藩に格別の事件はなく、吉通や主馬らにかかわる記事も影を潜める。

吉通公の最期

『尾藩世記』の正徳三年五月廿八日に「公、持病快気、登営」とあり、六月六日に「発病」と短く記される。

七月一日と七日に「登営」とあり体調が戻ったようだが、廿一日に「此の日、本寿院饗応、且つ又折々発病に付き、成瀬織部を以て、月番閣老へ不参を断らる」と記される。それから五日後の記事は、突然の「吉通薨去」を告げるものであった。

○廿六日、公、持病の痰再発、危篤を告ぐ。諸臣驚きて出殿伺候せしも治療功なく、俄然
　薨去し給えり。年二十五。

この簡単な死亡記事につづけて、『鸚鵡籠中記』と『昔咄』からの引用文が記される。前書で朝日文左衛門は「吉通の側近たちの腐敗と堕落が藩主の死を招いた」と痛烈に批判し、後書で近松茂矩は「賢君吉通の模範的な生活ぶり」を、側近の誠実な奉仕を含めて語る。まるで正反対の評価に『尾藩世記』の著者阿部直輔も迷ったのであろう。後者を支持しながらも「後人、宜しく考正を請う」と逃げている。

まず朝日文左衛門の言い分から聞いてみよう。

○正徳三年（一七一三）七月廿六日　公（吉通）御逝去二十五歳。今日申《さる》の比《ころ》まで、何のご沙汰もなく、申過ぎ比に上野小左より少々ご疝痛に候間、今日中にも御伺い然るべしと申し来たり候につき御出で候処、上々様方残らず御揃い、如何にいかにと之有る内に、御指詰《さしつ》まりと申し出し、戌半比《いぬはんころ》少し御快く、夜中御別状も之無しと御側衆の談合ゆえ、皆々様お帰りなされ候処、丑《うし》ごろ御用人衆より上々様方へ廻状にて、戌刻《いぬのこく》御逝去と云々。子刻《ねのこく》お尋ねの上、上使鳥居伊賀守（若年寄なり。御城泊番より代わりをうけ、直に来られ候）来られ候処、ご老中御門外へ出られ、御差し詰まり候ゆえ御帰り候えと云々。

正徳三年七月二六日に、吉通公が二五歳で逝去された。この日午後四時頃までは何の動き

もなく、その後上野小左衛門から「殿は少々腹痛の発作があるようですが、今日中には面会ができるようです」と告げられ、ご連枝様たちが揃ってお待ちしていると、急に危篤との知らせが入った。しかし夜の八時頃何とか持ち直されたようで、「今夜は大丈夫」とお側衆が申されるのを聞き、集まった人たちも帰宅することになった。

ところが午前二時頃、お側衆から「午後八時にご逝去」と回状で知らせが来た。午後八時といえば、今夜は大丈夫というので皆が帰途についた時刻である。吉通公の周辺はいったいどうなっているのか。

一方幕府からは若年寄の鳥居伊賀守が、午前零時ころ尾張藩邸を見舞いに訪れた。するとご老中が門外へ出て、「ご危篤状態なのでお引き取りください」と、応対された。

○とかく津守様御意を得るべしとてご門内へ入られ候に、御玄関に火はなし、御廊下もくらやみにて、上を下へとかえす。津守様へ呼びにやる間にあわず、市買(市谷)立ち初まり(以来の)大不首尾と云々。大隅様衆より来る状を写す。御指し詰まり御届けに、高木主計を以て公儀ご老中へ遣わし申し置き帰るべしと云々。然るにご老中何れも会い申され、具《つぶさ》にご様躰等を細かに聞き申されるに、主計夢にも知らぬことなれば、何とも申すべき様なし。よい加減に挨拶すべしと思えども、公儀お医者来候ゆえ、此の口と違わんことを思い、何を問われてもさし俯くばかりにて、汗浹背《しょうはい》に(汗背に浹《とお》り)甚だ恥を晒す。

真っ先に摂津守義行《よしゆき》様が駆けつけ、とにかく殿のもとへと、急ぎ門内に入られた。しかし玄関に灯はなく、廊下も真っ暗で、邸内は上を下への大騒ぎ。殿の叔父である摂津守様へ使いは出されたのだが、死に目に会えず、藩邸はじまって以来の大失態であったと。これは大隅守（のちの継友）お側衆の報告を写したものである。

殿ご危篤のことを幕府ご老中に届けるため、高木主計《かずえ》秀久（前年大番頭）が使者となった。上司からは「各ご老中宅では取次の方へ伝言として言い置き、早々に立ち帰るよう」指示された。ところが各老中は尾張殿の一大事ということでいずれも直接お会いになり、事細かくご容態をお尋ねになる。高木は予想もしないことで、殿のご様子などまるで知らない。使者である以上知らないとも言えず、適当に言葉を濁して帰ろうと思うが、幕府お抱えの医師が藩邸へ来訪されており、良い加減のことを言えばあとで問題になるだろう。高木は背中に汗をびっしょりかきながら黙ってうつむくばかり、とんだ恥をかいた。これは高木の責任というより、藩上層部の失態である。高木はよほどショックだったのか、三年後に没している。

○酉刻ころ渋江正軒来る（服部喜太夫の御使にて来れり）。御様躰を観て傍らなる大野方庵に御病性などを尋ぬ。方庵が云う。「頃日少々御疝痛《せんつう》有りといえども変を生ずべきに非ず。只今御究《きわま》り成られ候御頓死」と申す。正軒語りて曰く「汝も医を事とす。吾略《ほぼ》汝が為に述ぶべし。およそ大名に頓死ということなし。その謂《いわ》れは、手医者ありて晨昏《しんこん》脉を診す。もし平脉に差《たが》う時は則ち置かず。躰は病通なきことありとも、絶命の脉は何ぞ其の前に知れざらんや。小身者は平生この如き事なきゆえ或いは頓死もあり。汝今朝御脉を診せざるや」また曰く「御脉を試さず（御究り成され候えば登城穢れ候故に脉を診せず）といえども、その相を見るにこれは御究りなされ、よほど間のあるてい也。汝何ぞ胡乱《うろん》の言を吐くや」という。方庵一言もなく面色土の如く、はなはだ困ると云々。

午後六時ころ、幕府のお抱え医師渋江正軒が藩邸を訪れた。殿の躰を診て傍らの藩医大野方庵に、これまでの病状を改めて尋ねられた。方庵は「日ごろから少々胃の痛みなど訴えられましたが、急変の兆候はまったくなく、おそらく頓死《とんし》であろうかと思います」と述べた。

これを聞いて正軒は屹度《きっと》居住まいを正し「貴殿も医を生業《なりわい》とする者である。同業の私が貴殿のためにこれだけは言っておく。およそ大名に頓死ということはあり得ない。そのわけは、医者は必ず朝と夕脈を診る。もし平脈と違う時は直ちに詳しく診察する。たとえ体に兆候がなくても、命にかかわるような脈の異変に気付かないことがあろうか。庶民は日々脈による診断などしないから、突然死もあり得る。貴殿は今朝、殿の御脈をとられたのか」と。

さらに重ねて「たとえ脈を試さずとも、このお顔を拝見すれば、亡くなられてからかなり時間が経っているのは明らかである。貴殿は、なぜ胡乱《うろん》の言説を吐くのか」と一喝された。方庵は一言もなく、顔は土気色に変わり、どうしたらよいか困り果てた様子だった。

〇正軒表へ出でられ候えば、御番頭衆出合い、御様子はいかがこれあるや承りたしと各申さる。その内に魚のお吸物等出づ。正軒輿をさまし、とく御究りしをさてさて無沙汰の事やと思いながら、その挨拶なく、ただ御家に医者はござらぬと申さる。またこの節この御吸物は給ぶべくにあらずとて、退出す。挨拶衆も甚だ面目を失すと云々。公儀御いしや須原通玄も来られる。

正軒が御座の間を出ると、中の様子をうかがっていた番頭《ばんがしら》の衆が「どんな具合でしたか、教えてください」と口々に問いかける。そうこうする内に、お役目ご苦労に存じますというので別の部屋に案内され、そこで魚のお吸物等の馳走が出された。

正軒は興をさまし、すでに殿様が亡くなられたというのに、それについての挨拶がひと言もない。「このご家中には医者は居られぬようだ」と言い、さらに「このようなとき魚の吸物を出すとは……」とつぶやき、呆れながら退出された。挨拶に出た家士たちも、甚だ面目を失ったと云う。このあと公儀の医者須原通玄も来られた。

○新御座敷（国府宮夢物語にある御座敷のこと）にて、頼母と妹と両人ばかりこれ有り。ここにて御究りなされんとす。頼母ここにて御究まり候いては、我ら立たぬと恐れ、引き立てまいらするに、御荒げなる御声にて、ああ苦しこれにて休まんとの玉いけれども、勿体なくも御座の間までつれまいらす。嗚呼《ああ》貫天梟罪《きょうざい》、人々歯をくいしばる。

側用人の守崎頼母は殿中に自分専用の部屋「新御座敷」を構えている。吉通公はここで御危篤になられた。部屋には頼母と妹の尾上《おのえ》（吉通側室の清水院《せいすいいん》）しかいない。こんな場所で亡くなられては、自分たちの責任が問われる。そこで無理に殿の体を起こし、二人がかりで御座所の部屋まで運んだ。途中吉通が「ああ苦しい少し休ませてくれ」と言うのも無視し、無理やり運び込んだというのである。藩主に対する不敬、梟首《きょうしゅ》にも値する罪ではないか。

○御病中且つ御究りを隠し、其の内に御側衆まで御前をば脇にし、吾がちに何もかも盗み取ること、一々筆に記すべからず。

さらに酷《ひど》いのは、亡くなられたのを隠し、お側に仕えていた者たちが我先にと目ぼしい品々を盗って行く。一々書き記せないようなことが平然と行われた、という。

○姫君様御出遊ばされけれども、はや御事きわまり玉う後ゆえ、ご遺体に御取りつき絶え入らせ玉うばかり也。御腰立たずして、人々抱きまいらせ御帰り。その後御局《おつぼね》出て御側に罷り在る輩を並べ、御意として申され候は、「今度の仕方人間の埒にあらず、畜生の如し」と云々。又駿河守に申され候は、「徳姫様（外岡清兵衛女の御腹）こと、只今までは方庵お預り候えども、急にお引取り成されるべく思し召す」と云々。駿河守申され候は、「此の節の事なり、重ねてゆるりとお引き取り遊ばされ候え」と申され候えば、局、声を励まし申され候は「畜生の処に御座候えば、その穢れいまいまし。さてさて畜生のために、御前果敢《はか》なくならせたまう」と、罵りわめきけると云々。八月朔日に徳姫様お引取り遊ばされ、御究りの御使いには竹腰壱岐守参り申され、翌二十七日午過ぎ刻、市買（市谷）へ御悔みの上使土屋相模守。

正室の輔姫様が部屋に入られたが、夫の吉通公はすでに亡くなっている。その遺体に取り付いたまま、腰が萎えたのか動こうとしない。やがて周りの方が抱きかかえて、帰って行かれた。そのあと御局《おつぼね》が入られ、遺体の周囲に居並ぶ家臣たちに御正室の意を踏まえ、こう言われた。

「此度《こたび》のご臨終の際の殿様の扱い様《よう》は、人間のすることではない。まるで畜生のようだ」と。さらに大道寺駿河守に向かい、「徳姫様はこれまで大野方庵に預けていたが、直ぐに御正室様がお引取りになるので、左様心得るよう」と告げられた。駿河守は「この慌ただしさのなか何ですから、改めて落ち着いてからにされたら如何でしょう」と申しあげると、御局は声を励まし、「畜生の処に置いておけば、その穢れに染まります。さてさて畜生のために、殿様は果敢《はか》なく亡くなられてしまった」と、繰り返し大声で罵られた。ちなみに徳姫様（三千君、宝永三年於江戸誕生）は当時八歳で、のちに関白輔実公の男右大将幸教に嫁した。

亡くなられて五日後の八月一日、徳姫様は引取られていった。一方、ご逝去の御使として竹腰壱岐守が登城され、翌二七日午過ぎ、市ヶ谷の藩邸へ御悔みの上使として、老中土屋相模守政直が来訪された。日記では徳姫の生母を外岡清兵衛と注記するが、『尾張徳川家家譜』では、生母不詳、あるいは実母「おさん」とし、正徳二年没と記す。

ここから少し戻って、吉通公の病気が深刻になるまでの経過が記される。

〇十九日の御登城なきゆえ、ご老中らも毎日ご機嫌伺い申され候内、壱岐守と駿河守は三度までお目見えを願われけれども、頼母ら申し候は、少しも気遣いなることなし。ただただ御むつかしとの玉う間、重ねて重ねてと申し述べ置く。これによりいか様なる御病とも知る者なし。二十五日には方安に御意なされ候は、殊の外気宇不快なり。「汝はわれを殺しはせぬか」と仰せられ候に、勿体もなきこと、少しも御気遣いなる事なしと申し上ぐ。方安が肉を塩漬けにして罪に行うとも、何ぞ及ぶけん。吁々。

吉通が亡くなる七日ほど前、江戸城への登城がないというので、藩の老中たちが心配してご機嫌伺いに出向き、とくに竹腰壱岐守と大道寺駿河守は三度にわたってお目見を願った。側用人の守崎頼母らは「少しもご心配は要りません。ただご気分が勝れず面会を避けておられるのです」と答える。それでもお目通りを重ねて申し入れていたが、結局どんな病気か知ることはできなかった。二五日には看病にあたる医師方安に対し、「一向に気分が晴れない、お前は私を殺すのではあるまいな」と仰せられたという。「飛んでもございません、お体の事は少しも気遣いありせん」と申し上げたという。ヤブ医者方安の肉を塩漬けにし、極刑に処しても足りないくらいだ、と『日記』は憤慨する。

この記事から病床にある吉通公の傍に侍したのは、守崎頼母とその妹の側室清水院《せいすいいん》、それに医者の方安三人だったように読み取れる。重病の殿様の周囲に、七日間にわたって近臣三人だけが侍るという状況があり得たのだろうか。仮に殿様の要望だったにせよ、それが許されるとすれば藩の体制に問題がある。

○あるいは云う。本寿院様へ御しのびにて御越し、例のごとくはなはだ御大酒、お帰りの後より御不予。二十六日に津守様、品川浜のお屋敷へ御越し候処、申の刻急に呼びに参り（品川へお越し候前かた、市買へお入り候時は御心よしとの事なり）、馬にて急に帰り、申下刻市買へお入りなされ候。市買の御側衆へ甚だお目見せあしく、御詞もかかり申さずと云々。あるいはこういう話も聞く。病気になられる何日か前に、ひそかに生母本寿院の屋敷へ出向き、大酒を召した。その帰宅直後から体調を崩された。亡くなられた当日、叔父の義行様は市谷の藩邸を見舞われたが、とくにお変わりはないと聞いて品川浜のお屋敷へ行かれた。午後四時ころ急な知らせを聞き、馬で急ぎ市ヶ谷藩邸に入られた。その折、何事もないと報告したお側衆に対し、厳しい態度を示された。

○外様向当番の衆らは、暮れ頃まで御不予かつて知らずと云々。丑刻頃に戌上刻《いぬのじょうこく》ご逝去と申し広まる。実は日の内御究りと云々。未過ぎ刻大方御究りかと云々。お側へ仕える者以外は、当日の当番の者ですら夕刻まで深刻な状況を知らずにいた。深夜にいたり、午後八時ころご逝去との情報が広まった。しかし別な噂では、まだ日の高い午後二時ころ、すでにご危篤だったという。本当のところは、御側衆、それもごく限られた者しか知らない。体裁を整えるため、死亡の時期を遅らせた可能性もあるだろう。

○七月廿八日　市買へ上使土屋相模守を以て、ご香典銀千枚進ぜらる。今日御入棺（天徳寺、これを勤む）。御連枝様方ご焼香あり。姫君様御薙髪《ごちはつ》。瑞祥院様と号し奉る（日光准后より御名進ぜらるるなり）。瑞祥院様の御歌

常ならむ身はうき秋に武蔵野の　草葉にもろき露の玉の緒

○京にては八月二日より八日まで、七日之内穏便。

姫君御薙髪とあるのは、吉通の正室輔姫《すけひめ》を指す。九条関白輔実《すけざね》卿の女《むすめ》で、法号は瑞祥院。元禄三年の生まれでこのとき二四歳、結婚が一三歳という若すぎる未亡人である。もっとも夫吉通も享年二五の短かすぎる人生であった。このあと四二歳まで余生を送った瑞祥院は、「まだしも」だったかも知れない。父が関白なので、宮中でも音曲等の催しを七日間ほど控えたとある。

○ご逝去の砌《みぎり》、当地の稲荷社震動し、かつ小鷹一羽落ちて死してあり。先頃日、稲荷の狐つきたると云う者二百五十六人余と云々。されども諸士には其の名さのみ聞こえず、予が相役の手代野村安右衛門が子も物に狂いし、三宅与兵衛に大かた頼むと云々。然るにご逝去の後、右の狐退きたるか、皆本復すと云々。

○去る比、江戸にて曲淵八郎右衛門とやらん御旗本衆のやしき、家共に十年の内を五百両にて御借り、三百両余入り御普請に成られ、主馬殿やしきになる筈の処、いま空となる。

貴人の死は、いろいろな噂話を生む。「そう言えば……」という話である。江戸市ヶ谷藩邸近くの稲荷社が振動し、鷹が一羽落ちてきた、稲荷の狐憑きが二百何十人も出たが、個々の士の名前はわからない。相役の政右衛門の手代の子が物狂いし、三宅某に対策を頼んだとか、しかし主君が亡くなった途端、皆正気に返った云々。

また奥田主馬のために旗本屋敷を借入れ、巨額の費用をかけて改築したが、奥田の後ろ楯が亡くなったため、そのまま空き家となった話、これはいかにも有りそうな話である。

○御長詰御簡略につき、飼せ玉う小まみ（猫ほどありて細長し）と鹿三疋を水野へ遣わし玉い、

六月末頃、放させ玉う。

代替わりにより、奥へも倹約の指示が出された。飼われていた貒《まみ》（アナグマ）と鹿三頭が水野村へ送られ、やがて瀬戸の山へ放たれたという。

○水野御殿の御台所ばかり残り、御殿等の材木置き候処、御切かえにつき残る所の御台所もこぼち引取り候後、程なくご逝去なり。敬公御建て玉う処なり。

○当秋の松たけ水野にて御払い物となる（五郎太様幼少ゆえなり）。五、六両ばかりと云々。

※廿六日荻原近江守死す。自殺せしを病死と披露すと云々。御勘定不済ゆえ自殺と云々。

水野御殿は愛知環状鉄道「中水野駅」の東一キロ余のところにあった。庄内川の支流水野川が南へ大きく屈曲する内側に水野家屋敷と並んで御林方役所があり、同じ敷地内に義直公の命で「水野御殿」が造られていた。藩主が狩猟のとき、この地を仕切る水野権平が御案内

役を務め、御殿で接待をしたのである。しかし将軍綱吉の生類憐み令のあおりを受け、一時期狩猟は行われなくなった。記事はそんな御殿の剥落ぶりを伝えているが、次の吉宗の時代に再び息を吹き返す。

実は朝日文左衛門の娘「おこん」は、宝永六年の暮れにこの水野権平の家へ嫁ぎ、その縁もあって文左衛門は名古屋から五里の道を歩き、数回ここを訪れている。そのころは御殿が寂れたときで、数頭のシカが飼われていたという。こののち屋敷の南の方に「水野代官所」が置かれ、「おこん」の生んだ子が初代の代官に任命された。朝日家は絶えたが、文左衛門の血は水野家に受け継がれている。

続く記事の「マツタケ云々」は、まだ跡継ぎの五郎太様が幼いため、藩主の食膳に供するはずの松茸が、民間に払い下げられたことを記す。

○七月三十日　街市、下蔀《しとみ》をおろし、巳頃より商売行わず。

○八月二日　御屋形にて、御送葬御用、河村丹左衛門。御法事御用、鈴木弥右衛門。

○御廓掛り、御先手成田藤右衛門仰せ付けらる。

○八月十七日　落髪の輩。浅野左門・森崎頼母・上田織部・生駒外記・矢部平右衛門・杉山三右衛門・上村団蔵・同平蔵・外岡清八。

喪に服す間、店も蔀戸をおろし街中火の消えたような寂しさである。葬送、法事の役が各奉行たちに割り当てられた。一七日の日記に、落髪の家士たちの名前が並ぶ。みな吉通公のお気に入りの側近である。一つの時代の終わりを告げている。
○八月廿九日　公（五郎太）襲封。
○十月十八日　公（五郎太）御早世。
○十月十九日　頃日奥田主馬気色大切に及ぶ（腫気ありと云々）。断食と云うは虚か。
○十月廿七日　奥田主馬死す（廿五）。晦日《みそか》夜東月院にて薨す。「暁了院円誉義天志定居士」
　と云々。志定の二字は曽て拝領なりと。

吉通の嫡子五郎太《ごろうた》は宝永八年（一七一一）正月に江戸の藩邸に生まれ、母は正室の輔君《すけぎみ》である。父吉通が亡くなった正徳三年（一七一三）七月に数えの三歳、満年齢なら二歳半、それでも直系の血統が重視され、五代藩主となった。大叔父（祖父の弟）の摂津守義行、叔父の大隅守継友が付添或いは代理となって八月末襲封の儀が行われた。しかし九月に驚風《きょうふう》（脳膜炎）を発症し、一〇月一八日市ヶ谷邸に没した。在位二か月足らずの短い藩主であり、ここに義直の直系は絶え、以後は傍系の相続となる。

五郎太が亡くなった翌日、奥田主馬が体調を崩し、何か腫物ができたようだと記す。その僅か一〇日後にあっけなく亡くなった。享年二五。臨終の場所は菩提寺の東月院とあるが、なぜ寺で亡くなったか記されていない。

吉通の死、嫡子五郎太の死、二代目奥田主馬の死は、正徳三年のわずか三か月の間に続けざまに起きた。初代義直、二代目光友が築いた「御三家筆頭尾張藩」の土台は意外に脆《もろ》く、光友没後わずか十数年で直系相続も崩れ、幕府から咎められる事態さえ起きている。その責を吉通とその周辺のみに負わせることは酷かもしれないが、四代吉通に対する評価が古来大きく割れている点は、考えてみる必要があるだろう。

吉通をめぐる正反対の評価

『名古屋市史』（政治編一）は「吉通に対する褒貶《ほうへん》」と題し、ついて次のように解説する。

○吉通の平生の大酒、禍をなしてここに至りきと云う。其の臨終は実に惨状を極め、医師ありたれども治療の途を尽さず、甚だしきは瀕死の侯を引き立てて御座の間に連れ行きたりとさえ伝えらる。御大変露見と記したるものすらありて、その薨去については種々の風説を伝えたり。かつ生母本寿院、家士と善からざりしが如くなれば、これまた風説を生ずるの因となりたるにや。

『市史』のこの箇所の記述は、『鸚鵡籠中記』の記事や、『婦女伝略稿目録』を参考にしている。吉通が大酒のみというのは、『日記』の「本寿院様へ御しのびにて御越し、例のごとくはなはだ御大酒、お帰りの後より御不予」の「例のごとく」などを指すのだろう。

しかし反論がある。一時期吉通に仕えた近松彦之進茂矩《しげのり》は「御酒指上ぐる所、十度に一度も召上らず。もしあがる時は小盃に一つ召し上がりぬ」と記し、酒宴のときも「うすき盃に二つ三つより上をあがりし事はなかりし。前々勤めし人々に聞きても同じ事なり」と真っ向から否定する（『昔咄』）。ただしそれに続く臨終の記事については、触れていない。

○吉通の一生、異聞少なからず、歴世のうち吉通の如く毀誉褒貶の甚だしきはあらじ、正徳二年、歳十六にして吉通の御通番に召出され、翌三年江戸詰となりて常にその側に侍し、武芸を吉通より受け、継嗣五郎太成長の後、指南たるべきことを託されたりと称する近松茂矩の撰にかかれる『昔咄』、並びに吉通が子孫への訓戒として平常茂矩等に物語置きたる教訓の條々を、茂矩が輯録したる『円覚院様御傳十五箇条』と題する書によりて吉通を見る時は、誠に文武の明君にして、義直の遺書を読みてよく其の意を尋繹し、尊王の本義を立てたるが如きは、決して凡人の能くする所にあらず。

○是を『鸚鵡籠中記』に見るに、酒を嗜みて節度なく、その武芸の奨励が果たして如何程まで行われしかを疑わるること既にこれを述べたるが如し。宝永八年七月寵臣奥田主馬忠雄が大患と称して俄かに城中より輿に乗じて帰り、翌日に至りて死せしことあり。時の人野これを疑いて女中に刺されたるものとなしたるが如き。（以上『市史』記述）

『市史』は、朝日文左衛門の吉通批判を載せる一方、吉通を擁護する近松茂矩を紹介する。近松の著述通りなら大層な名君になるわけで、文左衛門の一方的な見方を保留する。

しかし『鸚鵡籠中記』の翻刻者にして郷土史の大家市橋鐸氏は、「吉通を文字通りの名君に祭りあげたのは、円覚院様十五ケ条をものした近松茂矩で、封建治下における忠実なる臣下で、表に現われた主君を述べ、その非のすべてを隠している」と近松を批判し、一方の朝日文左衛門重章については「吉通を真裸にして迷君として叙し、その裏を裏をと探り求めた」と支持する。また『趨庭雑話』も「円覚院（四代吉通）婬酒におぼれ、早世し給う根元は、本寿院母、則なく姑息に溺れ、悪しき事のみを見習わせ給えるによれり」と記している。

名君か、迷君か。『市史』は両様の記述をしたうえで、「伝うる所を記して、疑を存す」と首を傾げながら慎重に結論を避けている。朝日文左衛門より少し遅れて登場した近松茂矩は、文武に秀で、その実直さは折り紙付きで、後《のち》にわが子の非違を許さず訴えて自死に追いやり、晩年は、毎晩のように庭木戸を開けて訪れる吾が子の亡霊に悩まされ続けた。そういう融通の利かない人物が、話を捻じ曲げたとは思い難い。

また『昔咄』の編集校訂を担当された尾崎久弥氏も「封建時代、士魂の塊みたいな近松茂矩とは、どんな男だったたか。小生は、この数か月、彼の自筆本に親しみ、彼を無条件に好ましく思う」（解題）と述べられている。

しかしそういう好ましい人物であっても、吉通についての人物評が真実とは限らない。殿の身近に仕えたという実績が近松の証言の支えであるが、お側に仕えた期間は、少年時代のわずか二か月間のことである。

正徳二年一二月廿九日　御通番に召出される。（一六歳）

正徳三年　二月一七日　江戸下着。（一七歳）　閏五月一五日小姓。同二十三日元服、奥勤め。

正徳三年　七月廿六日　吉通没。

吉通公が亡くなる前の六〇日間、近松少年は小姓として「朝夕御前に罷りありて、見聞きし奉りし事ども大概を記した」という。『昔咄』叙由の末尾に元文三年（一七三八）三月一五日の日付があり、この年近松は四二歳である。二五年前、突然殿様に召出され、はじめて江戸へ旅し、その後小姓として奥（中奥）に仕えた二か月間は、毎日が雲の上に居るようだったろう。その思い出が吉通公礼賛の根拠になるのだが、いまでいう高校生の年齢でどれだけ大人の世界を理解できたか、とくに女性関係でははなはだ疑問である。

○京都より女中御呼び下し有りしというも、虚《うそ》なり。江戸女二人有りしほかに、末々の女中迄一切他所者《よそもの》なく、皆々ご家中の娘または御領分の者なりし。また御主殿の女中に、御手かかりし者ありというも、大虚説なり。

先の大酒飲みの否定につづく一文である。「京都から女中を呼んだことはない、女中のなかに他所者はいない、殿中の女中に手を付けたことはない」と、女性関係が健全だったことを力説するが、「江戸女二人」がどのような素性で、どんな伝手《つて》で奥入りしたのか触れていないし、また家中《かちゅう》の士の娘なら誰でもよいという訳でもない。奥へ迎え入れる手続きが問題なのである。

大酒飲みであっても女性が何人いてもよい。それだけで藩主の評価が下がることはない。それより周囲に寵臣のみを侍らせ、毎年のように禄高を上げ昇進させるような不公正さは、賢君から程遠いものだろう。「死ぬときのありさま」を意味する「死にざま」で評価するなら、吉通の「死にざま」は、義直、光友に遠く及ばない。

おわりに

―名古屋城の百科事典―

名古屋城について一番の「物知り博士」は奥村得義である。

得義は、安政五年（一八五八）高須藩主から一五代尾張藩主に就いた茂徳《もちなが》（天保二～明治一七）の諱《いみな》を避け、「徳義」を「得義」に改めた。そのことを考慮すれば「のりよし」と読むべきかも知れないが、「かつよし」とする書もある。面倒だから「とくぎ」と読むことにしている。物知り博士の所以《ゆえん》は、名古屋城の百科事典『金城温古録《きんじょうおんころく》』を書き上げたからだ。和綴本で六五巻、いま手にする翻刻《ほんこく》活字本は、全四冊、一五八〇頁ある。奥村得義は、この書の完成に四〇年の歳月を費やしたという。

翻刻は名古屋叢書続編（一三巻～一六巻、昭和四二年～四四年）として、名古屋市教育委員会から刊行されている。ただし、いま手元にあるのは愛知県郷土資料刊行会の再版本（昭和五九年）である。解説を山田秋衞氏が担当され、「略年譜」と「奥村得義略伝」をまとめられている。旧版の『名古屋市史』人物編、学芸編も奥村に触れており、また郷土の碩学市橋鐸氏の「奥村得義素描」（『郷土文化』昭和三二年一一月）にも詳しい。

奥村得義は、寛政五年（一七九三）、母（農家の娘）の在所葉栗郡《はぐりぐん》光明寺村で、仁兵衛為綱《ためつな》（号如圭）の長男として生まれた。この年祖父元濤《もとなみ》が亡くなっている。父祖とも厳めしいのは名前だけで、世襲職は御掃除中間頭《ちゅうげんかしら》であった。給与はせいぜい切米一〇石三人扶持程、計一六石として、今の年収に換算すれば一五〇〇万から二〇〇〇万円であろうか。下級の貧しい卒《そつ》の家であった。

得義には三人の弟と二人の妹がいた。家計を助けるために一三歳で御普請方の物書き見習に出仕、一九歳で父を失い家督を継いだ。このとき切米七石二人扶持、三年後に本役に進み二石を加増、二八歳で世襲職の御掃除中間頭並《なみ》に就き、三一歳で本役となり一石加増されて一〇石三人扶持、四八歳のとき「厚く出精相勤め候由《よし》」で二石加増。六九歳のとき御掃除中間頭に加え御広敷御用達格となり一石加増、翌年亡くなっているから、死の前年にようやく到達した生涯最高の給与が一三石三人扶持、およそ一九石の玄米支給であった。

解説の山田秋衞氏は「藩のため城のため、四十年の辛労を重ね、あまつさえ多くの自費を投じて六十五巻の大著述を作りあげた。その褒賞が僅かに切米一石の加増とは、尾張藩六十余万石にも具眼の人なしの嘆を発せずにはいられない」と慨嘆されている。

中間は足軽と小人の中間に位したことからの呼び名で、掃除御中間は御城代の指揮下にある。中間頭は一〇人から二〇人おり、その下に数百人の中間がいる。幕府では中間頭の禄高が八〇俵とされており、二八石になる。奥村家の一九石よりだいぶ高い。

得義が用いた美濃紙は当時高級品で、他に関係資料の探索費や購入費、借用の謝礼など、とても薄給では賄えない。その費用を捻出するため塾を開いて、公務の合間児童に教授した。三七年間に薫陶を得た児童は、千百人に及んだという。

市橋鐸氏も「誰に頼まれたというのじゃなく、又金になる仕事でもないのに、われから打ち込んで苦労しているのだから、常識人から見たら狂人沙汰であろう。だがこうした御仁があってこそ、文化の礎は築かれてゆくのである」と述べられている。貧しい子だくさんの家に育ち、教育の機会にも恵まれず、いまの中学生の年齢で城へ働きに出た。それでも三代にわたるお城勤めと御普請方の仕事の影響なのか、しだいに「御城」そのものに興味を持ちはじめ、「正確な城の記録作成」を「誰に頼まれたわけでもなく」思い立ったのである。ただしこの「頼まれていない」とする箇所には異論もあるようだ。

「文政年中藩命を奉じて…」（城戸久『名古屋城史』昭和三四年）、「文政年間藩命を受けて城内を隈なく調査…」（三浦正幸『歴史群像・名古屋城』平成一二年）、「城の記録をまとめるよう特命を受け…」（朝日美砂子『巨大城郭名古屋城』平成二五年）など、藩命や特命に応じたとする見解がある。その根拠となるのが、序文の「官途に於て往年（文政四年巳の頃）其の御評議あらせられ、命を降さるるは、これが為なりと承りぬ。是に於て賎民不当の微表を抱き、奉職の暇を以て……」だろう。

名古屋叢書編集委員の山田・市橋両氏は、この序文を承知の上で書かれている。文政のころ「評議され、命を下された」のは、藩側に「詳細な城の記録事業」が持ち上がり、その結果奥村が任じられたのではなく、奥村が城の調査にあたり、あらかじめ疑念を持たれないよう上司に了解を求め、それが認められたという程度に理解されているのである。藩の事業なら予算の裏付けがあり、塾まで開いて費用を稼ぐことは考えられない。

その点『名古屋市史』学芸編は「文政の頃より、名古屋城の故義、事実の研究に志し、藩に請いて許され……」とし、人物編は「城内の事は、当時最も秘密に属し、之を記するは禁あるを以て、予め有司に請いて其の許しを得、之より苦辛して其の資料を蒐集し……」としており、首肯できる。

とにかく奥村は、三〇歳のころから「城に関するあらゆる資料」を蒐集し、記録しはじめた。あくまで独学のうえでの仕事である。御掃除中間頭は仕事柄比較的多くの場へ出入りできたが、どこへでも自由に立ち入れる身分ではない。一々許可を得ながらの時間のかかる仕事であった。それでも各所のスケッチ図は微細かつ正確である。一〇年、二〇年と調査が進み、成果が大部にまとまり始めると、次第に注目されるようになった。なかでも明倫堂助教の細野要斎は、奥村の仕事を高く評価し、助言を惜しまなかった。『金城温古録』の題を考えたのも彼であり、乞われるままに面倒な「校閲」の仕事を引き受けている。

晩年奥村は体力が弱り始めても、気力は衰えなかった。将軍家茂公が上洛の途、名古屋城に宿泊されるとの噂が流れると、応対役の城代滝川から連日のように質問書が届き、それに対し口述で明確な返書をしたためさせたという。本丸御殿における将軍接待の先例を、その細部にいたるまで奥村は暗記していたのである。その傍ら、余命幾ばくもないことを悟り、自らの葬儀に関し遺言書を認《したた》めさせ、葬列の順まで指示書きし、これが絶筆になったという。文久二年（一八六二）七月廿五日の正午に没した。遺体は八事興正寺へ運ばれ、奥村家の墓地に葬られた。法号は「純和院得義子達居士」。

江戸時代の名古屋を調べていると、時おりとてつもなく偉い人物に出会う。かつて瀬戸磁器を調べていたとき、津金文左衛門という偉人に出会った。一方『金城温古録』の著者奥村得義は、微禄の身分でかつ「誰に頼まれた」わけでもないのに、見事「名古屋城百科事典」を完成させた。津金とはタイプが異なるが、やはり尾張が生んだ偉人の一人である。

主要参考文献

『鸚鵡籠中記一』（名古屋叢書続編第九巻　一九六五年　名古屋市教育委員会／校訂復刻　一九八三年　郷土資料刊行会）
『鸚鵡籠中記二』（名古屋叢書続編第十巻　一九六六年　名古屋市教育委員会／校訂復刻　一九八三年　郷土資料刊行会）
『鸚鵡籠中記三』（名古屋叢書続編第十一巻　一九六八年　名古屋市教育委員会／校訂復刻　一九八三年　郷土資料刊行会）
『鸚鵡籠中記四』（名古屋叢書続編第十二巻　一九六九年　名古屋市教育委員会／校訂復刻　一九八三年　郷土資料刊行会）
『摘録鸚鵡籠中記上・下』（塚本学編注　岩波文庫　一九九五年）
『朝日文左衛門鸚鵡籠中記』（「生活史叢書下級武士の生活」加賀樹芝朗　雄山閣　一九六六年／「江戸時代選書」二〇〇三年）
『尾張の元禄人間模様』（芥子川律治　中日新聞本社　一九七九年）
『元禄御畳奉行の日記』（神坂次郎　中公新書　一九八四年）
『士林泝洄一』（名古屋叢書続編第十七巻　一九六七年　名古屋市教育委員会／校訂復刻　一九八三年　郷土資料刊行会）
『士林泝洄二』（名古屋叢書続編第十八巻　一九六七年　名古屋市教育委員会／校訂復刻　一九八三年　郷土資料刊行会）
『士林泝洄三』（名古屋叢書続編第十九巻　一九六八年　名古屋市教育委員会／校訂復刻　一九八四年　郷土資料刊行会）
『士林泝洄四』（名古屋叢書続編第二十巻　一九六八年　名古屋市教育委員会／校訂復刻　一九八四年　郷土資料刊行会）
『士林泝洄続編』（名古屋叢書三編四巻　一九八四年　名古屋市教育委員会）
『昔咄』（名古屋叢書続編第二四巻雑纂編一　一九六三年　名古屋市教育委員会／校訂復刻　一九八三年　郷土資料刊行会）
『尾藩世記』（名古屋叢書三編二・三　一九八七年　名古屋市教育委員会）

『葎《むぐら》の滴　諸家雑談』（名古屋叢書三編一二　一九八一年　名古屋市教育委員会）
『編年大略』（名古屋叢書四　記録編一　一九六二年　名古屋市教育委員会／復刻　一九八二年　郷土資料刊行会）
『金鱗九十九之塵・上』（名古屋叢書六　地理編一　一九五九年　名古屋市教育委員会／復刻　郷土資料刊行会　一九八二年）
『正事記』（津田房勝　寛文五年頃／名古屋叢書二三　一九六四年）
『紅葉集』（名古屋叢書二四　雑纂編一　一九六三年）
『金城温古録』（奥村得義　一八六〇年成立／名古屋叢書続編一三～一六　一九六七年）
旧版『名古屋市史』人物編一・二（名古屋市役所　一九三四年）
旧版『名古屋市史』地理編（名古屋市役所　一九一六年）
旧版『名古屋市史』政治編一・二（名古屋市役所　一九一六年）
旧版『名古屋市史』社寺編（名古屋市役所　一九一五年）
『新編名古屋市史』（名古屋市　一九九七年）
『新編名古屋市史』（名古屋市　一九九八年）
『新編名古屋市史』（名古屋市　一九九九年）
『塩尻上・下』（天野信景　一九〇七年　國學院大學出版部／復刻　東海地方史学協会　一九八四年）
『寛政重修諸家譜』（新訂版全二二冊　続群書類聚完成会　一九六四～六七年）
『徳川実紀第一編』（新訂増補国史大系　一九二九年　吉川弘文館刊）
『徳川盛世録』（市岡正一　平凡社東洋文庫四九六　一九八九年）
『尾張敬公（尾張藩創業記）』（西村時彦　名古屋開府三百年紀念会　一九一〇年／マイタウン　一九八九年）
『日本の貨幣の歴史』（滝沢武雄　吉川弘文館　日本歴史叢書　一九九六年）

『江戸幕府役職集成』（笹間良彦　雄山閣　一九六五年）
『三正綜覧』（内務省地理局　帝都出版社　一九三二年）
『復元江戸生活図鑑』（笹間良彦　柏書房　一九九五年）
『近世武士生活史入門事典』（武士生活研究会　柏書房　一九九一年）
『下級武士足軽の生活』（笹間良彦　雄山閣　二〇一五年）
『時代風俗考証事典』（林美一　河出書房新社　一九七七年）
『尾張藩漫筆』（林董一　名古屋大学出版会　一九八九年）
『将軍の座』（林董一　新人物往来社　一九六七年／二〇〇八年　風媒社）
『尾張大奥物語』（大野一英　ひくまの出版　一九九〇年）
『尾張名陽図会』（一九四〇年　名古屋史談会複製／復刻　一九七一年　愛知県郷土資料刊行会）
『尾張群書系図部集』（加藤国光　続群書類従完成会　一九九七年）
『尾藩史余禄』（岡本柳英　黎明書房　一九六五年）
『名古屋の史跡と文化財（新訂版）』（名古屋市教育委員会　一九九〇年）
『本朝食鑑』（平野必大、元禄八年／平凡社東洋文庫一～六　一九八五年）
『尾張の殿様物語』（尾張徳川家初代義直襲封四〇〇年　徳川美術館図録　二〇〇七年）
近世城郭の最高峰『名古屋城』（名古屋城検定実行委員会　二〇一九年）
歴史群像・名城シリーズ『名古屋城』（学習研究社　二〇〇〇年）
『南紀徳川史』（南紀徳川史刊行会　一九三〇年／名著出版　一九七〇年）
『能面・能装束』（徳川美術館　一九九四年）

大下　武（おおした　たけし）

一九四二年生まれ。早稲田大学文学部国史専修卒業。近代思想史専攻。愛知県立高校教諭を経て、春日井市教育委員会文化財課専門員として、一九九三年から二十年間「春日井シンポジウム」の企画、運営に携わる。

現在、ＮＰＯ法人東海学センター理事。

東海学センターは、二十年つづいた春日井シンポジウムのあとを受け、民間で歴史シンポジウムの継続を担うために立ちあげられた法人組織。二〇一九年十月六日に第七回東海学シンポジウムを開催。

著書に『城北線　歴史歩き』『愛環鉄道　歴史歩き　上、下』『スカイツリーの街　歴史歩き』（大巧社）、『遠いむかしの伊勢まいり』『元禄の光と翳―朝日文左衛門の体験した「大変」―』『尾張名古屋の歴史歩き』『朝日文左衛門と歩く名古屋のまち』『尾張名古屋の武芸帳―朝日文左衛門の武芸遍歴―』『朝日文左衛門の参詣日記―二つの社と二つの渡し―』（ゆいぽおと）。

装丁　三矢千穂

朝日文左衛門の「事件」―『鸚鵡籠中記』から―

2019年10月13日　初版第1刷　発行

著　者　大下　武

発行者　ゆいぽおと
〒461-0001
名古屋市東区泉一丁目15-23
電話　052（955）8046
ファクシミリ　052（955）8047
http://www.yuiport.co.jp/

発行所　KTC中央出版
〒111-0051
東京都台東区蔵前二丁目14-14

印刷・製本　モリモト印刷株式会社

ISBN978-4-87758-481-8 C0095

ゆいぽおとでは、
ふつうの人が暮らしのなかで、
少し立ち止まって考えてみたくなることを大切にします。
テーマとなるのは、たとえば、いのち、自然、こども、歴史など。
長く読み継いでいってほしいこと、
いま残さなければ時代の谷間に消えていってしまうことを、
本というかたちをとおして読者に伝えていきます。